国家社会科学基金教育学一般课题"我国大学高层次人才流动的变迁机制与优化路径研究（课题批准号：BIA200213）"的研究成果。

徐娟 著

# 中国大学高层次人才流动的变迁机制研究

THE

**CHANGING**

**MECHANISM**

OF

**HIGH-LEVEL**

**TALENTS MOBILITY**

IN CHINA

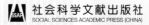
社会科学文献出版社
SOCIAL SCIENCES ACADEMIC PRESS (CHINA)

# 前　言

　　世界大学排名在 21 世纪风靡全球，且日益成为衡量高等教育发展实力的风向标。大学高层次人才因拥有较强的学术生产力而普遍成为生成一流学科和提升大学声誉的关键因素，针对大学高层次人才的竞争随之兴起。在中国，破除人才流动尤其是高层次人才流动中的体制机制障碍关乎我国高等教育的发展。对中国当今大学高层次人才流动问题的探讨离不开对其变迁历程的梳理。随着历史的演变，自新中国成立以来，中国的社会转型带来了学术制度的系列变革，学术流动自身也在这一过程中发生了诸多变化。我国的学术制度大致沿着两条主线变革：一方面，从单位制向聘任制的人事管理制度转换赋予了学术人员基于学术能力与声誉基础之上的自由流动的合法性；另一方面，在重点大学政策的制度调整中，我国逐渐确立了建设世界一流大学的发展目标，大学之间的高层次人才竞争白热化。不可否认的是，70 多年来的学术制度变革已经极大地改变了我国大学高层次人才的地位与学术环境。然而，学术制度的演变对大学高层次人才流动究竟带来了何种影响，促使其形成了怎样的变迁历程？在学术制度演变过程中，影响学术流动行为的诸多市场因素的作用又发生了何种变化？这些问题将是本书探讨的重点，其结论也将对破除中国人才流动障碍提供助益。

　　立足于中国大学高层次人才流动的变迁历程，本书在对已有研究进行梳理的基础上，从历史比较中吸取经验、从实证研究中探寻规律，对中国大学高层次人才流动的变迁轨迹与变迁动力进行探讨并提出了具体的优化路径。本书各章节的主要内容，现简述为下。

　　在本书首章绪论部分，首先对时代背景和国家的相关政策背景进行了详细的梳理，旨在说明深化大学高层次人才流动研究的重要意义，并在此基础上对已有研究的内容进行总结。通过对学术史的梳理我们可以确定，国内外学者对人才流动问题的研究主要集中于人才流动模式、人才流动规律、人才流动动因、人才流动效应以及人才流动的优化路径等方面，其成果已较为丰富，但对人才流动的变迁趋势尚缺乏探讨，实证证据匮乏，尚存在进一步拓展的空间。

第二章为研究设计部分，主要对本书的理论基础、采取的研究方法，以及研究对象的选取和界定进行介绍。通过对理论的适配性进行讨论、对方法的具体应用情境进行说明，本书研究的科学性从中可见。

知史方能鉴今。在第三章，本书立足于世界高等教育中心经历了从德国向美国转移的历史事实，对德国与美国高等教育崛起背景下的大学高层次人才流动变迁与制度变革进行了梳理与比较，分别阐述了国家、市场、组织三个要素对德国和美国高层次人才流动的影响。上述两个国家在高等教育崛起过程中因为不同的制度设计，形成了不同的高等教育权力结构，也由此带来了两国高层次人才不同的流动特征。这些探讨进一步证实了制度设计在高层次人才流动样貌塑造过程中的重要作用，也为我国破除人才流动障碍、优化人才流动路径提供了有益借鉴。通过比较研究，本书认为国家权力的规范、市场力量的合理发挥与学术系统内部权力的分配是我们值得关注的议题。

自第四章起，本书的视角将聚焦于中国本土的实际情况。新中国成立70 多年来，中国的高等教育制度几经变迁，大学高层次人才流动的情况亦呈现出一条鲜明的变迁轨迹。本书统计了 1949～2018 年中国大学高层次人才的流动规模、流动频率、流动周期、流动路径的变化情况，并对其中的层级差异、学科差异、年代之间的相关性等进行了更为细致的统计分析。上述实证研究全面具体地描绘了中国大学高层次人才流动的样貌，为后续研究的开展奠定了坚实的基础。

在知晓中国大学高层次人才流动的整体状况之后，承接上文的内容，本书在第五章对新中国成立以来我国高等教育人事制度及重点大学发展的政策进行梳理，并应用历史制度主义的分析视角，从制度的演变脉络中总结出了中国大学高层次人才流动的制度性变迁动力。新中国成立以来，历次的学术制度变革不仅决定了我国高等教育发展的总方向，而且深刻地影响了我国大学高层次人才流动的样貌。本书将中国的学术制度变革分为三个阶段：学术制度变革初期、学术制度变革构形期、学术制度变革深化期。在不同的制度演变时期，中国的学术制度变革采取不同的演进方式、遵循不同的演变逻辑，演变路径也呈现出不同的特征。上述差异同样表现在其对大学高层次人才流动的影响上，通过该章节，本书将进一步揭示制度变革与大学高层次人才流动变迁之间的内在逻辑。

　　综合前述所有的探讨与分析，我们可知制度变迁的推动与市场要素的影响共同作用于我国大学高层次人才流动。在政策引导下，我国大学高层次人才流动由行政行为向市场化行为的转变是几十年来我国关于人力资源优化配置的基本经验。然而不可否认的是，我国大学高层次人才流动中依旧存在诸多问题亟待解决。因此，在本书的最后一个章节，我们在重新审视我国人才流动政策的基本经验与现存问题的基础上，进一步展开了相关对策研究，从"调整市场设计"与"完善政府规制"两个方面铺就了一条大学高层次人才流动的优化路径。

# 目　录

# 第一章

## 绪论

## 第一节　研究背景与问题缘起

世界大学排名在 21 世纪风靡全球，美国 U. S. News 世界大学排名、英国 QS 世界大学排名、英国泰晤士高等教育排名（THE）和上海软科世界大学学术排名（ARWU）逐渐成为衡量全球各国高等教育发展实力的风向标。在这一背景下，全球范围内的大学高层次人才竞争逐渐兴起。① 许多国家和地区纷纷制定政策，一方面通过资助或激励本国有潜力学者的学术流动以促使其成长为高层次人才，另一方面通过优厚的待遇或条件吸引全球范围内的高端人才。② 在欧洲，里斯本宣言计划集欧洲各国之力在 2010 年建立欧洲研究区（ERA），并期望通过推出"欧盟目的地计划"、"伊拉斯谟计划"和"居里夫人行动计划"从世界各地吸引顶尖人才；德国和法国作为重要推动国，不仅致力于重塑欧洲共同体在全球顶尖人才竞争中的魅力，两国政府也纷纷为本国制定出一系列吸引顶级人才的计划，如德国的"精英倡议计划"（Exzellenzinitiative，2005）和"精英战略"（Exzellenzstrategie，2016），法国的"卓越大学计划"（Initiatives d'Excellence，2010），均投入大量资金助力本国大学吸引"最聪明的头脑"。类似的竞才模式同样在亚洲各

① Ben Wildavsky, *The Great Brain Race：How Global Universities are Reshaping the World*, Princeton University Press, 2010, pp. 14 – 42.

② Organization for Economic Cooperation and Development, *The Global Competition for Talent：Mobility of the Highly Skilled*, Paris：Directorate for Science Technology and Industry, OECD, 2008.

国上演，日本的"COE 计划"（2002），韩国的"BK21 工程"（1999）、"BK21 PLUS 工程"（2013）和 WCU 计划（2008）等均希望通过政策、财力倾斜强化本国高等教育体系在全球高端人才竞争中的吸引力。此外，俄罗斯推出的"5－100 项目"（2013）、巴西出台的"三明治博士资助项目"、西班牙的"拉蒙项目"（The Ramony Cayal Programme）、匈牙利的"HUMAN-MB08 流动计划"等，均以吸引全球顶级人才为目标。哪怕是全球高等教育系统最具竞争力的美国，也极为重视对顶级学者的吸引。有数据显示，100 所美国州立大学中共有 3776 位中国学者。纽约、加利福尼亚和宾夕法尼亚三大州拥有最多的中国学者，排在前三位的大学是俄亥俄州立大学哥伦布分校（121 位）、埃默里大学（112 位）、德州农工大学（TAMU）（108 位）。这些学者中共有 1051 位教授，占比 28%；有 1108 位副教授，占比 29%。[①] MIT 前校长维特斯曾指出，"我国（美国）高校的出类拔萃很大程度上归功于对国际学者的开放。获得诺贝尔奖的 MIT 教师包括来自日本、印度、意大利、墨西哥的成员。我们的教务长出生于以色列。我们的许多院长出生于加拿大和澳大利亚。他们几乎都是作为研究生来到美国的"[②]。这场全球人才大竞逐中的人才流动也呈现多向、复杂的特点。例如，2011 年放弃美国公民身份及绿卡的人数约为 1800 人，比 2007 年增长 9 倍，超过 2007～2009 年 3 年的总和。与此同时，加拿大、澳大利亚、德国、英国等发达国家以及中国、印度、巴西等新兴国家却在移民政策上更加灵活，努力吸引人才，尤其是世界顶级人才，从而撼动着美国世界顶级人才磁场的地位。随着全球化的发展，国际性的大学教师流动开始日渐加剧，"大学以及大学创造的知识、招聘的学者、培养的学生最终都直接与全球知识经济联系在了一起"[③]。

大学高层次人才通常是指具备较高的学术声望、控制学术认可、主导知识生产、决定资源分配的少数专业权威人士。由于拥有较强的学术生产

---

① Wang Xianwen, Mao Wenli, Wang Chuanli et al. , "Chinese Elite Brain Drain to USA: An Investigation of 100 United States National Universities," *Sciento Metrics*, 2013, 97 (1), pp. 37 –46.

② 〔美〕查尔斯·维特斯：《一流大学 卓越校长：麻省理工学院与研究型大学的作用》，蓝劲松主译，北京大学出版社，2008，第 112 页。

③ 〔美〕菲利普·阿特巴赫、莉斯·瑞丝伯格、劳拉·朗布利：《全球高等教育趋势——追踪学术革命轨迹》，姜有国、喻恺、张蕾译校，上海交通大学出版社，2010，第 24 页。

力，这些处于学术系统顶端的高层次人才往往成为生成一流学科和提升大学声誉的关键因素。[①] 也正是基于此，大学高层次人才的合理流动既是人力资源优化配置的过程，又是知识传播与技术扩散的过程。[②] 全球范围的人才大流动也激发了我国大学高层次人才流动的活力。在我国，破除人才流动尤其是高层次人才流动中的体制机制障碍是当务之急。2017 年中共教育部党组出台的《关于加快直属高校高层次人才发展的指导意见》明确指出，要"加强高层次人才流动的规范化管理，强化高校与人才的契约关系和法治意识"。

与人才流动紧密相关的一个概念便是学术劳动力市场。学术劳动力市场作为普通劳动力市场的一种，也主要由供给、需求和价格三个核心要素构成。但与普通劳动力市场不同的是，学术劳动力市场既受政治、经济、科技、文化的影响，也受学术活动自身特点、学术组织变革、学术共同体文化等的制约。在学术劳动力市场中，作为需求方的高校围绕教师这一人力资本开展一系列定价行为并促成学术人员的流通。[③] 因此，学术人员的自主流动是学术劳动力市场运转的根本。学界认为，中国的学术劳动力市场的运行形成了高层次人才流动的主要劳动力市场与普通高校教师流动的次要劳动力市场的分割结构[④]，即学术劳动力市场分割。分割理论认为，市场经济国家不存在完全统一的劳动力市场，在历史演进中由于政治或经济力量的介入，劳动力市场会纵向或横向地分化为若干分散的亚结构，它们各有各自的市场特征和行为规则。[⑤] 也就是说，劳动力市场分割现象具有普遍性，其中最典型的分割结果是主要劳动力市场（也称一级市场）和次要劳动力市场（也称二级市场）的二元分割形态。在主要劳动力市场中，劳动者的入职门槛较高，工资福利好，职业具有稳定性，晋升机会多，流动性低；在次要劳动力市场中，劳动者入职门槛较低，工资福利较低，工作条件较差，晋升和发展的机会少，劳动雇佣的主要考虑在于个体

---

① Michael Mulkay, "The Mediating Role of the Scientific Elite," *Social Studies of Science*, 1975 (2), pp. 445–470.

② U. Teichler, "Academic Mobility and Migration," *European Review*, 2015 (1).

③ 程贯平：《劳动力市场分割文献述评》，《西华大学学报》（哲学社会科学版）2005 年第 3 期。

④ 刘进、沈红：《论学术劳动力市场分割》，《高等工程教育研究》2015 年第 4 期。

⑤ 曲恒昌、曾晓东：《西方教育经济学研究》，北京师范大学出版社，2000，第 254 页。

的边际贡献和边际成本，劳动力的流动性也高。相应地，学术劳动力市场分割也是一个普遍存在的现象。主要劳动力市场工资较高，处于学术中心，从事科研活动机会多，流动性强；次要劳动力市场工资较低，处于学术外围，从事科研机会少，流动性低。[①] 也就是说，中国的学术劳动力市场形成了基于学术能力差异而分化的高端学术劳动力市场和普通学术劳动力市场的区隔，流动主要发生在较强学术能力者汇聚的高端学术劳动力市场中，这是中国学术劳动力市场与普通劳动力市场之间的差异所在。此外，学术劳动力市场与普通劳动力市场的差异还体现在分割原因和流动壁垒的差异上。普通劳动力市场的分割结构主要源于信息不对称、社会资本差异，而学术劳动力市场分割主要源于个体资本的差异，即学者学术水平的差异；两类市场在流动壁垒方面的不同体现为，普通劳动力市场所形成的分割结构具有明显的边界，在主要劳动力市场和次要劳动力市场中人力资本存量的差异致使二者泾渭分明，但学术劳动力市场的分割结构不具有明显的边界，处于次要劳动力市场的学者可以通过获取更高一级的学位、访学、成为博士后、为科研分配更多时间等进入主要劳动力市场，处于主要劳动力市场的学者也可能因工作重心调整、学术生命周期等原因导致学术生产力下降，从而滑向次要劳动力市场。

我国学术劳动力市场的发展不是自然生发的结果，而是更多受到自上而下政策的驱动，并大致形成了两条政策演进的路径。一方面，单位制向聘任制的人事管理制度转换；另一方面，两大"工程"到"双一流"的重点大学建设政策调整。接下来就这一政策演进的历程作出详细的梳理。改革开放初期，受制于计划体制下"单位人"这一身份式管理模式的束缚，此时的人事管理变革更多地基于行政任用的聘任逻辑，教师的"社会人"身份并未获得普遍认可。1980年第五届全国人民代表大会常务委员会第十三次会议正式通过了《中华人民共和国学位条例》，标志着我国高等教育改革的大幕正式拉开。随后《中共中央关于教育体制改革的决定》（1985）颁布，首次提出在高校开展人事制度改革。为落实该决定所提出的任务，

---

① 谢冬平：《人才项目嵌入与高校学术劳动力市场状态审视》，《高校教育管理》2017年第6期；熊进：《科层制嵌入项目制：大学学术治理的制度审思》，《现代大学教育》2016年第3期。

国家发布了一系列关于高校教师聘任制的政策，如《关于实行专业技术职务聘任制度的规定》（1986）、《关于高等学校继续做好教师职务评聘工作的意见》（1991）等，高校教师开始由行政领导在经过评审委员会评定、符合相应条件的专业技术人员中聘任。1993年中共中央、国务院印发《中国教育改革和发展纲要》，进一步明确围绕"编制"、"岗位"和"薪酬"三方面推进人事制度改革。1994年，《中国教育改革和发展纲要》的实施意见出台，提出以专项补助的形式重点建设一批高水平学科，即"211工程"；经过一年多的酝酿，1995年《"211工程"总体建设规划》颁布，为这一工程制定了比较详细的任务与措施。1998年江泽民在北京大学建校100周年大会上提出"为了实现现代化，我国要有若干所具有世界先进水平的一流大学"①，这成为学术制度变革迈入新阶段的契机。1999年，国务院批转教育部《面向21世纪教育振兴行动计划》，标志着以建设世界一流大学为政策目标的"985工程"正式启动。1999年，教育部印发《关于新时期加强高等学校教师队伍建设的意见》和《关于当前深化高等学校人事分配制度改革的若干意见》，两大政策将引入"能进能出、能上能下、能高能低"的激励竞争机制作为改革思路。1999年，清华大学和北京大学这两所最先被列入"985工程"建设名单的高校率先在全国实行"岗位津贴制度"，作为建设世界一流大学的重要举措之一。2000年，《关于深化高等学校人事制度改革的实施意见》下发，提出破除职务终身制和人才单位所有制，全面推行聘用制。2007年，《关于高等学校岗位设置管理的指导意见》发布，对高校岗位类别设置、岗位等级设置、岗位基本条件、岗位聘用等问题作了具体规定。《国家中长期教育改革和发展规划纲要（2010—2020年）》和《国家中长期科技人才发展规划（2010—2020年）》的颁布又明确提出，根据市场需求促进人才有序流动。2014年的《事业单位人事管理条例》又进一步指出高校应逐步建立起"能上能下"的用人机制。2015年国务院印发《统筹推进世界一流大学和一流学科建设总体方案》，标志着"双一流"政策的实施，也意味着我国的学术制度变革进入下一阶段。2015年国务院印发《机关事业单位工作人员养老保险制度改革的决定》，建立城乡养老保险制度体系，从而消除了阻碍高校教师流动的

---

① 《江泽民文选》第2卷，人民出版社，2006，第123页。

最主要障碍。2016 年，中共中央印发了《关于深化人才发展体制机制改革的意见》，要求健全人才顺畅流动机制，促进人才双向流动。2017 年《关于深化高等教育领域简政放权放管结合优化服务改革的若干意见》则指出，高校应根据其岗位设置方案和管理办法自主做好人员聘后管理；同年出台的《关于加快直属高校高层次人才发展的指导意见》进一步指出，要强化高校与高层次人才的契约关系。2018 年《关于全面深化新时代教师队伍建设改革的意见》出台，这是首次以中央文件的形式提出推行高等学校教师职务聘任制改革，并指出准聘与长聘相结合，做到"能上能下、能进能出"。由于"双一流"政策确立了破除身份固化的动态评选机制，越来越多的高校主动加入聘任制改革的行列，将深化人事制度改革作为争创一流的重要途径，由此聘任制改革进入深化期。几十年来，诸多针对人才市场的政策设计因与国家的发展目标（如科教兴国战略、人才强国战略等）相契合而更多地调动起了高等教育界对高层次人才竞争的诉求。因此与普通学术劳动力市场相比，我国的高端学术劳动力市场发展更为迅速，也具有更为鲜明的"政策驱动"特征。

当今知识经济的全球化使得一国的创新能力与发展潜力日渐仰赖于主导技术进步的高层次人才。[①] 企业、科研院所和高校是高层次人才分布的主要场所。知识经济时代的经济增长主要仰赖于信息技术的进步，经济过程即生产与交换的过程均围绕信息技术展开分工与合作。而信息技术的进步本质上是一种知识的进步与技术的创新，高校作为知识传播、生产与转化的核心机构，自然成了前沿信息技术的中心。当前，高校的发展、其所能获得的资源日益与区域经济发展实力紧密关联，一方面高校所生产的知识以信息技术的形态服务、带动着地方经济社会的发展，另一方面区域经济腾飞所带来的财富增加又会反哺高校，为其提供更为充裕的资源使其进一步探索新知。随着高等院校的科研平台、硬件设施、组织机构的不断完善，其正逐渐成为高层次人才汇聚的主导性场所。那么，了解我国大学高层次人才流动的变迁历程，揭示学术制度变革与大学高层次人才流动变迁之间的关联机制，进而思考未来如何更好地发挥大学高层次人才流动在促进大学

---

① N. Coe, T. Bunnell, "'Spatializing' Knowledge Communities: Towards a Conceptualization of Transnational Innovation Networks," *Global Networks*, 2003, 3（4）, pp. 437 – 456.

学术繁荣以及高等教育强国建设中的作用，是高等教育理论和实践中值得重视的课题。据此，本书尝试性地探索我国大学高层次人才流动的变迁轨迹与变迁动力及制度逻辑，并在现实问题基础上提出更加合理、有效的优化路径，期望能够为知识经济时代我国科技的进步提供助益。

## 第二节　文献综述

学术流动（Academic Mobility）研究兴起于 20 世纪 50 年代的美国，是学术职业研究的主要领域之一。然而学术系统中的学者流动现象可以追溯至大学诞生的中世纪，有着深厚的历史渊源。[①] 学者们对此进行了论证和分析，证明了这一结论。比如，海斯汀·拉斯达尔（Hastings Rashdall）认为，中世纪大学成立前后是教师自由流动的时代。[②] 雅克·勒戈夫（Jacques Le Goff）表示，中世纪大学的形成与知识分子阶层能够在欧洲范围内自由流动有关。[③] 特里·金（Terri Kim）认为，国际学术流动早在古老的伊斯兰和中世纪的欧洲大学中就已经出现。[④] 中国学者黄福涛也将中世纪大学视作"国际性"的教育机构，由于早期的大学没有独立的教学场所、宿舍等固定资产，学者在感到自身利益受损时，往往会移居别国重新建立一所大学。[⑤] 贺国庆等同样认为中世纪早期大学的形成与学者们的流动行为存在密切的关系，并将中世纪早期的大学分为两类。[⑥] 刘进、沈红认为，大学教师的天然属性就是国际性，并且在中世纪时期，大学教师的国际流动现象以及学术职业就已经产生。[⑦] 刘进、沈红将中世纪视为教师国际流

① Philip G. Altbach, "Perspectives on Internationalizing Higher Education," *International Higher Education*, 2002 (27), pp. 29 – 31.
② Hastings Rashdall, *The Universities of Europe in the Middle Ages：Volume I*, Oxford：The Clarendon Press, 1936, pp. 475 – 476.
③ 〔法〕雅克·勒戈夫：《中世纪的知识分子》，张弘译，卫茂平校，商务印书馆，1996，第 59 页。
④ Terri Kim, "Shifting Patterns of Transnational Academic Mobility：A Comparative and Historical Approach," *Comparative Education*, 2009, 45 (3), pp. 387 – 403.
⑤ 黄福涛主编《外国高等教育史》，上海教育出版社，2003，第 50 页。
⑥ 贺国庆等：《欧洲中世纪大学》，人民教育出版社，2009，第 41 页。
⑦ 刘进、沈红：《大学教师流动与学术职业发展：基于对二战后的考察》，《清华大学教育研究》2014 年第 2 期。

动的第一次高峰，他们认为中世纪时期学术职业自身的行会属性、共同的学术语言（拉丁语）等为教师的国际流动创造有利条件。[①]

总之，以上几位学者的研究均表明人才流动历史悠久，证明了国际学术流动起始于中世纪。他们还对当时的中世纪大学及其学者的流动进行了相关研究和分析。然而随着历史的发展，学术流动也发生了诸多变化，有关学术人才流动的研究也在不断丰富和发展，总的来说，主要集中在人才流动模式、人才流动规律、人才流动动因以及人才流动效应方面。

## 一 关于人才流动模式的研究

国内外关于人才流动模式的研究，经历了由"人才外流"到"人才回流"再到"人才环流"的变化历程。

### （一）"人才外流"模式的相关研究

20 世纪 60 年代，"人才外流"的概念首次被提出，主要用于描述英国人才向美国的迁移，有研究发现，在 1958～1963 年，英国每年约有 3000～4000 名科学家和专业工程师外流，流入量为 2000～3000 人次，净损失约为700 人，其中大部分科学家流向北美[②]，后来这一概念被用于描述人才从外围国家或欠发达国家到中心国家或发达国家的单向流动过程，以及在此过程中人才输出国所受到的损失和人才目的国所获得的收益。关于人才外流的影响，产生了不同的观点。有学者认为人才的大量单向流动对人才输出国的发展具有阻碍作用，如发达国家利用自身优势吸引人才，会给发展中国家带来人才损失，阻碍其经济社会发展。[③] 杰格迪什·巴格瓦蒂（Jagdish Bhagwati）等人也通过经济模型分析指出，"人才外流"会对欠发达国家造成不利影响，并且这种影响往往被低估。[④] 持相反观点的学者则认为人才外流可以推动人才输出国的发展。比如，哈立德·科泽（Khalid Ko-

---

① 刘进、沈红：《大学教师流动与学术职业发展——基于对中世纪大学的考察》，《高校教育管理》2015 年第 3 期。

② G. Beijer, "The Brain Drain from the Developing Countries and the Need for the Immigration of Intellectuals and Professionals," *International Migration*, 1967, 5 (3-4), pp. 228-234.

③ Jagdish Bhagwati, "Taxing the Brain Drain," *Challenge*, 1977, 19 (3).

④ Jagdish Bhagwati, K. Hamada, "The Brain Drain, International Integration of Markets for Professionals and Unemployment," *Journal of Development Economics*, 1974, 1 (1), p. 19.

ser)、约翰·索尔特（John Salt）的研究表明，高技能人才是全球经济的基本要素，并且他们的流动能够显著提高经济竞争力。[1] 安德鲁·芒福德（Andrew Mountford）指出，移民对生产力发展具有促进作用，并且主要会与收入分配以及人力资本积累产生相互作用。[2] 卡林·迈尔（Karin Mayr）和吉奥范尼·佩里（Giovanni Peri）指出，从人力资本激励的视角来看，适当的人才外流在一定程度上能够提高人才输出国的人力资本水平。[3] 总之，国外关于人才外流的趋势，主流观点是人才主要从欠发达的国家或地区流向发达国家或地区，而关于人才外流的影响，则尚未形成统一的结论。

我国也经历了多次人才外流。第一次是"文革"结束后，一大批爱国人士以及有海外关系的年轻人出国探亲，很多人选择留在国外，对我国的人才结构造成了很大冲击；第二次是西方国家颁布了诸多人才留学的优惠政策，促使青年人前往这些国家留学；第三次是在 2000 年后，经济全球化的发展使得我国与其他国家的经济和文化交流更为频繁，人才外流规模进一步扩大。与此同时，诸多学者也对人才外流问题进行了研究，主要集中在人才外流的状况以及效应分析上。首先，在人才外流的状况方面，周巧玲在研究中着重分析了人才外流现象中的留学人员未归问题，认为国内高校缺乏吸引力既有外部复杂社会的影响也与自身内部管理及相关政策的不完善脱不了干系。[4] 李宝元指出，改革开放以来我国经历了多次人才外流的冲击，必须对人才外流问题进行理性认识和客观分析。[5]

其次，关于人才外流现象的效应，形成了两大主流观点。一是人才外流积极作用显著。比如陈晓毅指出，我国人才外流会显著促进人力资本积累，并且这种促进主要通过教育激励、人才回流等方式发挥作用[6]；陈波

---

① Khalid Koser, John Salt, "The Geography of Highly Skilled International Migration," *International Journal of Population Geography*, 1997, 3 (4), pp. 285 - 303.

② Andrew Mountford, "Can a Brain Drain be Good for Growth in the Source Economy?" *Journal of Development Economics*, 1997, 53 (2), pp. 287 - 303.

③ Karin Mayr, Giovanni Peri, "Brain Drain and Brain Return: Theory and Application to Eastern-Western Europe," *The B. E. Journal of Economic Analysis & Policy*, 2011, 9 (1).

④ 周巧玲：《高校学术人才流失：从学术人员管理角度的思考》，《教师教育研究》2004 年第 5 期。

⑤ 李宝元：《人力资本国际流动与中国人才外流危机》，《财经问题研究》2009 年第 5 期。

⑥ 陈晓毅：《人才外流、空间外溢与人力资本积累》，《西北人口》2013 年第 4 期。

通过设计跨期工作理论模型解释了人才跨国流动行为是如何对移民输出国产生影响的，其指出不应将移民单纯视为移民输出国的损失，移民输出国也可能在这一过程中受益[①]。二是人才外流具有消极或双重影响。例如，朱敏和高越指出，在不同的发展阶段，智力外流会对我国科技创新产生不同的影响，在短期内两者之间存在正向关系，但是在经过长期发展过后，则会逆转为反向关系，且存在一定的区域差异。[②] 此外，也有实证结果表明：在人力资本积累方面，人才外流会给不同收入水平的国家带来不同的影响。在中低收入国家，外流规模与人力资本积累呈一种倒"U"形关系；而在高收入国家，两者之间负相关。[③] 总之，我国经历了多次大规模的人才外流，从人才吸引力上看，我国与发达国家仍然存在一定的差距，国内学者也指出当前我国的人才外流现象会对我国的科技创新以及区域发展产生重要影响，既有积极影响又有消极影响，要根据目前的实际情况，采取措施优化我国人才流动方式，吸引人才回流。

### （二）"人才回流"模式的相关研究

随着人才输出国或新兴经济体的快速发展，越来越多的人才选择回到母国或其他国家寻求更好的职业发展机会，出现了人才从发达国家流回母国或新兴经济体的现象，即人才回流现象。国外学者采取追踪调查或定性分析的方法对人才回流现象进行了研究，如卡林·迈尔和吉奥范尼·佩里指出，发展中国家产生了人才回流现象，这些人才大多在海外接受过教育，并且具有工作经验。[④] 亨克·F. 慕得（Henk F. Moed）和加利·哈雷维（G. Halevi）通过追踪 17 个国家的科学家的流动情况，发现人才回流比例较高的国家分别是荷兰、德国、英国等。[⑤] 另外，在人才回流效应上，劳动力新经济学指出，人才在海外获得的技能可以在其母国得到利

① 陈波：《从人才流失到人才环流：一个理论模型》，《国际商务研究》2015 年第 5 期。
② 朱敏、高越：《智力外流对中国技术创新的影响——基于地区差异的实证研究》，《科学学与科学技术管理》2012 年第 10 期。
③ 许家云、李平、王永进：《跨国人才外流与中国人力资本积累——基于出国留学的视角》，《人口与经济》2016 年第 3 期。
④ Karin Mayr, Giovanni Peri, "Brain Drain and Brain Return: Theory and Application to Eastern-Western Europe," *The B. E. Journal of Economic Analysis & Policy*, 2011, 9 (1).
⑤ Henk F. Moed, G. Halevi, "A Bibliometric Approach to Ttracking International Scientific Migration," *Scientometrics*, 2014, 101 (3), pp. 1987 - 2001.

用，这在一定程度上能够助力其母国的发展。琼·巴普蒂斯特·迈耶（J. B. Meyer）在研究中指出，高技能移民对发展中国家来说不再完全是坏事，从增加获得外部资源的角度来看，这种流动可能会为发展中国家带来一些好处。① 戴维·茨威格（David Zweig）等对中国人才流动的历程进行了分析，发现我国正通过人才回流战略获益。② 舒拉米特·卡恩（Shulamit Kahn）、梅甘·麦克加维（Megan MacGarvie）追踪了近 500 名富布赖特奖学金获得者的博士后职业生涯，对照获得博士学位后离开和未离开美国的科研人员发现，来自科学基础薄弱国家的科研人员的文章本国被引用的频率高于对照科学家的文章，这表明，人才回流有利于科学基础薄弱的国家。③ 总之，国外学者多采用追踪调查的方式对不同的人才流动情况进行探析，肯定了当前人才回流的现象，并对其效应持积极态度。

中国人才回流过程漫长，主要经历了以下几个阶段。一是 1847～1949 年，中国饱受列强欺凌，诸多学者赴欧洲、日本、美国等留学，产生了第一次大规模的留学。二是 1949～1978 年，许多海外人才回流，支援新中国的建设。三是 1978～1992 年，改革开放进一步提高了我国对外开放的程度，公派留学生大幅增加，但是关于人才回流的相关制度尚未形成。四是 1992～2002 年，出台了诸多关于海外人才回流的意见或通知，为海外人才回流提供了保障，开启了人才回流的新时代。五是 2002 年至今，我国更加重视创新，为促进人才回流实施了一系列海外人才引进计划，各地市也开始重视人才回流，出台人才引进策略，人才回流热情高涨。目前关于人才回流的研究主要集中在人才回流状况、特征以及效应等方面。就人才回流的状况和趋势而言，中国学者陈瑞娟研究发现，海外高层次人才呈现出回流数量显著增加、回流率和素质明显提高以及回流动机和方式多元化的趋势，回流的学历层次较高，且主要集中于"高、精、尖"领域。④

在人才回流的效应方面，张再生回顾了改革开放以来我国智力外流到

① J. B. Meyer, "Network Approach Versus Brain Drain: Lessons from the Diaspora," *International Migration*, 2001, 39 (5), pp. 91 - 110.

② David Zweig, S. F. Chung, W. Vanhonacker, "Rewards of Technology: Explaining China's Reverse Migration," *Journal of International Migration and Integration*, 2006, 7 (4), pp. 449 - 471.

③ Shulamit Kahn, Megan MacGarvie, "Do Return Requirements Increase International Knowledge Diffusion? Evidence from the Fulbright Program," *Research Policy*, 2016, 45 (6), pp. 1304 - 1322.

④ 陈瑞娟：《新发展阶段海外华侨华人高层次人才回流趋势研究》，《青年探索》2021 年第 4 期。

智力回流阶段的基本状况，构建了个人决策模型并分析了我国智力回流引致机制，其表示人才回流有助于经济社会发展，应从多方面加快我国的人才回流进程①；宋艳涛等通过理论模型指出生产率和经济增长或受到人才回流的积极效应影响②；付平研究发现，海外人才回流对城市或企业创新具有显著促进效应，且这种效应在东部城市或一些大规模企业表现更为突出③。在人才回流的原因探析中，许家云等指出影响智力回流的因素包括不同国家的教育制度、目的国与中国之间的制度差异④；陈越等则指出科研经费、福利保障以及工资收入会对学术人才回流产生重要影响，且科研经费影响程度更为显著⑤。总之，我国人才回流经历了不同的发展过程，诸多学者基于此对人才回流状况、趋势以及原因进行了分析，不过当前关于人才回流中存在的问题的研究分析较少，需要对此展开相关研究，并提出吸引人才回流的有效举措。

### （三）"人才环流"模式的相关研究

除了上述两种人才流动模式外，部分学者进一步提出了人才环流模式，其内涵是人才在不同国家或地区间产生复杂多向的流动形式。这种"人才环流"模式是对以往两种模式的发展和更替。⑥ 诸多学者对这一模式进行了研究，如安娜李·萨克森尼安（AnnaLee Saxenian）研究分析了这种新产生的人才环流现象，并在此基础上对人才外流和人才回流的传统概念进行了更新，在一定程度上为研究人才流动提供了新的视角⑦；安娜李·萨克森尼安在研究中发现，截至 2000 年，硅谷超过 1/3 的高技能人才是在国外出生的，这些受过美国教育的工程师在与其母国建立联系的同时，也在为外围地区提供发展机会。这个人才流动过程更类似于"人才环

---

① 张再生：《中国的智力回流及其引致机制研究》，《人口学刊》2003 年第 6 期。
② 宋艳涛、李燕、黄鲁成：《海外人才回流对经济增长作用的实证研究》，《山西财经大学学报》2012 年第 S3 期。
③ 付平：《海外人才回流的技术创新效应研究》，博士学位论文，暨南大学，2020。
④ 许家云、李淑云、李平：《制度质量、制度距离与中国智力回流动机》，《科学学研究》2013 年第 3 期。
⑤ 陈越、黄明东：《学术人才回流经济动因分析》，《高教发展与评估》2020 年第 6 期。
⑥ David Zweig, S. F. Chung, W. Vanhonacker, "Rewards of Technology: Explaining China's Reverse Migration," *Journal of International Migration and Integration*, 2006, 7 (4), pp. 449 – 471.
⑦ AnnaLee Saxenian, "Brain Circulation: How High-Skill Immigration Makes Everyone Better Off," *The Brookings Review*, 2002, 20 (1), pp. 28 – 31.

流"而非"人才外流"。① 罗莎莉・L. 嵩（Rosalie L. Tung）指出，全球化、移民对人员流动障碍的降低以及无边界职业概念的出现促成了人才环流的现象，并且这种人才环流已经取代了传统的人才外流与人才回流，应在此基础上对人才流动进行理论和实践的相关研究。② 总之，国外基于全球人才流动情况，对人才环流模式进行了分析，并将人才环流与人才外流、人才回流等进行了对比分析。

此外，国内学者也从不同的维度对人才环流现象及其效应进行了分析。比如杨芳娟等对我国的高被引学者流动路径进行分析，发现美国吸引的人才最多，并且我国学者呈现出在美国、德国、日本等国家循环流动的现象③；黄海刚、曲越等通过对"国家杰出青年科学基金"获得者的研究发现人才存在环流现象，在华北、华东和华南地区形成了人才流动的三角环流区④。李峰等通过对2600多名高层次科技人才的流动轨迹进行分析，以京津冀、长三角、粤港澳地区为例，将中国的科技人才流动总结为"单核吸引"、"自产自销"和"创新吸引"三种模式。⑤ 在流动效应方面，文婳将人才环流与地方产业发展联系起来，将全球产业价值链的分工与协作视为人才环流产生的主要原因，并明确指出就地方产业来说，人才环流具有重要的促进作用⑥；郑巧英等提出人才环流在一定情况下会在两个不同的国家之间产生共赢的效果，如两个国家或地区的经济与产业结构存在不同的优势、劣势，当两者之间的优劣之处可以互相补足时，人才环流所带来的积极影响无疑是巨大的⑦；

---

① AnnaLee Saxenian, "From Brain Drain to Brain Circulation: Transnational Communities and Regional Upgrading in India and China," *Studies in Comparative International Development*, 2005, 40 (2), pp. 35 – 61.

② Rosalie L. Tung, "Brain Circulation, Diaspora, and International Competitiveness," *European Management Journal*, 2008, 26 (5), pp. 298 – 304.

③ 杨芳娟、刘云、侯媛媛等：《中国高被引学者的跨国流动特征和影响——基于论文的计量分析》，《科学学与科学技术管理》2017年第9期。

④ 黄海刚、曲越、连洁：《中国高端人才过度流动了吗——基于国家"杰青"获得者的实证分析》，《中国高教研究》2018年第6期。

⑤ 李峰、徐付娟、郭江江：《京津冀、长三角、粤港澳科技人才流动模式研究——基于国家科技奖励获得者的实证分析》，《科学学研究》2022年第3期。

⑥ 文婳：《全球化背景下人才跨国环流与地方产业发展研究》，《科技进步与对策》2008年第6期。

⑦ 郑巧英、王辉耀、李正风：《全球科技人才流动形式、发展动态及对我国的启示》，《科技进步与对策》2014年第13期。

黄海刚则指出人才环流会使人才输出国和输入国都能从中受益，且主要通过人才的知识溢出、聚集及生产力倍增等产生作用①。除此之外，也有学者对当前人才环流的负面效应进行了分析，如黄海刚通过对中国"长江学者奖励计划"特聘教授获得者数据进行分析发现，中国中西部和东北部地区人才输出规模较大，且人才输入和回流极度匮乏，人才流动在上述地区存在结构性失衡现象，没有形成良性循环模式。② 总之，我国学者对人才环流模式形成了较为一致的结论，指出当前人才环流具有积极作用，同时也应该注意当前人才流动存在的问题。

总之，学者对人才流动模式的认识经历了人才外流—人才回流—人才环流的发展过程。当前国内外人才流动状况已趋向复杂，呈现出多种流动模式并存的现象。此外，通过比较国内外学者的研究，我们可以发现两者研究的侧重点不同。国外学者主要对人才流动模式的特点和相互关系进行了讨论：人才外流强调人才流动的单向过程，强调输出国的损失和输入国的收益；人才回流强调人才从输入国回归输出国的过程；人才环流则是人才外流与人才回流的有机结合和更新发展。国外学者认为三种流动模式在历史上虽存在一定的先后承继关系，却又相互交织而非孑然独立，并且这三种模式共同促成了当前人才流动的新形势。我国学者侧重对不同模式下人才流动的状况、影响及其原因进行探析，指出我国当前人才流动模式对我国社会发展具有重要作用，因此要促进积极合理的人才流动，并将人才流动与相关产业发展结合起来。总体来说，学术人才的流动模式不但反映了他们在地理范围内的流动，而且反映出不同流动模式对流入流出地带来的不同社会效应，需要结合社会发展的实际情况进行综合分析。

## 二 关于人才流动规律的研究

学者们对人才流动规律的探析主要集中在以下几个维度：流动类型、流动特征、流动规模、流动路径和趋向。

---

① 黄海刚：《从人才流失到人才环流：国际高水平人才流动的转换》，《高等教育研究》2017年第 1 期。

② 黄海刚：《从人才流失到人才环流：国际高水平人才流动的转换》，《高等教育研究》2017年第 1 期。

### （一） 流动类型日益多样化

国外学者戴维·M. 霍夫曼（David M. Hoffman）对来自 7 个国家的 20 位学者进行了定性研究，阐明了六种不同的流动类型。传统的学术流动主要包括短期交流和短途旅行、国家职业流动以及基于信息和通信技术（ICT）的流动；新兴的学术流动则包括横向流动、纵向流动和代际流动。[①] 米歇尔·罗斯坦（Michele Rostan）等以个体视角为切入点，将学术流动分为内嵌式流动、循环式流动、候鸟式迁移流动三种类型。[②] 布伦丹·坎特韦尔（Brendan Cantwell）则以 2008～2009 年英美两国生命科学和工程学博士后研究者为样本，将学术人才国际流动划分为偶然流动、强制流动和协商流动三种类型，并且指出流动性很少是完全偶然、完全强制或完全协商的，应该把流动理解为取决于环境的多面性的概念。[③] 此外，我国学者也提出了不同的分类标准。比如李志峰和谢家建基于不同的分类标准，指出可以将人才职业流动分为教育系统内流动和教育系统外流动、组织内流动和组织外流动以及学科内流动和学科外流动[④]；刘进、沈红则总结了当前研究型大学教师流动的几种形式，其分别是从企业流向大学、海外回国任教、"以才引才"、兼职教授、"家属"模式、"猎头"公司等[⑤]。总之，学者们对人才流动类型的认识日益深化，依据不同的分类标准，对人才流动的类型亦有不同的表述，呈现出多样化的特点。

### （二） 流动的聚集化、短期化、循环流动等特征明显

国外学者约翰·索尔特研究发现，人才主要从欠发达国家流向发达国家[⑥]；菲利普·G. 阿特巴赫（Philip G. Altbach）教授研究发现，北美洲是人

---

① David M. Hoffman, "Changing Academic Mobility Patterns and International Migration," *Journal of Studies in International Education*, 2008, 13 (3), pp. 347 – 364.

② Michele Rostan, Ester Ava Hohle, *The Internationlization of the Academy*, London: Routledge, 2013, p. 110.

③ Brendan Cantwell, "Transnational Mobility and International Academic Employment: Gatekeeping in an Academic Competition Arena," *Minerva*, 2011, 49 (4), pp. 425 – 445.

④ 李志峰、谢家建：《中国学术职业流动的内外部因素分析》，《大连理工大学学报》（社会科学版）2007 年第 4 期。

⑤ 刘进、沈红：《中国研究型大学教师流动：频率、路径与类型》，《复旦教育论坛》2014 年第 1 期。

⑥ John Salt, "The Future of International Labor Migration," *International Migration Review*, 1992, 26 (4), pp. 1077 – 1111.

才流入的重要地区，大量来自发展中国家的高端人才会在此工作①；克拉克·克尔（Clark Kerr）也指出，学术人才会按照学科的发展选择流动或移民的方向，在流动上呈现出聚集化的特征②。还有学者发现，不同类型人才的聚集地也会呈现不同，如医学人才会从小岛屿国家、非洲国家迁移至美国和英国等发达国家③，足球人才会从非洲、拉丁美洲等迁移至欧洲的欧盟足球俱乐部④，科学家则从欧洲流动至美国等创新国家⑤。除人才聚集外，还有学者指出当前人才流动呈现出复杂化的特征，呈现出人才在发达经济体和欠发达经济体之间多次多向流动的现象。⑥

我国学者也基于不同维度对人才流动特征进行了研究。汪怿将学术人才流动的特征归纳为以下四点：一是人才流动呈现多极化，二是学术人才流动的短期化特征明显，三是人才流动年轻化，四是"明星"科学家的机构或学科能吸引更多人才，具有品牌化效应⑦；李志锋等认为单向性、阶层性和能动性是中国学术职业流动的重要特点⑧；向丹、李华星则进一步总结了人才流动的垂直化、年轻化、短期化和循环流动等特征⑨。贾玲玲等对当前人才流动规模进行了研究分析，得出当前流动尚处于合理范围内的结论，但是也存在一些问题，如机构和地域聚集特征明显、人才分布不均衡等⑩；祝维龙

① Philip G. Altbach, "Globalisation and the University: Myths and Realities in an Unequal World," *Tertiary Education and Management*, 2004, 10 (1), pp. 3 - 25.

② 〔美〕克拉克·克尔：《大学之用》（第 5 版），高铦、高戈、汐汐译，北京大学出版社，2008，第 53 页。

③ E. Adovor, M. Czaika, F. Docquier et al., "Medical Brain Drain: How Many, Where and Why?" *Journal of Health Economics*, 2020.

④ Chrysovalantis Vasilakis, "Does Talent Migration Increase Inequality? A Quantitative Assessment in Football Labour Market," *Journal of Economic Dynamics and Control*, 2017, 85, pp. 150 - 166.

⑤ L. Verginer, M. Riccaboni, "Talent Goes to Global Cities: The World Network of 'Scientists' Mobility," *Research Policy*, 2021, 50 (1).

⑥ David Zweig, S. F. Chung, W. Vanhonacker, "Rewards of Technology: Explaining China's Reverse Migration," *Journal of International Migration and Integration*, 2006, 7 (4), pp. 449 - 471.

⑦ 汪怿：《学术人才国际流动及其启示》，《教育发展研究》2006 年第 7 期。

⑧ 李志峰、谢家建：《学术职业流动的特征与学术劳动力市场的形成》，《教育评论》2008 年第 5 期。

⑨ 向丹、李华星：《教师国际流动现状及其对高校创新能力提升研究》，《西北工业大学学报》（社会科学版）2012 年第 3 期。

⑩ 贾玲玲、刘筱敏：《科研机构高层次科技人才流动特征分析——以中科院重点支持的高层次科技人才为例》，《科技促进发展》2020 年第 5 期。

等对不同区域和机构的人才流动情况进行研究，发现人才主要在经济发展较好的中心范围内和排名靠前的机构内流动①。

总之，通过对国内外学者的文献总结可以发现，人才流动整体上呈现出复杂化、聚集化以及循环流动等特点，这其中既有经济因素的作用又有教育以及社会制度等因素的作用。在每个具体的领域内，不同类型的学术人才的流动趋向也会呈现出差异。

### （三）流动规模扩大，流动频率增加，且不同学术人才流动频次不同

国际学术流动的规模能够在一定程度上反映出一个国家高等教育国际化的程度，国内外学者基于此对人才流动情况进行了研究和分析。国外学者特里·金在研究中讨论了中世纪时期、殖民主义和民族主义时期、战争和冷战期间以及当代跨境学术流动的规模和速度是如何变化的。② 葆拉·斯蒂芬（Paula Stephan）等通过对 16 个国家不同学科的研究人员进行调查发现，美国博士和博士后学者跨国学术流动的比例是最低的（2.7%），其次是日本（2.9%），印度最高，为 31.4%。瑞士排名第二，有 20.6% 的本地人离开瑞士攻读博士学位，随后是德国和加拿大，分别为 18.7% 和 18.6%，远高于意大利（12.2%）。③ 萨里·佩卡拉·克尔（Sari Pekkala Kerr）等利用全球双边移民数据库研究了全球人才流动的状况，指出从 1990~2010 年，拥有高等学历的移民人数增加了近 130%，而拥有初级学历的移民仅增加了 40%。在高等学历移民中，经合组织国家的高等学历女性移民数量增长了 152%。④

国内学者的研究主要聚焦于我国高校中拥有国际学术流动经历的教师的数量及其比例。主要形成了两个结论。一是人才流动规模不断扩大。比如宗农对院士履历进行了分析，指出有接近 90% 的院士在本科、硕士、博

① 祝维龙、苏丽锋：《高校哲学社会科学高端人才分布及流动特点研究——基于国家社科基金重大项目首席专家的分析》，《教育经济评论》2021 年第 3 期。

② Terri Kim, "Shifting Patterns of Transnational Academic Mobility: A Comparative and Historical Approach," *Comparative Education*, 2009, 45 (3), pp. 387 – 403.

③ Paula Stephan, G. Scellato, C. Franzoni, "International Competition for PhDs and Postdoctoral Scholars: What Does (and Does Not) Matter," *Innovation Policy and the Economy*, 2015, 15 (1), pp. 73 – 113.

④ Sari Pekkala Kerr, W. R. Kerr, C. Ozden et al., "Global Talent Flows," *Journal of Economic Perspectives*, 2016, 30 (4), pp. 83 – 106.

士期间就读于不同的学校和科研院所，70% 的院士有在国外留学的经历。[①]
程莹等在研究中表示与规模有限的外籍专任教师群体相比，我国重点高
校中拥有国际学术流动经历的本国教师数量已初具规模。[②] 刘进、闫晓
敏等选取了 30 个沿线国家的大学教师简历进行分析，发现中东欧地区的
教师中，有约 89.47% 在发达国家攻读博士学位。[③] 李潇潇、左玥等对
2011～2017 年清华大学和北京大学共 810 名新任教师的履历进行分析发
现，两所大学中近半数（47.5%）的新任教师为海归博士，在境外机构
完成博士后工作后回国任教的比例达到了 66.2%。[④] 李丽萍、沈文钦等
统计分析了化学学科排名前 20 的高校，发现近 10 年来这些大学中具有
海外教育或研究经历的教师比例始终高于 70%，2016 年以后，该比例增
长至 80%。[⑤]

二是不同区域、不同学科以及不同层次的学术人才的流动比例不同。
周亮等在研究中发现，院士在不同区域内流动比例不同，在省内流动层
面，有 7.48% 的院士求学期间发生过流动，在跨省流动层面，有 66.49%
的院士发生过流动，在跨境流动层面，有 2.78% 的院士在国外取得学位，
并且院士的流动具有明显的区域指向性。[⑥] 黄海刚和连洁发现，有 10.71%
的"长江学者奖励计划"特聘教授具有职业流动经历且这种职业流动存在
学科差异。[⑦] 高阵雨等以国家杰出青年科学基金获得者为研究对象，对其中
有职业流动行为的学者进行多角度分析发现，不同学科学者的流动比例不
同，从高到低依次是地球科学、管理科学、生命科学、数理科学、医学科

① 宗农：《优秀拔尖人才成长规律探微——从改革开放后大学毕业的两院院士的高等教育经历说起》，《中国高等教育》2005 年第 Z2 期。
② 程莹、张美云、俎媛媛：《中国重点高校国际化发展状况的数据调查与统计分析》，《高等教育研究》2014 年第 8 期。
③ 刘进、闫晓敏、罗艳等：《"一带一路"学术职业流动与国际化——基于对 30 个沿线国家大学教师简历的分析》，《高校教育管理》2018 年第 3 期。
④ 李潇潇、左玥、沈文钦：《谁获得了精英大学的教职——基于北大、清华 2011—2017 年新任教师的履历分析》，《中国高教研究》2018 年第 8 期。
⑤ 李丽萍、沈文钦、赵芳祺：《精英大学教师的学缘结构及其十年变化趋势——以化学学科为例》，《教育学术月刊》2019 年第 10 期。
⑥ 周亮、张亚：《中国顶尖学术型人才空间分布特征及其流动趋势——以中国科学院院士为例》，《地理研究》2019 年第 7 期。
⑦ 黄海刚、连洁：《海外经历会影响大学高层次人才流动吗?》，《教育与经济》2019 年第 6 期。

学，占比分别为 21.01%、18.64%、17.17%、15.48%、14.32%。[①] 徐娟与王泽东对我国大学高层次人才简历信息进行检索，发现有超过 1/3 的大学高层次人才发生过流动，随着学术层级的提升，流动率也有所提高；在流动次数方面，多集中于 1 次；在流动周期方面，大学高层次人才平均约 9 年流动 1 次，随着学术层级的提升，流动周期逐渐延长。[②] 以上学者的研究均能够证明，随着时代的发展，教师的国际学术流动规模不断扩大，我国高校尤其是重点高校中越来越多的教师拥有国际学术流动背景。

综观国内外学者的相关研究可以发现，相比于中世纪时期，人才流动的规模不断扩大，频率不断增加，并且在不同区域、不同学科、不同性别之间存在较大的差异。

### （四）学术人才流动路径和趋向更加多样化、复杂化

国外学者基于不同维度对人才流动的路径等进行了探析。首先，在空间流动方面，特雷弗·亨利·阿斯顿（Trevor Henry Aston）调查发现，从牛津大学建校到 1500 年的学者名单中，有 259 名学者来自其他国家。[③] 阿斯顿研究发现，1440~1499 年流出剑桥大学的 123 位教师中，29 位教师流向巴黎，11 位教师流向法国其他城市。[④] 约翰·W. 鲍德温（Jone W. Baldwin）对 1178~1215 年在巴黎大学任教且能够获得生源国的教师进行分析，发现仅有 19 位教师来自法国，其余 23 位教师来自英格兰、意大利、西班牙等不同国家。[⑤] 菲利普·G. 阿特巴赫教授研究发现，学术人才的国际迁移日益强劲，在流动路径上，由发展中国家流向北美洲国家成为众多人才的选择。[⑥] 苏卡特·阿里（Showkat Ali）等人以 ISI 高被引数据库中的物理学家、生物科学家和经济学领域的助理教授为样本进行调查，发现这

① 高阵雨、陈钟、王长锐等：《我国高层次科技人才流动情况探析：以国家杰出青年科学基金获资助者为例》，《中国科学基金》2019 年第 4 期。
② 徐娟、王泽东：《我国大学高层次人才流动规律研究——来自 6 类项目人才简历的实证分析》，《高校教育管理》2020 年第 2 期。
③ Trevor Henry Aston, "Oxford's Medieval Alumni," *Past & Present*, 1977.
④ Trevor Henry Aston, "The Medieval Alumni of the University of Cambridge," *Past and Present*, 1980.
⑤ Jone W. Baldwin, "Masters at Paris from 1179 to 1215: A Social Perspective," in *Renaissance and Renewal in the Twelfth Century*, University of Toronto Press, 1982, pp. 138 – 172.
⑥ Philip G. Altbach, "Globalisation and the University: Myths and Realities in an Unequal World," *Tertiary Education and Management*, 2004, 10 (1), pp. 3 – 25.

些科学家最终流向了少数发达国家，如美国和瑞士。① 克拉克·克尔指出，学术人才会按照学科的发展选择流动或者移民的方向，在流动路径上呈现出学术人才或学术职业的聚集效应。② 卡尼瓦诺·卡罗莱娜（Cañibano Carolina）和博兹曼·巴里（Bozeman Barry）的研究表明，西欧和北美始终是科技人才国际流动的首要选择。③

其次，在机构流动方面，菲利普·G. 阿特巴赫教授指出，学术人才更愿意向学术中心或高等教育中心靠拢。④ 葆拉·斯蒂芬等研究发现，学术精英流动可分为三种类型，分别是向上流动、向下流动和平行流动，其中，向上流动和平行流动的人数最多，因为高声誉机构的学术资源和研究环境较好，能够为学术研究提供便利。⑤ 同时，为了避免"近亲繁殖"，在同一等级的高校之间存在一种交换聘任毕业生的现象，这种相互流动一方面维护学术的再生产，另一方面也促进了学术人才的双向流动。⑥ 并且不同类型的学术人才的流动倾向不同，留在学术领域或在公共部门工作的多是研究型大学的学术人才，而倾向于流向私营部门的多是应用型研究的学术人才。⑦ 除此之外，也有学者对人才流动趋向进行了相关研究，如艾伦·M. 威廉斯（Allan M. Williams）和弗拉迪米尔·巴拉日（Vladimir Baláž）指出，当前人才由单向流动趋向于循环流动，并且不同国家为吸引人才采取了诸多举措⑧；

---

① Showkat Ali, Giles Carden, Benjamin Culling et al. , "Elite Scientists and the Global Brain Drain," *Warwick Economic Research Papers*, 2007.

② 〔美〕克拉克·克尔：《大学之用》（第 5 版），高铦、高戈、汐汐译，北京大学出版社，2008，第 53 页。

③ Cañibano Carolina, Bozeman Barry, "Curriculum Vitae Method in Science Policy and Research Evaluation：The State-of-the-art," *Research Evaluation*, 2009, 18 (2).

④ 〔美〕菲利普·G. 阿特巴赫：《高等教育变革的国际趋势》，蒋凯主译，北京大学出版社，2009，第 28 页。

⑤ Paula Stephan, G. Scellato, C. Franzoni, "International Competition for PhDs and Postdoctoral Scholars：What Does (and Does Not) Matter," *Innovation Policy and the Economy*, 2015, 15 (1), pp. 73 – 113.

⑥ Val Burris, "The Academic Caste System：Prestige Hierarchies in PhD Exchange Networks," *American Sociological Review*, 2004, 69 (2), pp. 239 – 264.

⑦ Hanna Hottenrott, Cornelia Lawson, "Flying the Nest：How the Home Department Shapes Researchers' Career Paths," *Studies in Higher Education*, 2017, 42 (6), pp. 1091 – 1109.

⑧ Allan M. Williams, Vladimir Baláž, "International Return Mobility, Learning and Knowledge Transfer：A Case Study of Slovak Doctors," *Social Science & Medicine*, 2008, 67 (11), pp. 1924 – 1933.

玛丽卡·范德尔·温德（Marijk Van Der Wende）也指出，传统的由南向北、由东向西的洲际移动模式已经发生转变，呈现出平行化的趋势①。

中国学者也对人才分布以及人才流动的路径和趋向进行了研究。一是对人才分布研究。吴殿廷等对院士出生地和当前工作机构所在地进行了分析，指出院士大多出生于东部沿海地区，在机构分布上，东部较多、西部较少，南部较多、北部较少，不同省份之间差距较大②；姜怀宇等提出我国的人才开始由内陆地区向东南沿海地区转移，相比之前，其分布格局发生了根本改变③。李瑞等研究分析了中国学术人才的空间演化格局，指出中国科学院院士在空间分布上具有较大的不平衡性，并且呈现出集聚弱化的趋势。④

二是人才国际流动研究，诸多学者对不同时期的人才国际流动情况进行了分析。潘后杰、李锐表示，得益于中世纪时期特殊的时代背景，教师可以自由地在欧洲高校内流动，从巴黎到牛津，从博洛尼亚到巴黎等。⑤张磊以博洛尼亚大学为研究对象进行研究，发现博洛尼亚大学从诞生之初就聚集了欧洲各地著名的学者。⑥朱治军的研究也表明，博洛尼亚大学除了吸引意大利籍的教师外，对其他国家的教师也有较大的吸引力。⑦在现代人才流动中，邹绍清和何春的研究得出二战后非洲国家的教师主要流向经济发展水平更高的国家，拉丁美洲、大洋洲的教师主要流向北美洲国家，独联体和东欧国家的教师主要流向西方国家的结论。⑧汪怿认为发达

---

① Marijk Van Der Wende, "International Academic Mobility: Towards a Concentration of the Minds in Europe," *European Review*, 2015, 23（S1）, pp. 70–88.
② 吴殿廷、李东方、刘超等：《高级科技人才成长的环境因素分析——以中国两院院士为例》，《自然辩证法研究》2003 年第 9 期。
③ 姜怀宇、徐效坡、李铁立：《1990 年代以来中国人才分布的空间变动分析》，《经济地理》2005 年第 5 期。
④ 李瑞、吴殿廷、鲍捷等：《高级科学人才集聚成长的时空格局演化及其驱动机制——基于中国科学院院士的典型分析》，《地理科学展》2013 年第 7 期。
⑤ 潘后杰、李锐：《欧洲中世纪大学兴起的原因、特点及其意义》，《四川师范大学学报》（哲学社会科学版）1993 年第 3 期。
⑥ 张磊：《欧洲中世纪大学》（增订版），商务印书馆，2010，第 42~45 页。
⑦ 朱治军：《从国际性到地域性：中世纪大学特征嬗变》，《山东高等教育》2015 年第 8 期。
⑧ 邹绍清、何春：《国际人才流动趋向与各国回流方略探析》，《重庆工业高等专科学校学报》2004 年第 1 期。

国家机构研究人员的重要来源是中国、印度等发展中国家的学术人才。[①]
张阳指出，由发展中国家流向发达国家是人才流动的主要路径，以美国、
英国等为代表的国家是主要的人才输入国，以中国、印度等为代表的国家
是主要的人才输出国。[②] 杨芳娟等通过对学者的科研履历进行分析，发现
半数以上的学者有在发达国家求学或工作的经历，在中国获得本科学位、
海外获得博士学位是其主要的流动路径，在流动目的地上，流向美国的人
数最多，并且在美国、德国及日本间呈现密集的人才环流现象。[③] 另外，
也有学者对人才流动情况进行了对比分析。刘进对一所中国顶级高校和日本
顶级高校进行对比分析，结果显示中日两国大学教师的流动路径基本一致，
主要集中在美国、英国、法国、德国等经济发展较快的国家。两者之间的差
别在于中国大学教师的流动范围更广，还涉及俄罗斯、新加坡等国家。[④]

三是人才国内流动的相关研究。黄海刚、曲越等对学术人才流动路径
进行了分析，指出学术人才主要由中西部和东北地区流向沿海和东南部地
区，并且出现了"孔雀东南飞"和以京沪等地区为代表的学术人才"大进
大出"的人才流动相互交织的现象。[⑤] 高阵雨等指出高层次人才在空间流
动路径上呈现出由陕西、四川、甘肃等西部省份向上海、广东、江苏等东
南省份流动的态势，流动路径的单一化趋势明显[⑥]；周亮等发现院士学历
取得地、最终工作地主要集中在发达城市，如北京、上海等，在流动上
看，指向性和空间聚集性特征明显[⑦]。除空间流动外，也有学者对学术人
才流动的机构流动路径进行了分析，如张松涛等指出国家杰出青年科学基
金获得者在机构流向上主要从非"985 工程"高校流向"985 工程"高校，

① 汪怿：《学术人才国际流动及其启示》，《教育发展研究》2006 年第 7 期。
② 张阳：《我国专业人才跨国流动影响因素与趋势研究》，博士学位论文，青岛大学，2016。
③ 杨芳娟、刘云、侯媛媛等：《中国高被引学者的跨国流动特征和影响——基于论文的计量分析》，《科学学与科学技术管理》2017 年第 9 期。
④ 刘进：《学术职业流动：中日对比研究——中国 M 大学与日本 N 大学的教师流动情况实证分析》，《中国高教研究》2019 年第 4 期。
⑤ 黄海刚、曲越、连洁：《中国高端人才过度流动了吗——基于国家"杰青"获得者的实证分析》，《中国高教研究》2018 年第 6 期。
⑥ 高阵雨、陈钟、王长锐等：《我国高层次科技人才流动情况探析：以国家杰出青年科学基金获资助者为例》，《中国科学基金》2019 年第 4 期。
⑦ 周亮、张亚：《中国顶尖学术型人才空间分布特征及其流动趋势——以中国科学院院士为例》，《地理研究》2019 年第 7 期。

向上流动的趋势明显①；黄海刚等对"长江学者奖励计划"特聘教授和"国家杰出青年科学基金"获得者的职业流动路径探索发现，人才流动的流出机构与流入机构不同，在流出机构中，主要以中国科学院为代表，在流入机构中，高校占主要部分②；柳瑛等以"长江学者奖励计划"特聘教授为例，指出从机构间流动路径看，学者在人才计划入选前后流动趋向不同，总体来看，向心流动大多发生在学者入选人才计划之前，而离心流动则大多发生在学者入选人才计划之后。③

以上研究表明，学术人员的国际学术流动方向一般是从经济欠发达地区流向经济发达地区，发达国家是学术人员国际学术流动的主要目的国。对比不同时期的人才流动路径可以看出，中世纪时期的教师主要从北到南、从东到西的在欧洲各国流动，现代学术人才主要由发展中国家流向发达国家，并且呈现出向高声誉机构聚集的特点。学者们对不同学术人才的流动情况的研究也更为细化，探析了不同学术人才的流动特征与路径。另外，国内外学者从不同维度对人才流动特征进行了分析。国外学者从空间流动和机构流动两个维度对人才流动情况进行了分析，中国学者则主要聚焦于某一类人才，对其流动路径以及存在的问题进行了总结与分析，并提出了改善措施和针对性建议。

## 三　关于人才流动动因的研究

人才流动研究经历了漫长的发展过程，从中世纪开始，诸多因素就开始对教师流动产生重要影响，不少学者对中世纪时期的学术流动情况进行了研究，总结归纳了影响该时期学术人才流动的因素，直至现在，这些因素的提出与分析仍然十分具有借鉴意义。

### （一）中世纪时期人才流动动因研究

根据对有关文献的整理分析，中世纪时期影响人才流动的因素主要可

---

① 张松涛、关忠诚：《科技人才的教育经历研究——以中国科学院杰出青年为例》，《中国科技论坛》2015 年第 12 期。
② 黄海刚、曲越、白华：《中国高端人才的地理流动、空间布局与组织集聚》，《科学学研究》2018 年第 12 期。
③ 柳瑛、薛新龙、苏丽锋：《中国高端人才布局与流动特征研究——以长江学者特聘教授为例》，《中国科技论坛》2021 年第 2 期。

分为以下几类。一是国家政策。海斯汀·拉斯达尔对博洛尼亚大学进行研究时发现，博洛尼亚当局规定所有博士学位获得者，且年龄超过 50 岁的市民不允许离开本市。① 希尔德·德·里德－西蒙斯（Hilde de Ridder-Symoens）的研究也提出，教皇和市政当局为规范高等教育，颁布了多项政策支持或限制学者的国际流动。② 海斯汀·拉斯达尔则详细介绍了因英法两国国王争吵造成的英国学者集体从巴黎大学迁移到牛津大学的事实。③ 二是经济因素。根据有关资料分析，中世纪大学教师的收入长期处于较低水平，甚至有的教师的工资收入还比不上一名熟练工人的工资收入，所以这也就使得经济成为影响人才流动的重要因素。学者希尔德·德·里德－西蒙斯指出，因抵挡不住高薪诱惑，中世纪大学教师出走事件频发。④ 为此，许多大学甚至连博洛尼亚大学也采用提高薪酬的方式减少人才的流失。我国学者张小杰也表示向教师提供薪俸是中世纪时期阻止教师外流的重要手段。⑤ 刘进等对此持相同观点，他们指出薪酬问题是中世纪大学教师国际学术流动的主要因素。大学教师离开原教学单位的原因在于抵不住高薪的诱惑。⑥ 三是市民冲突。刘进、沈红指出，中世纪大学的教师往往会因市民冲突而"离家出走"。⑦ 四是宗教信仰。中世纪欧洲大学的宗教色彩浓厚，教师信仰的宗教以及教会对教师信仰的包容程度也会影响人才流动。黄福涛指出，在中世纪大学中，宗教立场是导致教师发生国际学术流动的一个重要因素。比如意大利的锡耶纳大学、比萨大学都曾公开要求教师必须信仰正统宗教。⑧ 潘奇也表示中世纪的旅行传统、旅行的条

① 〔英〕海斯汀·拉斯达尔：《中世纪的欧洲大学——大学的起源》，崔延强、邓磊译，重庆大学出版社，2011，第 119 ~ 121 页。
② 〔比利时〕希尔德·德·里德－西蒙斯主编《欧洲大学史：近代早期的欧洲大学（1500—1800）》，贺国庆等译，河北大学出版社，2007，第 437 ~ 439 页。
③ Hastings Rashdall, *The Universities of Europe in the Middle Ages*: *Volume I*, Oxford：The Clarendon Press，1936，pp. 475 – 476.
④ 〔比利时〕希尔德·德·里德－西蒙斯主编《欧洲大学史：中世纪大学》，贺国庆等译，河北大学出版社，2007，第 166 ~ 168 页。
⑤ 张小杰：《中世纪大学的教师薪俸制》，《清华大学教育研究》2007 年第 4 期。
⑥ 刘进、沈红：《大学教师流动与学术职业发展——基于对中世纪大学的考察》，《高校教育管理》2015 年第 3 期。
⑦ 刘进、沈红：《大学教师流动与学术职业发展——基于对中世纪大学的考察》，《高校教育管理》2015 年第 3 期。
⑧ 黄福涛主编《外国高等教育史》，上海教育出版社，2003，第 50 页。

件、国际语言的学习、宗教、战争以及民族主义等因素均影响大学教师国际学术流动的发生。[①] 五是学术声望或职称。学校学术声望等级、不同学科以及不同职称的教师的流动也不同。曾仲表示，中世纪大学的教授享有罢课和迁校的自由。当中世纪大学的教师对其所在城市当局不满，或在教学过程中教师权利遭到损害时，教师们可以通过罢课以示抗议，这是中世纪时期教师频繁发生国际学术流动的主要因素。[②] 贺国庆等强调名师的吸引是造成中世纪学者发生国际学术流动的主要原因。[③] 胡钦晓也表示教师的学术声望是造成学生发生国际学术流动的重要原因。学生为获取学问而追随名师，这些学生毕业后又将该教师的教学理论传播到欧洲其他区域，这种教学模式在欧洲非常普遍。[④]

### （二）现代人才流动动因研究

现代人才流动的动因研究可分为国内、国外两个维度。国外关于现代人才流动动因的研究主要是从经济、职业发展以及机构特征和个体因素等方面进行分析。一是经济因素，一般认为经济发展水平高、就业机会多、产业结构优化的地区可以吸引人才流入。比如威廉·C. 韦勒（William C. Weiler）通过分析美国明尼苏达大学终身教师离职原因，发现随着预期工资的不断增加，这些教师接受外部录取的概率也在不断增大，两者之间正相关。[⑤] 迈克尔·W. 马蒂尔（Michael W. Matier）指出，现任薪酬会左右高校教师流动，如果教师感觉到现任薪酬不足，他们可能会作出流动的决策。[⑥] 戈登·H. 汉森（Gordon H. Hanson）以美国郡县为研究对象，指出经济因素会影响人才聚集，如房价过高可能会降低劳动力的相对效用，能够在一定程度上抑制人才集聚。[⑦]

① 潘奇：《知识世界的漫游者：西方大学教师国际流动的历史》，高等教育出版社，2016，第 41 页。
② 曾仲：《试论欧洲中世纪大学的基本特点》，《汕头大学学报》（人文科学版）1997 年第 S1 期。
③ 贺国庆等：《欧洲中世纪大学》，人民教育出版社，2009，第 16、21、27 页。
④ 胡钦晓：《学术资本视角下中世纪大学之源起》，《吉首大学学报》（社会科学版）2019 年第 5 期。
⑤ William C. Weiler, "Why Do Faculty Members Leave a University?" *Research in Higher Education*, 1985, 23 (3), pp. 270–278.
⑥ Michael W. Matier, "Retaining Faculty: A Tale of Two Campuses," *Research in Higher Education*, 1990, 31 (1), pp. 39–60.
⑦ Gordon H. Hanson, "Market Potential, Increasing Returns and Geographic Concentration," *Journal of International Economics*, 2004, 67 (1), pp. 10–30.

西蒙·阿普尔顿（Simon Appleton）等学者调查发现，发展中国家的教师流入英格兰后，起薪是他们移民前的 2.7 倍。由此他得出结论，薪酬是影响高校教师国际学术流动的重要因素。[①] 戴维·茨威格的问卷调查结果显示，中国经济的快速发展是海外科技人才归国的首要因素。[②] 菲利普·G. 阿特巴赫指出，中国学者的平均工资仅是加拿大学者工资的 1/6，部分国家的工资水平比中国还低，导致大量人才外流。[③] 以上研究都认为经济因素在人才流动中发挥着关键作用，但在学术人才不同的发展阶段，经济因素对其流动所发挥的作用不同。

二是职业发展因素。是否有高质量的学生、是否有高声望的机构，以及是否有完善的科研设施和自由的学术环境，都会影响学术职业的发展，因此职业发展成为学术人才流动所考虑的重要因素。一些学者的研究也证实了这一观点，如琳内·朱克（Lynne Zucker）等在研究中发现，学术绩效会影响科学家的流动行为，被引用次数最少、其他机构合作者最少、经验最少的科学家最有可能只在学术界工作，而不是跨机构流动到企业中工作。[④] 拉斯·内德鲁姆（Lars Nerdrum）等发现，对于大多数研究人员，特别是对他们工作领域非常感兴趣的研究人员来说，研究条件和专业发展可能性是影响其流动的最重要因素。[⑤] 拉斯·内德鲁姆等指出，与个人或家庭原因相比，与研究相关的因素，如高校工作的科研环境以及职业发展机会更能促进科学家的国别迁移。[⑥] 迈克尔·罗奇（Michael Roach）和亨

① Simon Appleton, W. John Morgan, Amanda Sives, "Should Teachers Stay at Home? The Impact of International Teacher Mobility," *Journal of International Development*, 2006.

② David Zweig, "Competing for Talent: China's Strategies to Reverse the Brain Drain," *International Labour Review*, 2006.

③ 〔美〕菲利普·阿特巴赫、利斯·瑞丝伯格、玛利亚·优德科维奇等主编《高校教师的薪酬：基于收入与合同的全球比较》，徐卉、王琪译校，上海交通大学出版社，2014，第 3~5 页。

④ Lynne Zucker, M. Darby, M. Torero, "Labor Mobility from Academe to Commerce," *Journal of Labor Economics*, 2002, 20 (3), pp. 629 – 660.

⑤ Lars Nerdrum, B. Sarpebakken, "Mobility of Foreign Researchers in Norway," *Science and Public Policy*, 2006, 33 (3), pp. 217 – 229.

⑥ Lars Nerdrum, B. Sarpebakken, "Mobility of Foreign Researchers in Norway," *Science and Public Policy*, 2006, 33 (3), pp. 217 – 229; Paula Stephan, G. Scellato, C. Franzoni, "International Competition for PhDs and Postdoctoral Scholars: What Does (and Does Not) Matter," *Innovation Policy and the Economy*, 2015, 15 (1), pp. 73 – 113.

利·绍尔曼（Henry Sauermann）通过对不同的博士群体的调查，指出喜欢学术职业的博士生"科学品位"更强，学术资源和网络、先进研究设施、研究资金等科研相关的因素会在一定程度上影响其流动的意愿。① 基娅拉·弗兰佐尼（Chiara Franzoni）等人对 16 个国家移民模式进行研究，发现与杰出同行和机构工作的机会、未来职业前景是影响人才国际流动的主要原因。② 丹尼尔·席勒（Daniel Schiller）和哈维尔·雷维利亚·迪耶（Javier Revilla Diez）研究发现，更好的职业机会、技能和知识的深化、更好的科研设施等因素是德国科学家流动的主要原因。③ 玛丽卡·范德尔·温德则主要围绕发达国家吸引国际人才的原因展开研究，其结果显示发达国家所拥有的学术资源、科研设施以及科研经费是吸引国际学者流入的重要拉力。④ 另外，也有学者指出，虽然寻求职业发展机会是人才流动的重要原因，但在不同群体中，其影响程度不同，在活跃的科学家群体中影响度更高。⑤

三是其他因素。除经济和职业发展因素之外，一些国家的学术机构特征以及高校组织因素和个体特征因素也会影响学术人才流动。科恩·琼克（Koen Jonkers）对我国留学归国人员的流动动机展开研究，结果显示我国政府对科研投入的增加、我国高等教育机构的改革和科研体系的日益优化是加速海外人员回国任教的重要拉力。⑥ 此外，也有学者研究发现，不同机构的声望⑦、

---

① Michael Roach, Henry Sauermann, "A Taste for Science? PhD Scientists' Academic Orientation and Self-selection into Research Careers in Industry," *Research Policy*, 2010, 39 (3), pp. 422 – 434.

② Chiara Franzoni, G. Scellato, P. Stephan, "Foreign-born Scientists: Mobility Patterns for 16 Countries," *Nature Biotechnology*, 2012, 30 (12), pp. 1250 – 1253.

③ Daniel Schiller, Javier Revilla Diez, "The Impact of Academic Mobility on the Creation of Localized Intangible Assets," *Regional Studies*, 2012, 46 (10), pp. 1319 – 1332.

④ Marijk Van Der Wende, "International Academic Mobility: Towards a Concentration of the Minds in Europe," *European Review*, 2015, 23 (S1).

⑤ J. Gibson, D. McKenzie, "The Economic Consequences of 'Brain Drain' of the Best and Brightest: Microeconomic Evidence from Five Countries," *The Economic Journal*, 2012, 122 (560), pp. 339 – 375.

⑥ Koen Jonkers, *Migration and the Chinese Scientific Research System*, London: Routledge, 2010.

⑦ Diana Crane, "The Academic Marketplace Revisited: A Study of Faculty Mobility Using the Cartter Ratings," *American Journal of Sociology*, 1970, 75 (6), pp. 953 – 964.

人际关系①、性别②、年龄③、资历、人才开放政策等也会影响人才流动。比如韦恩·辛普森（Wayne Simpson）在研究中发现，男性和女性的流动行为存在显著差异。④ 迈克尔·R. 兰塞姆（Michael R. Ransom）认为，资历会影响大学教师的流动行为，大学教师的资历越高、与工作单位匹配程度越好时，其流动成本相应也会越高，也就越不容易流动，这造成了学术人才流动的资历惩罚现象。⑤ 杰克·H. 舒斯特（Jack H. Schuster）的研究证明，美国开放的移民政策是吸引各地学者的重要手段，40%的英国大学教师愿意以永久性移民的方式流入美国。⑥ 阿纳·德利卡多（Ana Delicado）通过对葡萄牙科学家的调查发现，机构声望是影响葡萄牙科学家流动的最主要因素。⑦ 泰希勒·乌尔里克（Teichler Ulrich）认为，一个国家对人才的接纳程度能够在很大程度上影响国际人才的归国决策。⑧ 此外，还有学者指出，应将学术人才流动纳入更加广泛的范围内考虑。比如劳德琳·奥丽奥尔（Laudeline Auriol）发现，博士学位持有者的流动受到各种各样的因素影响，既受到学术和工作因素影响，也受到家庭和个人因素影响。⑨ 布伦达·S. A. 杨（Brenda S. A. Yeoh）和雪莲娜·黄（Shirlena Huang）发现，除经济因素外，人才流动更是被纳入更广泛的社会、文化和政治考虑，并

---

① William C. Weiler, "Why Do Faculty Members Leave a University?" *Research in Higher Education*, 1985, 23 (3), pp. 270 – 278.

② G. M. Sylvia Van, De Bunt-Kokhuis, "Going Places: Social and Legal Aspects of International Faculty Mobility," *Higher Education in Europe*, 2000, 25 (1), pp. 47 – 55.

③ Robert H. Topel, Michael P. Ward, "Job Mobility and the Careers of Young Men," *The Quarterly Journal of Economics*, 1992, 107 (2).

④ Wayne Simpson, "Starting Even Job Mobility and the Wage Gap Between Young Single Males and Females," *Applied Economics*, 1990, 22 (6), p. 726.

⑤ Michael R. Ransom, "Seniority and Monopsony in the Academic Labor Market," *The American Economic Review*, 1993, 83 (1), pp. 221 – 233.

⑥ Jack H. Schuster, "Emigration, Internationalization, and 'Brain Drain': Propensities among British Academics," *Higher Education*, 1994, 28 (4), pp. 437 – 452.

⑦ Ana Delicado, "Going Abroad to do Science: Mobility Trends and Motivations of Portuguese Researchers," *Science Studies*, 2010, 23 (2), pp. 36 – 59.

⑧ Teichler Ulrich, "Mobility and Internationality of Academics in the Humanities and Social Sciences," *European Review*, 2016, 24 (2), pp. 253 – 263.

⑨ Laudeline Auriol, "Careers of Doctorate Holders: Employment and Mobility Patterns," *OECD Science, Technology and Industry Working Papers*, 2010 (4), pp. 1 – 29.

受到种族、国籍和性别的权力几何结构制约。① 总之，国外学者主要从经济、职业发展、机构特征以及高校组织因素和个体特征等方面对现代人才流动的动因进行了相关研究，研究内容较为全面，为中国学者研究现代人才流动提供了借鉴和参考。

中国学者从不同维度对现代人才流动的动因进行了分析。首先，大量学者从单一维度对影响现代人才流动的因素进行了分析，主要可分为五个方面。一是政治环境，一般认为动荡的政治环境会加速人才外流，第二次世界大战爆发使欧洲许多科学家纷纷离开欧洲，去往一些较为稳定的国家。② 二是文化因素。对国外文化生活的不适应会影响人才的流动决策，如方陵生以日本为例指出，文化因素会导致科研体系僵化。经过调查，一部分移居日本的研究人员表示自己难以适应实验室之外的社会活动。③ 三是经济因素。周志发以南非地区的教师流动为例，表示国外薪水远高于国内也是教师离开本国的重要原因。④ 黄海刚和曲越研究发现，经济因素在高端人才的跨区域流动过程中同样发挥作用。在经济、科技与教育水平相近地区或区域进行流动，是精英科学家的主要流动形式，并且循环流动是其流动的主要特征。⑤ 四是科研因素。不同国家或机构对科研的投入和重视程度在一定程度上代表了其对人才的吸引力。中国学者赵玲和李全喜对人才流动进行研究分析发现学术环境在影响人才流动的环境因素中排第一位。⑥ 李志峰、易静表示，对高深学问的追求，对社会地位和学术权力的追求以及工作时间是否灵活、是否存在学术休假制度等是影响学术人员流动的主要因素。⑦ 五是个体特征。郭洪林等对个体因素、学术氛围、

① Brenda S. A. Yeoh, Shirlena Huang, "Introduction: Fluidity and Friction in Talent Migration," *Journal of Ethnic and Migration Studies*, 2011, 37 (5), pp. 681 - 690.

② 魏浩、赵春明、申广祝：《全球人才跨国流动的动因、效应与中国的政策选择》，《世界经济与政治论坛》2009 年第 6 期。

③ 方陵生：《人才流动和不断更新的观念正在塑造——全球科学新格局》，《世界科学》2012 年第 12 期。

④ 周志发：《南非教师国际流动探析》，《比较教育研究》2012 年第 12 期。

⑤ 黄海刚、曲越：《孔雀东南飞：经济转型与精英科学家流动》，《华中科技大学学报》（社会科学版）2019 年第 3 期。

⑥ 赵玲、李全喜：《研究机构科技工作者职业流动成因与前景》，《科学学与科学技术管理》2009 年第 10 期。

⑦ 李志峰、易静：《美国学术职业流动的类型与特征》，《比较教育研究》2009 年第 2 期。

薪酬待遇等进行了对比分析，指出家庭、个人等个体因素对人才流动的影响最大，相比而言，追求更好的学术氛围以及更好的薪酬待遇等的影响相对较小。[①] 此外，学科、制度等也会影响人才流动。吕文晶和刘进在研究中发现，不同学科的学术人才的流动比例不同，相比而言，工科类大学教师的流动比例高于其他学科教师，这些大学教师具有更强的流动性。[②] 徐娟通过分析我国六类项目人才履历，讨论了中国学术制度变革对大学高层次人才流动行为的影响，证实了制度转换对人才流动的激励作用。[③]

另外，也有学者指出，人才流动不是单一因素作用的结果，而是多因素综合作用的结果。汪怿认为影响学术人员国际学术流动的因素主要体现在四方面。第一，悠久的流动传统；第二，世界知识中心的吸引；第三，学术人员自身的职业发展前景；第四，不断增加的国际合作。[④] 周均旭等指出，一个区域的人才吸引力会受到多个因素影响，主要包括宏观的经济发展、生活环境和文化氛围因素，以及微观的工作报酬、管理体制和人才引进政策因素。[⑤] 何洁等将高校科技人才流动的因素概括为五个方面，分别是年龄、家庭、个人生活需求、住房条件以及科研团队。[⑥] 韩亚菲、马万华通过问卷调查的方式对北京市 36 所高校部分本土教师的国际学术流动情况进行研究，发现教师的国际学术流动与其所在的高校类型、学科领域以及获得的职称显著相关。[⑦] 殷凤春概括了影响人才流动的诸多因素，将其分为宏观和微观两个维度，具体指标包括法律法规、政策制度、社会环境以及薪酬、房价、晋升空间和工作兴趣等。[⑧] 王全纲等基于全球人才流

---

① 郭洪林、甄峰、王帆:《我国高等教育人才流动及其影响因素研究》,《清华大学教育研究》2016 年第 1 期。

② 吕文晶、刘进:《中国"工科类"大学教师的流动——一项大数据分析》,《技术经济》2018 年第 1 期。

③ 徐娟:《学术制度变革与我国大学高层次人才流动的变迁——来自我国 6 类项目人才履历的实证证据》,《中国高教研究》2020 年第 3 期。

④ 汪怿:《学术人才国际流动及其启示》,《教育发展研究》2006 年第 7 期。

⑤ 周均旭、胡蓓:《产业集群人才引力效应与成因分析——以佛山为例》,《管理评论》2010 年第 3 期。

⑥ 何洁、王灏晨、郑晓瑛:《高校科技人才流动意愿现况及相关因素分析》,《人口与发展》2014 年第 3 期。

⑦ 韩亚菲、马万华:《北京市高校教师国际流动的现状及其影响因素的实证研究》,《中国成人教育》2015 年第 13 期。

⑧ 殷凤春:《沿海地区青年人才流动趋向规律研究》,《人民论坛》2016 年第 11 期。

动数据，探析了高端人才流动和聚集的影响因素，指出人才流动是社会各个因素相互作用的结果，即人才流动会受到社会综合环境的影响[①]；徐倪妮和郭俊华发现经济发展水平、科研环境投入、教育水平、生活便利程度以及城市级别等是人才进行流动时需综合考虑的因素[②]。宋旭璞、潘奇对搜集到的19世纪2250位自然科学领域的科学家信息进行分析，证实了一个国家的科技发展水平、大学的人才培养办法、科学知识的未来发展走向等因素能够影响学术精英的国际流动。[③] 魏立才发现薪资水平、大学等级、城市发达程度以及市场化程度都会影响海外人才回流，并且还存在诸多影响人才流动的中介因素，在人才流动过程中发挥着重要的调节作用。[④] 傅淳华等学者表示，教师是否发生国际学术流动在一定程度上取决于流动目的国的文化接纳程度、薪酬与发展机会等。[⑤]

综上所述，关于中世纪时期学者国际学术流动的因素研究主要是从宗教、战争、市民冲突、薪资、教师声望等方面展开的。影响现代人才国际学术流动的因素十分复杂，涉及经济、职业发展、个体特征等诸多方面，相比较而言，宗教、战争以及市民冲突等因素的影响程度有所降低，经济和职业发展因素的影响程度有所上升，并且人才流动越来越受到多重因素的共同作用。另外，在研究方法上，国内外学者更倾向于运用定性研究法来分析国际学术流动的影响因素，运用实证研究法进行研究的相对较少。在研究内容上，国外学者主要对相关因素与人才流动的相关关系进行了阐述，对其背后的动力机制详细分析较少。

## 四 关于人才流动效应的研究

### （一）国外相关研究

随着国际学术流动规模的扩大，不少学者将研究重点放到国际学术流

---

① 王全纲、赵永乐：《全球高端人才流动和集聚的影响因素研究》，《科学管理研究》2017年第1期。
② 徐倪妮、郭俊华：《科技人才流动的宏观影响因素研究》，《科学学研究》2019年第3期。
③ 宋旭璞、潘奇：《学术精英国际流动的影响因素：历史数据的实证探索》，《全球教育展望》2019年第5期。
④ 魏立才：《海外青年理工科人才回国流向及其影响因素研究》，《高等教育研究》2019年第6期。
⑤ 傅淳华、杨小兰、邵佩翔：《教师国际流动经验的域外视野》，《比较教育研究》2020年第1期。

动的意义及其结果上来。国外关于人才流动效应的研究主要形成了三种观点：促进论、阻碍论以及复杂论。

促进论认为人才流动具有积极影响，在事业发展方面，安东尼·R. 韦尔奇（Anthony R. Welch）通过量化研究发现，流动组与非流动组存在显著差异，并且大部分学术人才迁移后在当地公立高等教育系统内任职①；M. 萨瓦蒂耶尔（M. Sabatier）等人以法国精英人才为研究对象，通过职业流动经历与职位晋升之间的关系的实证研究，发现两者之间存在正相关性，即学术流动显著促进了个人职务提升和事业发展②；克捷万·马米谢什维利（Ketevan Mamiseishvili）通过对 2004 年全国高等教育教师的调查研究发现，国外出生的学术人才更多从事于有声望的学术研究，较少从事教学与行政管理工作③。在科研产出方面，特奥多雷·艾森伯格（Theodore Eisenberg）和马丁·T. 韦尔斯（Martin T. Wells）以美国 32 所大学法学教授为研究对象，通过比较近交系初级法学院教员的学术影响与非近交系初级法学院教员的学术影响，发现有职业流动经历的教师具有更高的科研生产力④；科恩·琼克和罗伯特·蒂伊森（Robert Tijssen）对中国顶尖研究人员的流动历史、出版产出和国际共同发表数据进行相关性分析，结果也显示流动经历显著提升了学术精英科研产出的数量和质量。⑤ 科恩·琼克和劳拉·克鲁兹 - 卡斯特罗（Laura Cruz-Castro）同样以阿根廷研究人员为研究对象进行调查，证实了拥有国外工作经验的研究人员更容易发表国际合作的文章。⑥

---

① Anthony R. Welch, "The Peripatetic Professor: The Internationalisation of the Academic Profession," *Higher Education*, 1997, 34 (3), pp. 323 – 345.

② M. Sabatier, M. Carrere, V. Mangematin, "Profiles of Academic Activities and Careers: Does Gender Matter? An Analysis Based on French Life Scientist CVs," *The Journal of Technology Transfer*, 2006, 31 (3), pp. 311 – 324.

③ Ketevan Mamiseishvili, "Foreign-born Women Faculty Work Roles and Productivity at Research Universities in the United States," *Higher Education*, 2010, 60 (2), pp. 139 – 156.

④ Theodore Eisenberg, Martin T. Wells, "Inbreeding in Law School Hiring: Assessing the Performance of Faculty Hired from within," *The Journal of Legal Studies*, 2000, 29 (S1), pp. 369 – 388.

⑤ Koen Jonkers, Robert Tijssen, "Chinese Researchers Returning Home: Impacts of International Mobility on Research Collaboration and Scientific Productivity," *Scientometrics*, 2008, 77 (2), pp. 309 – 333.

⑥ Koen Jonkers, Laura Cruz-Castro, "Research Upon Return: The Effect of International Mobility on Scientific Ties, Production and Impact," *Research Policy*, 2013.

欧盟委员会对具有三个月以上流动经历的研究人员进行分析发现，80% 的研究人员认为国际流动有利于提高研究能力，60% 的研究人员认为国际流动能够有效提高研究产出。① 朱塞佩·塞拉托（Giuseppe Scellato）等学者对 2011 年 16 个国家的科学家合作模式进行调查，并将其与未发生国际流动科学家的合作模式进行比较，结果显示拥有国际流动经历的科学家比缺乏国际流动经历的本土研究人员拥有更广的国际研究网络。② 亚历山大·M. 彼得森（Alexander M. Petersen）的实证研究主要围绕 1980～2009 年 26170 名物理学家展开，研究结论显示，与没有国际学术流动经历的研究者相比，拥有国际学术流动经历的研究者的论文被引次数增加了 17%。③ 另外，国际学术流动也有利于拓宽学术人员的学术交流空间。塞尔吉奥·赛利斯（Sergio Celis）和全恩·金（Jeongeun Kim）发现大多数在国外获得博士学位的工程系教师归国后仍与母校联系密切。④ 海克·约恩斯（Heike Jöns）也得出了相同结论。⑤米凯拉·特里普（Michaela Trippl）调查了 720 名拥有高引用率学者的流动情况与其所引发的知识流动之间的关系，发现绝大多数的精英科学家会通过联合出版、联合申请专利的形式与原机构保持较为紧密的知识联系。⑥

阻碍论认为人才流动阻碍个人和机构发展。比如卡尼瓦诺·卡罗莱娜和博兹曼·巴里研究发现，国际流动可以拓展学术网络，但是并不能提高论文和专利绩效⑦；奥尔兰达·塔瓦雷斯（Orlanda Tavares）等人以葡萄牙公立大学的学术人才为研究对象，指出在同一机构连续求学的人才学术产

① European Commission, *European Research Area：Facts and Figures* 2014, Brussels：European Commission, 2014, p. 30.
② Giuseppe Scellato, Chiara Franzoni, Paula Stephan, "Migrant Scientists and International Networks," *Research Policy*, 2015, 44 (1), pp. 108 – 120.
③ Alexander M. Petersen, "Multiscale Impact of Researcher Mobility," *Journal of the Royal Society Interface*, 2018.
④ Sergio Celis, Jeongeun Kim, "The Making of Homophilic Networks in International Research Collaborations：A Global Perspective from Chilean and Korean Engineering," *Research Policy*, 2018.
⑤ Heike Jöns, "'Brain Circulation' and Transnational Knowledge Networks：Studying Long-term Effects of Academic Mobility to Germany, 1954 – 2000," *Global Networks*, 2010, 9 (3), pp. 315 – 338.
⑥ Michaela Trippl, "Scientific Mobility and Knowledge Transfer at the Lnterregional and Intraregional Level," *Regional Studies*, 2013, 47 (10), pp. 1653 – 1667.
⑦ Cañibano Carolina, Bozeman Barry, "Curriculum Vitae Method in Science Policy and Research Evaluation：The State-of-the-art," *Research Evaluation*, 2009, 18 (2), pp. 86 – 94.

出更多，并且其工作状态的稳定还有助于维护整个机构的学术声望等级①；艾格尼丝·贝克（Agnes Bäker）认为人才流动会切断原有的人力资本关系，可能会在短期内影响人才发展②。也有一些学者认为国际学术流动与学术人员的科研产出无关。苏卡特·阿里等人以 ISI 高被引数据库中的 158 名物理学家为样本调查国际学术流动对科研生产力的影响，结果发现国际流动对学术精英科研生产力的提高无关。③ 罗莎琳德·S. 亨特（Rosalind S. Hunter）等人研究发现，移民到美国的英国科学家的科研生产力略低于美国本土科学家的科研生产力。④ 劳拉·克鲁兹－卡斯特罗等人对西班牙1583 名学术人才的调查结果显示，在国外攻读博士后对其学术出版物产量的提高没有影响。⑤

　　复杂论认为学术人才所处的学术生命周期以及流动的机构不同，流动产生的影响也不同。比如保罗·D. 艾利森（Paul D. Allison）等人研究发现，学术人才流向不同等级机构，其学术生产效率会有所不同，由低学术声望机构流向高学术声望机构的学者，其学术生产率和科研引用率显著提高，而流向较低学术声望机构的学者，其学术生产力则有所下降，并且部门关系对生产力的影响与生产力对部门关系的影响不同⑥；胡戈·奥尔塔（Hugo Horta）等人则指出，在学术生涯的不同阶段，流动所产生的影响不同，在职业发展初期，不流动的学术人才科研产出更高，而在职业发展中后期，有流动经历的学者科研产出更高⑦。

① Orlanda Tavares, S. Cardoso, T. Carvalho et al., "Academic Inbreeding in the Portuguese Academia," *Higher Education*, 2014, 69 (6), pp. 991 – 1006.

② Agnes Bäker, "Non-tenured Post-doctoral Researchers' Job Mobility and Research Output: An Analysis of the Role of Research Discipline, Department Size, and Coauthors," *Research Policy*, 2015, 44 (3), pp. 634 – 650.

③ Showkat Ali, Giles Carden, Benjamin Culling et al., *Elite Scientists and Global Academic Competition*, University of Warwick, 2009.

④ Rosalind S. Hunter, Andrew J. Oswald, Bruce G. Charlton, "The Elite Brain Drain," *Economic Journal*, 2009, 119 (538), pp. 231 – 251.

⑤ Laura Cruz-Castro, Luis Sanz-Menéndez, "Mobility Versus Job Stability: Assessing Tenure and Productivity Outcomes," *Research Policy*, 2010, 39 (1), pp. 27 – 38.

⑥ Paul D. Allison, J. Scott Long, "Departmental Effects on Scientific Productivity," *American Sociological Review*, 1990, 55 (4), pp. 469 – 478.

⑦ Hugo Horta, Francisco M. Veloso, Rócio Grediaga, "Navel Gazing: Academic Inbreeding and Scientific Productivity," *Management Science*, 2010, 56 (3), pp. 414 – 429.

总之，国外关于学术人才流动的效应研究主要形成了三种观点，即促进论、阻碍论和复杂论，且认为主要影响学术人才的事业发展和科研产出，但是研究学术人才流动效应时，需要结合学术人才所处的生命周期以及流动机构进行综合分析，学术人才所处的生命周期和流动机构不同，其流动效应也不同。

**（二）国内相关研究**

国内关于学术人才流动效应的研究主要基于两个不同的维度，一是学术人才流动具有单一影响，二是学术人才流动具有双重影响。

1. 单一影响论

主要形成了两种观点。一是人才流动积极作用明显。比如郭美荣等指出学术人才事业发展的关键因素就是其教育阶段的流动经历以及出国交流与访学的经历[①]；向丹、李华星指出，知识和技术的跨国流动、高水平论文的发表和科技成果转化都与教师流动相关，并且教师具有显著的促进作用[②]；高勇对具有海外工作经历和没有海外工作经历的"长江学者奖励计划"特聘教授的成长路径进行了比较分析，发现具有海外工作经历的"长江学者奖励计划"特聘教授的平均成才时间更短，也就是说，流动加速了其成才过程[③]；夏纪军则指出从创新能力和学术产出来说，教育流动经历是有利的，如果一个机构的"近亲繁殖率"过高的话，这个机构可能会面临学术退化的问题[④]。鲁晓的研究结果表明，拥有国际学术流动经历的科学家不论是在论文发表数量方面还是在专利授权方面都比本土科学家更具优势。[⑤] 孟晋宇、陈向东通过对美国顶尖大学的中国海归学者进行研究，发现这些学者在美国期间发表的论文数量与回国后的论文发表数量之间呈正相关关系。[⑥] 杨芳娟等人以中国高被引学者为研究对象进行调查，发现

---

① 郭美荣、彭洁、赵伟等：《中国高层次科技人才成长过程及特征分析——以"国家杰出青年科学基金"获得者为例》，《科技管理研究》2011年第1期。

② 向丹、李华星：《教师国际流动现状及其对高校创新能力提升研究》，《西北工业大学学报》（社会科学版）2012年第3期。

③ 高勇：《长江学者学术成长路径研究》，硕士学位论文，清华大学，2014。

④ 夏纪军：《近亲繁殖与学术退化——基于中国高校经济学院系的实证研究》，《北京大学教育评论》2014年第4期。

⑤ 鲁晓：《海归科学家的社会资本对职业晋升影响的实证研究》，《科学与社会》2014年第2期。

⑥ 孟晋宇、陈向东：《中国海归学者科研产出分析及国际合作启示——以麻省理工学院和斯坦福大学归国人员为例》，《北京航空航天大学学报》（社会科学版）2017年第6期。

学者的国际流动方式、流动国家、流动阶段和国际合作与论文数量之间具有显著的正相关关系。[①] 施云燕对拥有三个月以上国际学术流动经历的科研人员进行调查，发现绝大多数科研人员认为国际学术流动能够提高科研产出质量。[②] 余荔等对 2007 年和 2014 年中国大学教师展开研究，发现与本土教师相比，海归教师发表的国际论文数量更多，且参加学术活动更频繁。[③] 陈丽媛、荀渊对我国四所"双一流"建设高校中所有的经济学科教师与研究人员的信息进行搜集与分析，发现国际学术流动与科研产出之间显著正相关。[④]

二是人才流动具有消极影响。林杰通过论文发表情况对中美高校科研人员的科研产出进行了分析，发现流动会对高校教师的科研产出产生副作用，相比于流动的教师，在我国留校任教的教师的科研产出更高[⑤]；陈晓剑等对科学家的教育经历进行了研究，发现对科学家来说，进行长周期培养更有优势[⑥]；张东海、袁凤凤对部分青年海归教师进行访谈，发现海归教师的科研产出较低，主要原因可能在于中西方学术体制不同[⑦]。吴娴采用对比分析的方法，对中日两国大学教师的国际学术流动情况进行研究，发现教师的国际学术流动与学术产出之间并不存在必然的正相关关系，即国际学术流动不一定能提高其学术产出。[⑧] 李峰和孙梦园指出，海外工作经历对不同高校毕业的学术人才来说，其影响不同，并且对本科为非重点高校的学者来说，海外工作经历反而阻碍了其事业发展。[⑨] 叶晓梅、梁文

① 杨芳娟、刘云、侯媛媛等：《中国高被引学者的跨国流动特征和影响——基于论文的计量分析》，《科学学与科学技术管理》2017 年第 9 期。
② 施云燕：《跨国流动经历对科研人员职业发展的影响分析》，《技术与创新管理》2017 年第 5 期。
③ 余荔、沈红：《我国高校教师收入差距状况及其决定因素——基于 2007 年和 2014 年调查数据的比较分析》，《高等教育研究》2017 年第 10 期。
④ 陈丽媛、荀渊：《学术人才国际流动如何影响科研产出——以四所"双一流"建设高校的经济学科为例》，《教育发展研究》2020 年第 21 期。
⑤ 林杰：《中美两国大学教师"近亲繁殖"之比较》，《高等教育研究》2009 年第 12 期。
⑥ 陈晓剑、李峰、刘天卓：《基础研究拔尖人才的关键成长路径研究——基于 973 计划项目首席科学家的分析》，《科学学研究》2011 年第 1 期。
⑦ 张东海、袁凤凤：《高校青年"海归"教师对我国学术体制的适应》，《教师教育研究》2014 年第 5 期。
⑧ 吴娴：《中日大学教师国际流动性的比较研究——基于亚洲学术职业调查的分析》，《苏州大学学报》（教育科学版）2017 年第 2 期。
⑨ 李峰、孙梦园：《本科出身决定论？——学术精英的职业流动和职业发展分析》，《高教探索》2019 年第 10 期。

艳将海归教师的科研产出与本土教师的科研产出进行了对比分析，发现两者之间并没有显著性差异，即流动经历并未提高其科研产出。[①] 总之，由于研究对象不同以及国外就读院校的类型和层次存在差异，学术人员的科研产出结果也不同。

2. 双重影响论

双重影响论认为人才流动既有机遇又有挑战。孙敏指出，人才流动一方面会产生积极的社会效应、组织效应和个人效应，另一方面也会造成资源分布不均、人才队伍不稳定等问题。[②] 吴叶林、熊春荣认为学术职业国际流动一方面增强了学术职业的国际竞争力，另一方面也带来了一定的安全风险[③]；刘进、沈红研究发现，教师的大规模流动促进知识传播的同时，也会导致对教师的评价更加片面，侧重于科研水平评价，而忽视教学能力评价，打破高校教师教学与科研的和谐统一关系[④]。

总之，国内学者从单一维度和双重维度对人才流动效应进行了研究，指出当前人才流动既具有积极影响又具有消极影响，并基于我国学术人才流动的状况，指出要抓住机遇、迎接挑战，突破人才流动的困境，为人才合理流动提出改善建议。

综上所述，关于人才流动效应的研究，诸多学者指出人才流动具有积极、消极以及双重影响，并且随着经济社会发展，人才流动效应日益呈现出复杂化趋势，积极影响与消极影响并存。

## 五　关于人才流动的优化路径研究

关于我国大学高层次人才流动优化路径的研究，学者们展开了多角度的讨论，研究内容丰富，形成了较为完善的研究体系。有学者比较了国内外人才流动制度的差异，给出了相关建议；也有学者从社会学、经济学的角度对人才流动优化路径进行了分析；大部分学者基于现实问题的讨论，

---

① 叶晓梅、梁文艳：《海归教师真的优于本土教师吗？——来自研究型大学教育学科的证据》，《教育与经济》2019 年第 1 期。

② 孙敏：《关于人才流动的条件和正负面效应分析》，《社科纵横》2007 年第 2 期。

③ 吴叶林、熊春荣：《全球化背景下学术职业流动与大学学术劳动力市场的思考》，《煤炭高等教育》2010 年第 6 期。

④ 刘进、沈红：《大学教师流动与学术职业发展：基于对二战后的考察》，《清华大学教育研究》2014 年第 2 期。

研究了当下人才流动中存在问题的具体解决措施。

首先，诸多学者对于我国人才东西部流动不均衡问题以及"近亲繁殖"等问题进行了研究，并提出了改善措施。周强关于我国 387 名青年教师流动情况的研究证实了东西部地区存在人才流动失衡失序的问题，他指出有关部门应尽快制定相关政策，加强宏观调控，加大鼓励科技人员流动到不发达地区的力度；内地高校要采取有力措施，抓住人才流动的契机，大量引进高质量人才，促使青年教师积极合理有序的流动。① 杨华祥和黄启兵也指出"近亲繁殖"问题值得注意，他们在比较美德两国高校教师流动机制后，为我国的高校教师流动提出了建议：就重点大学而言，美国的"非升即走"制度具有借鉴意义，可以在一定程度上避免学术腐败的滋生；另外，要不断加强各高校之间的学术交流，解决学术僵化问题；就校际合作而言，可以促进高校教师之间的兼职工作，有效推动学术资源共享。② 赵世超和田建荣在研究中指出，"近亲繁殖"问题是优化高校人才流动机制时应特别注意的问题，必须以合理有序、公平公正的学术环境来留住西部人才。③

其次，人才流动中存在的柔性流动问题也引起了学者的关注，不少学者发现了高校教师流动行为中的机会主义倾向并给出了相关建议。李福华在研究中指出，人才柔性流动中机会主义倾向的治理路径主要有以下几个方面。第一，培养高校的契约意识。双方的责任、义务、人力资本收益的分配与使用都应在契约中事先约定好。一方面，人才作为人力资本引入高校，高校理应为其提供发展平台并参与收益的分配；另一方面，高校对人才的支持也并非无条件的，它需要人才切实履行应尽的义务，促进高校的发展。第二，选聘要具有科学性和有效性。高校在聘用之初就应该将人才加入高校的动机纳入考核标准。高校在招聘教师、引进人才时应注意排除那些机会主义动机强，以"投机"为目的的人才。高校应该审慎地作出选择，选择拥有适当知识和技能且态度端正、愿意与高校共同发展进步的人才。第三，建立奖惩机制。对高校人才柔性流动中教师的行为及其结果进

① 周强：《内地高校青年教师流动状况分析——对安徽省 387 名流动青年教师的调查》，《青年研究》1998 年第 1 期。
② 杨华祥、黄启兵：《美、德高校教师流动机制比较研究》，《比较教育研究》2008 年第 5 期。
③ 赵世超、田建荣：《创建合理有序的高校人才流动机制》，《高等教育研究》2003 年第 4 期。

行监督，对诚信者进行奖赏，对不良行为和机会主义倾向进行惩罚。第四，规范关系，加强道德约束。第五，完善声誉机制，建立诚信档案。[①]进一步地，李福华在另一篇文章中指出，做好高等学校人才柔性流动工作不仅需要高等学校的制度建设，而且需要政府和当事人的努力。一方面，政府要采取一定措施，履行好引导监督的职责，创造良好的政策环境，对高校的人才引进工作进行监督，对人才的流动行为进行引导；另一方面，高等学校要有责任意识，要为柔性流动人才提供合适的发展平台，以最大限度地发挥柔性流动人才的作用；此外，教师也要做到责任与义务相统一，正确处理好贡献与待遇的关系，为所在单位的发展贡献自己的聪明才智。[②]李立国指出，为建立合理有序的教师流动机制，首先应建立学术劳动力市场制度，改革与完善高校教师聘用制度。其次应兼顾多个方面，如引进人才与开发内部人才，要根据实际情况，避免盲目引进和提拔人才。[③]

　　也有学者从多个方面提出了解决当前人才问题的措施，以促进人才的合理流动。比如梁珊珊在对欧盟国家间教师流动的情况以及不同国家所采取的相关政策进行分析后，指出立法、政策指导等能够对我国教师流动进行调控。其中，具体详尽的方案能够使法律法规对教师流动的调控更加有效。[④]王慧英认为我国高校教师流动政策在执行过程中存在多种利益主体，其认为在政策实施阶段多重利益主体的需求不能兼顾会在一定程度上影响政策执行的科学性与公正性，从而使实际结果背离政策制定的初衷。在此观点下，要想从政策执行方面优化高校教师的流动，我们应当转变高校教师流动政策执行机制的基本策略，将高校教师个体的利益需求纳入考虑范围，主动寻求多利益主体的利益契合点，尽量做到兼顾，并在此基础上建立健全政策执行的监督机制。[⑤]谢延龙和李爱华在研究中指出，想要矫正教师流动功利性偏失，我们首先应该做到的是正确理解教师流动的功利性价值。教师想要在流动行为中寻求个人发展的意愿并非全然错误，重要的

① 李福华：《高校人才柔性流动中的机会主义倾向及其治理》，《教育发展研究》2009年第1期。
② 李福华：《高等学校人才柔性流动的问题及其治理》，《江苏高教》2010年第6期。
③ 李立国：《建立合理有序的高校教师流动机制研究》，《国家教育行政学院学报》2010年第1期。
④ 梁珊珊：《欧盟教师国家间流动的特点及相关政策研究》，《比较教育研究》2012年第9期。
⑤ 王慧英：《我国高校教师流动政策执行中的多利益主体》，《现代教育管理》2012年第1期。

是对教师的流动行为进行规范，使教师将对个人利益的追求建立在履行责任的基础之上。对此，我们应当进一步完善教师的流动制度，对教师的权利和义务进行明确的划分与说明，使教师在实现自身利益、追求个人发展的过程中履行自身的责任和义务，做到利益、责任和义务的有机统一。教育行政部门要明确目标，优化过程，并进一步强化过程管理，并且要营造积极向上的、以为流动教师服务为核心、以集体主义为原则的文化氛围，强化教师对流动内在性价值的认同。①

许长青从劳动力市场的角度对教育资源分配的公平问题进行分析，其指出在教师校际资源分布与流动过程中，一方面要注重政策效率，另一方面也要兼顾教育公平，实现两者之间的动态均衡。② 廖志琼等提出了三条完善学术劳动力市场建设的路径。第一，加强制度建设，这是学术劳动力市场健康发展的核心；第二，发挥市场功能，增强市场筛选机制，促进教师流动更加有序；第三，对社会资本的负面作用进行消解，促进高校教师流动更加公平。③ 姜朝晖基于人才流动后果进行分析，指出在我国"双一流"建设中，应不断坚持人才流动的正确导向。主要内容包括五个方面：一是要为国家战略总体布局服务，促进合理有序的人才流动；二是要使人才政策向经济欠发达地区倾斜，对中西部地区的弱势高校进行扶持以促进其发展；三是要基于办学和学科发展的具体需求，做好人才与高校的配对工作，使人才的个人能力得到最大限度的发挥；四是既要重"引进"又要重"培养"，为青年人才的后续发展提供良好的平台；五是要有更广视野，在世界范围内引进优秀人才。④

吴伟伟通过模型分析发现，高校对教师的流动行为进行过于严格的管制会降低教师工作时的积极性。在过于严苛的环境下，教师工作时的努力程度会下降，不利于教师匹配到适合自己的发展平台，教师个体的教育产出会下降，高校的教育总产出也会因此受到消极影响。针对这一问题，他

---

① 谢延龙、李爱华：《教师流动伦理：意蕴、困境与出路》，《现代教育管理》2014 年第 4 期。
② 许长青：《新常态下的教师流动与合理配置：基于劳动力市场的分析框架》，《现代教育管理》2016 年第 7 期。
③ 廖志琼、李志峰、孙小元：《不完全学术劳动力市场与高校教师流动》，《江汉论坛》2016 年第 8 期。
④ 姜朝晖：《高校人才合理有序流动：理论之维与实践之径》，《高校教育管理》2017 年第 5 期。

指出要实现提高高等教育总产出的目标，高校应提高高校师资配置效率，对其薪资待遇、考核标准、退出机制等进行改革。① 刘进和哈梦颖研究分析了世界一流大学学术人才向中国流动的特征与规律，指出我国应继续开放学术劳动力市场，并通过"一带一路"等促进学术人才向沿线国家和地区流动。② 张茂聪和李睿根据人力资本理论，指出高校间的教师互聘与兼职教师制度的合理方法和规章都有待进一步完善。针对我国大学高层次人才稀缺、高质量师资力量不足的问题，与其让各高校因无序竞争而诱发人才流动的一系列乱象，不如尝试转变思想观念，支持高校教师以兼职、讲学、互聘等方式支援弱势学校，尝试将人力资本的占有权和使用权进行分离，以最大化学术精英、专家型学者的辐射效应。③ 徐娟和贾永堂在研究中指出，我们需要认清大学高层次人才市场的配对属性，健全流动信息匹配机制，推动高校与人才达成合理的双向选择。为遏制畸形价格机制的消极影响，我们应推动大学高层次人才流动规范的立法。一方面制定针对地方政府利益寻租行为的约束性政策，另一方面要通过补偿正义达至公平的价值追求。④

陈丽媛和荀渊选取我国四所高校经济学科的全体教师与研究人员为样本，分析了其学术流动行为对其科研产出的影响，指出我们不仅应该以开放包容的心态吸引海外优秀人才"走进来"，还应协助国内的人才"走出去"，积极推动本土人才到世界一流大学访问学习、与国外优秀教授交流合作，充分利用国外的优质学术资源，助推自身的发展。⑤ 闫丽雯指出，可以从法制、机制、评价、权责等方面破解高校人才竞争难题。首先，推进人才队伍的法治化建设，这是人才工作的基石；其次，畅通人才流动机制，加大人才资源存量，增强人才流动的灵活性；再次，改革人才评价模

---

① 吴伟伟：《高等学校教师流动管制与师资配置效率》，《高教探索》2017 年第 6 期。

② 刘进、哈梦颖：《世界一流大学学术人才向中国流动的规律分析——"一带一路"视角》，《比较教育研究》2017 年第 11 期。

③ 张茂聪、李睿：《人力资本理论视域下高校教师的流动问题研究》，《高校教育管理》2017 年第 5 期。

④ 徐娟、贾永堂：《大学高层次人才流动乱象及其治理——基于政府规制与市场设计理论的探析》，《高校教育管理》2019 年第 3 期。

⑤ 陈丽媛、荀渊：《学术人才国际流动如何影响科研产出——以四所"双一流"建设高校的经济学科为例》，《教育发展研究》2020 年第 21 期。

式，创新治理方式；最后，制定明晰的权责体系，促进人才各司其职，增强其使命感。① 黎庆兴和李德显从推拉理论出发，指出要实现高校人才流动的良性治理，一是政府要引导人才的合理流动，约束人才的功利化流动行为；二是高校要明确定位，注重特色发展，制定合理的人才引进政策，发挥"拉力"和"推力"的作用；三是人才个人要树立正确的职业发展理念，在利用和化解"推拉力"，积极参与流动的同时，严守学术道德，拒绝功利化流动。② 卿素兰考察了我国中西部高校教师流动的状况指出，国家层面，首先应构建"虚拟人才库"，让西部地区的高校有机会享受同经济发达地区高校一样的优质人才资源；其次要通过具体的措施促进西部地区师资力量的发展，缩小东西部地区的差异，如深化教育评价改革，创新人才培养方式等；最后，我们应当破解体制机制困局，构建中西部高校良好学术生态。③ 徐娟和王建平在研究中指出，优化人才流动，一方面，我们应从内部治理入手，破除内部治理体制的弊端，疏通渠道，营造自主探究的科研文化氛围，同时健全有利于提升学术质量的制度，为高层次青年人才创造良好的科研条件，提升吸引力；另一方面，要对学术人才在高校间的流动持客观态度，尊重他们自身的选择，反对利用档案制度、户籍制度刻意固化高校间流动的壁垒，营造更为宽松流动的基层文化。唯有如此，才可能激活学术人才的流动性。④

总而言之，对于我国大学高层次人才流动过程中存在的诸多不良现象，不少学者基于不同视角对人才流动问题产生的原因进行分析，并提出了改进措施，提出的措施中涉及多个主体，如国家、高校及大学高层次人才自身等，综观当前研究成果，发现也存在一定的问题，如基于制度变迁视角的研究还相对较少，很难系统地对人才流动问题进行分析，因此，下一步可以基于此视角展开我国大学高层次人才流动优化路径研究。

---

① 闫丽雯：《"双一流"视域下高校人才竞争的问题、根源与破解路径》，《黑龙江高教研究》2020 年第 9 期。

② 黎庆兴、李德显：《推拉理论视域下高校人才流动困境及其治理路径》，《江苏高教》2021 年第 10 期。

③ 卿素兰：《中西部高校教师流动的现状考察与对策建议——基于中西部"一省一校"重点建设大学的分析》，《西南大学学报》（社会科学版）2021 年第 6 期。

④ 徐娟、王建平：《中国大学高层次青年人才流动的影响因素——基于 5 类项目人才履历追踪的实证研究》，《现代大学教育》2021 年第 3 期。

## 六 文献述评

总之，国内外学者对人才流动问题进行了大量的研究，研究成果丰富，主要集中于人才流动模式、人才流动规律、人才流动动因、人才流动效应以及人才流动的优化路径等方面，与此同时，人才流动也在不断变迁。在人才流动模式方面，经历了由人才外流—人才回流—人才环流的变化过程，流动方向和形式更加复杂化。在人才流动规律方面，可分为流动类型、流动特征、流动规模、流动路径和趋向四个方面。在人才流动类型方面，随着经济社会发展，人才流动类型逐渐多样化，基于不同的分类标准，产生了不同的流动类型；在人才流动特征方面，人才流动的短期化、聚集化以及循环流动等特征明显；在人才流动规模方面，人才流动规模不断扩大，不同学术人才流动规模差异较大；在人才流动路径和趋向方面呈现复杂化趋势，国际流动和国内流动、空间流动和机构流动相互交织，人才流动行为更加复杂。在人才流动动因方面，国内外学者将其分为经济因素、职业发展因素、宗教因素以及机构声望、个体因素等，在不同的时期，各个因素发挥作用的程度不同，中世纪时期，宗教、战争以及国家政策等发挥作用较大；而在现代，经济因素以及职业发展因素等发挥作用更大，并且人才流动大多是多个因素相互作用的结果。在人才流动效应方面，产生了不同的观点，即人才流动具有积极、消极以及双重影响，且主要通过影响学术人才的科研生产和事业发展来发挥作用。在人才流动的优化路径方面，我国学者主要就当前人才流动存在的区域不平衡以及"近亲繁殖"和人才柔性流动问题等进行了研究分析，并据此提出了解决措施。

通过上述学术史梳理可以发现，流动的变迁趋势在国内外的研究中并不多见，如我国多从理论思辨的视角探讨学术人才流动变迁问题，实证证据匮乏。因此，该议题的研究尚存在进一步拓展的空间。第一，由于学术人才流动具有鲜明的时代性与国别差异，那么我国具有较强学术生产力的大学高层次人才这一群体的流动经历了怎样的变迁历程？第二，我国大学高层次人才流动变迁与影响流动的因素之间是否存在关联？这些问题需要在实证证据的基础上进行系统探索。

## 第三节　核心概念界定

本书的研究涉及三个核心概念：大学高层次人才、大学高层次人才流动和大学高层次人才流动变迁。本节对这三个概念的内涵加以界定。

### 一　大学高层次人才

人才是指具备一定的专业知识或专门技能，具有从事创造性劳动的潜力并对社会作出较大贡献的高素质劳动者。例如《易经》所讲的"三才之道"，"《易》之为书也，广大悉备。有天道焉，有人道焉，有地道焉。兼三才而两之，故六。六者非它也，三才之道也"。具体到人才所具有的特征，主要体现在三个方面：一是具有专业知识，有扎实的理论功底和丰富的实践经验；二是从事创造性劳动，在相关的领域内取得较为卓著的成绩；三是具有发展潜力，能够不断提高自己的能力，持续地为国家和社会作出贡献。

学术人才作为人才中的一种，既具有人才的普遍性，又有其特殊性。现有研究对这一概念也作了不少探讨。例如，哈拉尔德·邦德（Harald Bauder）认为已经或准备进入学术劳动力市场的博士生、博士后、初级教授和教授都可以被称为学术人才。[1] 汪怿认为学术人才是"以学术研究、传播为职业的人才，一般可包括在高等教育机构、公共研究机构、私人研究机构开展学术研究的人员"[2]。概而言之，学术人才具备三方面的特性：其一，丰富的专业知识和实践经验；其二，从事相关学术研究，并在研究领域内有所建树，这里的学术职业是社会分工形成的一种职业，学术性是其区别于其他职业的主要特征[3]；其三，拥有创新精神和创新能力，创新精神主要是指勇于探索未知的精神，创新能力则主要是指通过系统的科学研究训练，最终能够产生新的理论、思路和研究方法的能力。罗尔夫·托斯坦达尔（Rolf Torstendahl）认为，近代科学家的职业化（professionalisation，也可译为专业化）为大学内部学者带来双重身份：一方面是与机构相关的社会身

---

① Harald Bauder, "The International Mobility of Academics: A Labor Market Perspective," *International Migration*, 2015, 53 (1), pp. 83–96.

② 汪怿：《学术人才国际流动及其启示》，《教育发展研究》2006年第7期。

③ 沈红：《论学术职业的独特性》，《北京大学教育评论》2011年第3期。

份——教师，另一方面则是与知识或者科学、学问产生关联的科学家身份。①

　　大学高层次人才则指学术人才中具有较强学术能力和科研生产力、取得卓越成就并处于学术系统"塔尖"的少数精英群体。学术界常用的"高端人才""学术领军人物""学科带头人""学术英才""高水平人才"等概念均可纳入大学高层次人才的范畴。尽管因为具体用语不同，上述概念的内涵存在一定差异，但这些概念所指涉的人才都更多地具有内隐特征的学术能力。学术人才的学术能力如何通过一定的外显形式体现出来，如何通过外显化的标识判定出学术人才群体中的"高水平"者，就成为高等教育学界具有学术意味的话题。迈克尔·马尔凯（Michael Mulkay）认为，学术精英与普通学者间的区分机制就是获得普遍认可，这种认可具有多种表现形式，如以某人名字命名的理论、获诺贝尔奖以及其他各种奖项、拥有科学院院士头衔、担任期刊编委会成员以及发表论文的高引用率等。② 曹聪在界定我国科学精英时就以"两院"院士资格为基本标准。③ 洛特卡–普赖斯定律则通过科研产出来辨识高层次人才，即一个学科中发表了绝大部分成果的少数学者。④ 阎光才从社会角色扮演的视角界定这类精英群体，认为他们在发挥这一角色作用过程中所采用的重要手段就是对学术交流媒介，以及各种有形无形资源的控制，如作为学术期刊的评审人，决定学术作品的发表，作为竞争性学术资助项目的评审人，作出资助与否的决定，作为学术会议安排的主持人，对主题发言的人选做特殊安排，在学术奖励活动中，他们对奖励人选有着至关重要的决定权。⑤

　　基于这些学术探讨，我们可以判定，大学高层次人才是由学术共同体塑造的，是同行对学者的学术能力、学术声誉、学术成就、学术价值乃至

---

① Rolf Torstendahl, "The Transformation of Professional Education in the Nineteenth Century," in *The European and American University Since* 1880, Cambridge University Press, 1993, p. 121.

② Michael Mulkay, "The Mediating Role of the Scientific Elite," *Social Studies of Science*, 1975 (2), pp. 445 – 470.

③ Cao Cong, *China's Scientific Elite*, Routledge Curzon, 2004.

④ Long J. Scott, "Productivity and Academic Position in the Scientific," *American Sociological Review*, 1978, 43 (6), pp. 889 – 908.

⑤ 阎光才：《亚努斯的隐喻——去行政化语境下的学术精英角色与权力内涵分析》，《复旦教育论坛》2010 年第 5 期。

学术潜力等认可的结果。因此,尽管内嵌于大学高层次人才的学术能力内隐化特征明显、识别度不高,但随着学术精英生成的日渐制度化,我们已经可以通过一些外显标识来识别大学高层次人才,如一国最高学术称号获得者(如美国国家科学院院士、德国国家科学院院士、英国皇家工程院院士、丹麦皇家文理学院院士)、国际顶尖奖项获得者(如诺贝尔奖、菲尔兹奖、图灵奖)、国际公认著名奖项获得者(如沃尔夫奖、邵逸夫奖、阿贝尔奖、肖邦奖)等。相较国外而言,我国大学高层次人才的生成由学术共同体内部与学术人才政策共同塑造,大学高层次人才的识别度更高,如"两院"院士(中国科学院院士、中国工程院院士)、"长江学者奖励计划"特聘教授、国家杰出青年科学基金获得者、青年长江学者、青年拔尖人才支持计划入选者、优秀青年科学基金获得者等,都是我国极具代表性的大学高层次人才。

## 二 大学高层次人才流动

"流动"是最早出现于社会学的术语。在社会学中,流动包含两层意思:一是个体在空间属性上的移动,二是社会阶层的跨越。人口迁移理论便是在地理位置的变动意义上探讨流动问题,将人口迁移定义为改变常住地至少半年的人口迁徙,临时性的地理位置变更如旅游、商务活动、通勤等不属于这一范畴。在国际上,人口迁移常用 mobility、migration、movement 表示。而在社会迁移理论中,大规模人口迁徙被解释为社会资本起到纽带作用。社会阶层的跨越是社会学人口流动研究的第二个分支。此时的流动更多地指涉个体如何在先赋性因素和后致性因素的作用下实现阶层的跃升,即向上流动。教育通常被认为是帮助个体实现阶层跨越的关键因素,即个体通过接受教育不断积累人力资本以跨越阶层的壁垒实现流动。关于流动的研究也进而扩展到了经济学。在经济学中,流动指作为组织成员的个体工作状态的改变,通常指个体在一系列"力"的作用下流入组织和流出组织的行为。[1] 推拉理论以作用力为核心概念,认为人出于改善自身经济生活状况的目的会产生流动意愿,而这一意愿能否转化为流动行为

---

① J. L. Price, *The Study of Turnover*, Ames: Iowa State University Press, 1977.

取决于流出地的推力和阻力，以及流入地的拉力和阻力的共同影响。① 在推拉理论的集大成者埃弗雷特·S. 李（Everett S. Lee）看来，无论是流出地还是流入地，都存在影响个体作出流动决策的正元素（"＋"有助于流动行为发生）和负元素（"－"制约流动行为发生），当流出地的负元素多于正元素时会产生推力，而拉力则是流入地的正元素总和减去负元素总和的余量。② 也就是说，无论是流入地还是流出地都同时存在推动流动行为发生的元素和阻碍流动行为发生的元素。唐纳德·丁·博格（D. J. Bogue）进一步发展了推拉理论，归纳出 12 个推力因素和 6 个拉力因素。③

在高等教育学界，学术人才流动即相关学术人才在地理、机构、职务等方面发生变化的转移活动。在本书中，学术人才流动主要分为两个阶段，即教育阶段流动和工作阶段流动。教育阶段流动主要涉及两种类型：第一，本科、硕士和博士三个求学阶段教育机构的变更情况，主要包含本硕博都在同一所学校（没有求学流动）、本硕博在两所学校完成（发生了流动）、本硕博在三个不同的学校完成（发生求学流动）；第二，教育阶段是否参与联合培养。当今越来越多的高水平院校会在博士阶段选择联合培养的模式，博士生在求学期间去其他教育机构（大多为国外院校或科研院所）接受 6 个月至 1 年的学术训练。工作阶段流动主要指工作期间的流动，即雇主的变更和人才隶属单位的改变，访问学者、兼职、短期交流、博士后、学术机构内部的岗位轮转、第一份工作机构的获取情况（如是否为求学期间的教育机构）等则不纳入流动的范畴。在学术职业大发展的时期，流动如影随形，学术人才流动的概念与学术生涯（Academic Career）、高等教育国际化（Internationalization）、人才外流（Brain Drain）、人才回流（Brain Gain）、人才环流（Brain Circulation）等议题联系密切。学术资本主义的兴起等使得教学和研究分离的趋势加剧，这导致教师流动性大幅提高。学术职业中教学和科研分离的趋势便非常清晰地表现在了大学教师流动问题上，例如，大学在试图聘请优秀教师时，除了开出有吸引力的工

---

① Everett S. Lee, "A Theory of Migration," *Demography*, 1966, 3（1）, p. 54.

② Everett S. Lee, "A Theory of Migration," *Demography*, 1966, 3（1）, pp. 47 - 57.

③ D. J. Bogue, "A Migrants-eye View of the Cost and Benefits of Migration to a Metropolis," *Internal Migration*, 1977, pp. 167 - 182.

资和提供可观的研究费用（在理工科众多领域，这一费用达数十万美元）外，还在教师的任职谈判中加入了对教学任务的规定，作出了诸如"大幅度压缩教学负担"的承诺。① 进入 21 世纪后，世界主要国家的学术人才流动进入快车道，随之而来的学术人才流动研究方兴未艾。高等教育学界关于学术人才流动的研究用语和对于流动的思维，更多倾向于若干市场要素和显性要素的分析。这与早期古典经济学对于流动的研究通过比较不同地区间收入水平的差异、犯罪率的差异等预测流动行为是否发生具有一致性，所以从本质上看，学术劳动力市场概念中的流动，应该来自经济学话语而非社会学话语。此外，学术劳动力市场概念中的流动研究还有另外两个特点。一是强调高等教育的职业特性，二是与整个高等教育市场的变化紧密结合，几乎所有的该类研究都强调了高等教育市场本身的变化对于学术劳动力市场的作用。②

在我国，随着高校聘任制改革的推进，以促进流动为目标的"非升即走"理念逐渐被引入，学术人才的身份由"单位人"向"社会人"转变，人才与单位开始建立起契约关系，以大学高层次人才为主要构成的高端学术劳动力市场为大学高层次人才提供了更多的职业选择，也带来议价能力的提升③，这使得我国大学高层次人才的流动性快速提高。本书主要从工作阶段的流动层面探讨我国大学高层次人才流动问题，将高层次人才入职后工作机构的变更情况，工作机构变动的数量、地域的变化、机构层级的变化、流动时间等均纳入研究范畴。此外，本书也会关注学者在成长为高层次人才前的教育阶段的流动状况，关注其本硕博的教育机构变更情况、是否参与联合培养等，以期探讨在教育阶段何种流动模式更有利于我国高层次人才的养成。

## 三　大学高层次人才流动变迁

从全球范围来看，大学高层次人才流动的变迁发生在二战时期，人才

---

① 〔美〕查尔斯·维特斯：《一流大学 卓越校长：麻省理工学院与研究型大学的作用》，蓝劲松主译，北京大学出版社，2008，第 36 页。

② 刘进、沈红：《大学教师流动影响因素研究的文献述评——语义、历史与当代考察》，《现代大学教育》2015 年第 3 期。

③ 蔺亚琼：《人才项目与当代中国学术精英的塑造》，《高等教育研究》2018 年第 11 期。

由结构性流动向制度性流动演变。这一变迁带来了世界科学中心的转移。二战时期德国纳粹民族政策全面干预德国大学的科研，大批顶尖学者或因信仰、或因国籍被驱逐，德国大学遭到重创。美国大学在吸引这些无家可归的学者时的最大竞争力便是不受国家干预的学术探索。据统计，仅在物理学科领域，美国大学在1933～1940年总共吸引了11位来自德国的被驱逐的顶级物理学者，分别为诺贝尔物理学奖获得者阿尔伯特·爱因斯坦（Albert Einstein，1921年获诺奖）和詹姆斯·弗兰克（James Franck，1925年获诺奖），以及尤金·维格纳（Eugene Wigner）、汉斯·贝蒂（Hans Bethe）、弗莱克斯·布洛赫（Felix Bloch）、爱德华·泰勒（Edward Teller）、利奥·齐拉德（Leo Szilard）、奥肯·斯迪姆（Otto Sterm）、恩里克·费米（Enrico Fermi）、马克斯·德里布鲁克（Max Delbrück）、福瑞·兹兰德（Fritz London）。这些物理学家的到来迅速将美国一批大学的物理学科带到世界前沿。在数学领域，约翰·冯·纽曼（John Von Neuman）来到普林斯顿也使得普林斯顿大学成为世界数学学科的中心。[1] 也正是在这一时期，美国研究型大学群体性崛起，走向了国际科学最具竞争力领域的前沿，世界高等教育中心由德国转移到美国。这种因种族、信仰、战争甚至疾病等原因导致的人才大规模流动有学者称为结构性迁徙。[2] 二战后大学教师流动随着学术职业的发展而变得频繁，迁徙模式开始转变为教育和经济因素影响的制度性流动。较高的经济回报是最为有效地推动流动行为发生的经济因素。

我国大学高层次人才流动的变迁发生在20世纪末，随着高端学术劳动力市场的发展人才流动开始由行政行为向自主行为转变。从新中国成立初期直至20世纪末的这段时期，我国大学高层次人才流动主要是国家相关部门安排下的行政指定性行为。例如，教育部或其他部委基于国家的某项重大任务安排这些学者变更工作单位，作为带头人发展另一所大学的某一学科，这些学者的工作变更多在北京大学、清华大学、中国人民大学等当时的国家重点建设大学以及中国科学院系统之间。20世纪末在我国计划治理

---

① Joseph Ben-David, *Centers of Learning*：Britain，France，Germany，United States，New York：Mc Graw-Hill Book Company，1977，p. 108.

② 刘进、沈红：《大学教师流动与学术职业发展——基于对二战后的考察》，《清华大学教育研究》2014年第2期。

模式向市场化治理模式转轨的宏大背景下，世界一流大学建设项目、聘任制改革等相继启动，促进了高等教育界对高层次人才的竞争，我国大学高层次人才流动也随之转向学者本人基于自身需求的理性选择行为。此时的流动行为是学者在权衡流动成本和流动收益后的自主化行为，学者们在作出决策前会考虑流动是否带来了收入水平的提高、是否增大了晋升的机会、是否拓宽了学术平台、是否有益于科研生产力的提升等问题。如果流动的收益大于损失，流动行为便会发生。本书所讨论的大学高层次人才流动变迁指的便是上述这类基于自身需求的理性选择行为。

# 第四节　研究意义

开展我国大学高层次人才流动的变迁机制与优化路径研究具有丰富的理论意义和实践意义。

## 一　理论意义

首先，该研究补充了我国大学高层次人才流动的相关理论，有助于研究者对我国大学高层次人才流动的状况进行整体把握。

当前学者主要就我国大学高层次人才流动的动因、效应以及特征进行相关研究，综合诸多学者的观点我们不难发现：大学高层次人才的流动受经济、职业发展、个体特征等多种因素的影响，其产生的效应也随着社会经济的发展呈现出日益复杂化的趋势。在尝试对呈现如此复杂样态的大学高层次人才流动现象进行概括性描绘时，一方面，现有研究往往将研究对象聚焦于某一类人才或在某一地理区域进行流动的人才上，缺乏足够的代表性；另一方面，已有的研究大多关注人才流动的路径、地域的趋向性等具体内容，对于大学高层次人才流动整体的变迁历程和其背后所蕴含的变迁动力、制度逻辑还缺乏挖掘。本书将力求弥补我国大学高层次人才流动研究在上述两个方面的不足。在研究对象的选取上，本书以我国六类项目人才的历年流动数据为基础，样本的选择更加规范合理。以六类项目人才为研究对象，既符合大学高层次人才流动研究对研究对象"高层次"的质量要求，相较于以往选取单一人才类型为样本的方法，本书的样本也更为广泛，具备更好的代表性。以六类项目人才的历年流动数据为基础，研究所使用的流动信息贯穿于人才成长发展的始终，横跨年限较久，更有利于对我国大学高层次人才流动的全貌进行分析。在具体研究内容的讨论上，本书主要探索我国大学高层次人才流动的变迁轨迹与变迁动力及制度逻辑，较好地弥补了当前研究对该方面讨论的不足。

其次，本书揭示了我国大学高层次人才流动状况变迁的动力机制。

在已有的研究中，部分研究者已经关注到了我国大学高层次人才流动状况的变迁，承认学术人才的流动状况在不同的历史阶段呈现不同的特点，受不同的主要因素驱动，体现学术人才在不同阶段不同的价值选择倾向。目前大多数学者对这种变化的研究都是偏向于描述性的，对于因何如此变迁、其背后的推动力是什么、又是如何推动的等重点问题的解答尚存不足。本书将对这些问题进行着重探讨，在对我国大学高层次人才流动的变迁历程进行描述的基础上更进一步地去探索这种变迁发生的动力机制。

最后，本书为大学高层次人才流动的相关研究提供了新的视角。

现有研究在对大学高层次人才的流动状况进行分析时与我国的政策情境结合较少。一项政策、制度在出台后无论其最初的宗旨与目的为何，在实际运行过程中总不可避免地受到组织选择性地实施与转化，并最终影响到处于组织当中的个人的行为。我国大学高层次人才看似对国家与政府的宏观政策缺少关注，但在学术流动过程中其具体的选择与倾向往往受到高校人才引进方案与激励办法的影响，这些具体的引进方案与激励办法又何尝不是高校对国家宏观政策的一种"响应"。因此，本书在对我国大学高层次人才流动进行分析的过程中引入了国家宏观制度视角，进一步揭示了我国大学高层次人才流动的变迁轨迹和变迁动力与单位制到聘任制、"两大工程"到"双一流"的学术制度变革之间的关联机制，实现学术创新。

## 二 实践意义

本书从实证分析的视角探讨了我国大学高层次人才流动的变迁轨迹与变迁动力并提出了具体的优化路径。在大学高层次人才流动日益与世界一流大学建设议题紧密交织的时代背景下，本书对大学高层次人才流动优化路径的探索具有极大的应用价值。

对我国高等教育的发展而言，一方面，大学高层次人才是学术研究的中坚力量，优化大学高层次人才流动将有助于人才稳定，进而为大学的学术繁荣创造良好的条件,为高等教育强国建设提供支撑;另一方面,本书从大量的人才流动数据中归纳与总结经验,有助于政府了解大学高层次人才流动的动力机制,对规范我国的学术劳动力市场具有积极意义,为相关部门政策的制定提供了参考。

对我国高等教育院校而言,一方面,本书有助于高校更加审慎地聘用学术人才。本书对大学高层次人才流动优化路径的探索将启发高校对自身人才引进方案与激励办法的合理性进行思考,促使高校根据自身发展需求引进人才,客观地对待学术人才的流动行为与科研生产力指标,优化自身的人才队伍结构、提高学术人才队伍的整体水平而避免对短期利益的盲目追逐。另一方面,本书将有助于加强高校对国家宏观政策与规划的思考。在深入理解大学高层次人才流动的变迁轨迹和变迁动力与单位制到聘任制、"两大工程"到"双一流"的学术制度变革之间的关联机制后,高校在制定相关的人才引进办法时将更多地考虑国家的政策初衷与目的,有利于府学关系的改善。

对大学高层次人才自身而言,该研究能够为其今后的流动决策提供借鉴。在了解过大学高层次人才流动的变迁机制与其背后的制度逻辑之后,学术人才在日后进行流动决策时将更容易把自身的行为选择放在制度与时代的大背景下进行考虑。本书将有助于学术人才思考人才流动的真正价值,根据自身实际情况和长远发展的需求作出更加理性的抉择,有利于学术人才匹配到真正适宜的学术环境,进而提高自身的科研生产力,推动学术繁荣。

对学术人才流动领域的相关研究者而言,本书为后续相关研究的开展提供了数据支持。本书以我国六类项目人才的历年流动数据为基础,抓取了这六类项目人才个人简历信息,建立数据库,并对其流动特征与变迁趋势作出了详细的归纳总结,在一定程度上为后续的研究提供了数据支持。

# 第二章

## 研究设计

## 第一节　理论基础

### 一　推拉理论

推拉理论（Push-Pull Theory）是研究人口迁移问题时最常用的理论。19世纪末期，在研究人口迁移的规律时，厄恩斯特·G.莱温斯坦（Ernst G. Ravenstein）提出了影响人口迁移的"推力"与"拉力"，这是该理论的发端。[①] 他在研究中指出，人口迁移的根本原因在于人们对更美好生活的期望与向往。基于此观点，莱温斯坦将影响人口迁移的因素归纳为两种：当原居地不符合人们生活期望时所产生的排斥力，以及迁入地因符合人们对未来生活的美好愿景所具备的吸引力。莱温斯坦将这两种方向相反的力分别称作原居地的"推力"与迁入地的"拉力"。例如，在部分国家或地区，人口数量较多造成了劳动力过剩，劳动力工作报酬较低。这是该国家或地区的"推力"，人们会因此流向工作报酬较高、工商业较发达的国家或地区以获得更好的生活条件。如果某个国家的制造业和商业较为发达，但是劳动力较少，该国工人的薪资水平就会高于其他国家，这是"拉力"的一种表现，该国家的移民数量会受此影响持续增加。除此之外，原居地所拥有的沉重的税收、压迫性较强的法律、不和谐的社会环境、不适宜

---

① Ernst G. Ravenstein, "The Laws of Migration," *Journal of the Royal Statistical Society*, 1889, 52 (2), pp. 241 – 305.

的气候等同样会加速人口流出。在相关研究中，莱温斯坦虽未对上述这些具体的影响因素进行系统分类，但不可否认的是，他奠定了推拉理论的基础。

在前人研究的基础上，埃弗雷特·S. 李于 1966 年提出了更为完整的推拉理论分析框架。首先，他指出流入地和流出地的各类条件对流动者而言并非全然吸引或排斥的，两地可能同时存在"推力"与"拉力"的作用。人们最终的流动行为是在经历过诸多因素的权衡后所作出的选择。同时，他认为除了流入地与流出地自身的条件会形成影响人口流动的推力与拉力外，还存在影响人才流动的中间障碍因素，如流动的距离、物质障碍、流动所需的运输成本等。[1]

1984 年，恭·霍克·李（Kiong Hock Lee）等学者以推拉理论为视角分析了发展中国家第三层次的学生流向发达国家的流动情况，指出学生外流主要是由发展中国家对第三层次教育的过度需求决定的。但在这一过程中，其他因素的影响同样非常重要，其构成了影响学生流动的推力与拉力。这些因素包括历史联系、语言的共同性、科学项目的可获得性、发展中国家第三层次教育的质量、发展中国家及其公民的生活成本和相对财富的差异、发展中国家的国民生产总值增长率以及地理距离等。以历史联系为例，部分国家和法国通过前殖民关系建立的联系减少了文化障碍，增加了教育制度和熟悉程度或知识方面的相似性，因此即使是地理位置遥远，这些国家的学生也会有流入法国的意愿。在这个例子中，历史联系便是影响学生流动的拉力，拉力作用大于推力作用，因此学生选择流动。如果所有发展中国家的教育基础均相同，那么距离将对出国留学倾向产生推力作用。[2]

玛丽·E. 麦克马洪（Mary E. McMahon）通过分析第三世界学生在 20 世纪 60 年代和 70 年代初流向世界高等教育中心的情况发现，母国经济疲软和更多参与全球经济的条件会影响海外高等教育学生的流动。流出国的教育水平也是一个影响因素，尽管接受最低水平的教育可能是流动的先决

---

[1] Everett S. Lee, "A Theory of Migration," *Demography*, 1966, 3 (1), pp. 47-57.

[2] Kiong Hock Lee, J. P. Tan, "International Flow of Third Level Lesser Developed Country Students to Developed Countries: Determinants and Implications," *Higher Education*, 1984, 13 (6), pp. 687-707.

条件，但是教育实力较弱国家的学生更有可能发生流动行为，此时流入地的高水平教育是该流动行为的拉力、流出地的低水平教育是该流动行为的推力。拉力与推力的这些相关因素的强度和意义在不同的个体之间有所不同。"推力"模式在解释高收入国家的海外留学方面表现得最为突出。海外留学人数多的国家经济实力较弱，而这些国家的学生对教育水平高的国家兴趣较强，对国际经济的参与度也较高。"拉力"模式在解释来自高收入第三世界国家的学生流动方面发挥了最有力的作用。此外，与流入国的贸易关系也是一个积极且重要的影响因素，这表明国与国之间的经济联系与国与国之间的学术联系相对应。并且该研究显示，流入国的外国资助似乎并没有把学生"拉"到美国。①

1998 年，菲利普·G. 阿特巴赫在其著作《比较高等教育：知识、大学与发展》中同样分析了发展中国家学生的流动行为。阿特巴赫分析了 20 世纪 80 年代后发展中国家学生流动的影响因素，并对其进行了更细致的划分，将流入地与流出地在流动过程中分别起到的作用总结为 7 种拉力因素和 8 种推力因素。同时，经济发达地区的教育资源更为优质，对学生有着更大的吸引力，而经济欠发达地区则在教育资源上存在劣势。因此，在实际调查中会发现大量发展中国家的学生向发达国家流动，目的是追求更优质的教育条件。②

有学者运用推拉理论分析了中国、印度、印度尼西亚等的学生流动情况，与国外研究结论相同，研究发现距离和环境、语言的共同性、成本等因素是学生流动的主要影响因素。③ 此后，推拉理论被广泛运用于国际学术流动领域的研究中。

国内学者对推拉理论的研究与国外学者的研究一脉相承，主要参考了阿特巴赫的 8 种推力因素与 7 种拉力因素分析模型。田玲对国内某一重点高校的 241 名学生进行了出国留学意向的调查。调查显示，一半以上的毕

---

① Mary E. McMahon, "Higher Education in a World Market: An Historical Look at the Global Context of International Study," *Higher Education*, 1992, 24 (4), pp. 465 –482.

② 〔美〕菲利普·G. 阿特巴赫:《比较高等教育：知识、大学与发展》，人民教育出版社教育室译，人民教育出版社，2001，第 232 ~ 233 页。

③ T. Mazzarol, G. N. Soutar, "'Push-Pull' Factors Influencing International Student Destination Choice," *International Journal of Education Management*, 2002, 16 (2), pp. 82 – 90.

业生有出国留学的意向，其推力因素主要从教育、经济、政治三大方面展开。在教育方面，不少学生认为国内高校学术水平低、科研设施不完善、课程设置落后、国际交流气氛差；在经济方面，不少学生认为我国经济实力较弱、国内提供的奖学金数量少、就业机会少；在政治方面，不少学生认为我国教育政策不够完善、法治化程度低。相应地，接收国在上述这些方面相较于我国所取得的优势也成为人才流动的主要"拉力"。值得一提的是，中国虽然在教育、经济、政治方面都存在一些不足，存在驱使学生向外流动的推力因素，但与此同时，国内社会治安较好、语言交流方便、对个人更加友好、没有文化隔阂等也是吸引国内学生继续留在本土的拉力因素。[1] 姬冰澌、徐莉发现我国留美高层次人才回流不足，国内留学生在美深造后选择回国工作的人数较少。针对这一问题，姬冰澌和徐莉将美国顶级高校中的 90 名中国留学生作为研究对象，通过实证研究分析阻碍学生回流的、来自美国的拉力因素。研究结果显示，74% 的留学生认为在美国能够获得专业进步的机会，这是美国吸引留学生的重要拉力因素。除此之外，部分学生表示留在美国能使他们在各自的专业领域中获得相对更多的发展机会，同时所处的工作和学习环境毗邻重要的研究和创新中心等也是他们继续留在美国的原因。除了上述来自美国的拉力因素外，从我国科研发展状况来看，有超过半数以上的留学生表示自己对国内的科技发展水平不够满意。为了使自己未来的研究能够紧跟专业领域的最新进展，许多留学生选择放弃回到祖国工作。可以看出，该研究更集中于从学生专业成长的角度进行分析。[2] 李秀珍和马万华选取推拉理论的视角，深入探究了来华韩国留学生回国就业的因素。该研究发现，留学生对就业地区的选择不仅受到外部环境因素的影响，还与个人的心理因素有着密切的联系。外部环境的推力和拉力并不能直接左右个人的最终选择，其只是引起学生内在动机变化的一种客观现象。[3]

随后，推拉理论的应用范围被进一步扩大，开始被用以分析教师流动的

---

[1] 田玲编《中国高等教育对外交流现象研究》，民族出版社，2003，第 200~216 页。

[2] 姬冰澌、徐莉：《中国留美高层次人才回流不足问题探究》，《教育学术月刊》2014 年第 7 期。

[3] 李秀珍、马万华：《来华留学生就业流向的影响因素研究——基于推拉理论的分析视角》，《教育学术月刊》2013 年第 1 期。

原因。有学者认为中国学术人才留美未归的现象是双向推拉因素所致，通过对 73 名在美国高校就职的中国学者进行调查，结果显示，事业发展受限、缺乏个人选择自由、家庭因素等均阻碍了在美任教教师的回流。而这些因素也是美国吸引人才的重要拉力，如美国的工作条件好、人际关系简单等。[①]

## 二　政府规制与市场设计理论

政府规制与市场设计看似是两个理论，但其实二者是相辅相成的。政府规制理论主要分析自然垄断产业的治理。自然垄断产业的重要特征是，厂商的边际成本小于平均成本，在这种情况下，如果还是完全由市场竞争机制来控制，政府完全不加以规制的话，就很可能会产生对资源最优配置和社会福利改进不好的结果。西方国家在经济自由主义思想影响下大力发展经济却面临市场失灵的困境，在寻求市场失灵解决对策的过程中，政府规制理论得以兴起。

政府规制是以矫正、解决市场机制内在的问题为目的，政府干预、保护、扶助、合理化和转换经济主体活动的行为。[②] 政府规制理论包括四个分支：公共利益规制理论、利益集团规制理论、激励性规制理论和规制框架下的竞争理论。[③] 最早出现的公共利益规制理论认为，只要存在市场失灵，政府就应该实施相应的处理措施，从而达到矫正市场机制缺陷的目的。例如，公共利益规制理论的代表人物理查德·波斯纳（Richard Posner）指出，政府的规制行为是消除市场运行风险和弥补公平性缺失的有效对策[④]，但该理论因缺乏对立法行动和规制完成机制的分析而招致批判，到 20 世纪 60 年代，规制俘虏理论随之出现。乔治·斯蒂格勒（George Stigler）、萨姆·佩尔茨曼（Sam Peltzman）等规制俘虏理论倡导者将规制置于经济学标准的供求分析框架下，假设政府的规制目标是最大化自身利益[⑤]，但它无

---

① 李梅：《中国留美学术人才回国意向及其影响因素分析》，《复旦教育论坛》2017 年第 2 期。

② 陶爱萍、刘志迎：《国外政府规制理论研究综述》，《经济纵横》2003 年第 6 期。

③ 张红凤：《西方政府规制理论变迁的内在逻辑及其启示》，《教学与研究》2006 年第 5 期。

④ Richard Posner, "Theories of Economic Regulation," *The Bell Journal of Economics and Management Science*, 1974, 5 (2), pp. 335 – 358.

⑤ George Stigler, "The Theory of Economic Regulation," *Journal of Economics and Management Science*, 1971, 2 (1); Sam Peltzman, "Toward a More General Theory of Regulation," *Journal of Law and Economics*, 1976, 19 (2).

法解释利益集团如何控制规制、政府规制失灵等现象。由于上述理论没有很好地解释规制如何被行业控制，也无法解释为什么许多行业先被规制而后又被放松规制，激励性规制理论随之兴起。激励性规制理论将规制置于委托—代理理论的分析框架下，提出了一系列能够克服规制过程中因个人私利、信息不对称而产生的道德风险和逆向选择问题的规制激励方案，如马丁·勒布（Martin Loeb）与韦斯利·马加特（Wesley Magat）的 L–M 模型等。[1] 该理论通过引入竞争，来解决信息不对称等问题，从而达到激励被规制企业自愿、积极主动地降低产品或服务成本、提高生产效率的目的。斯蒂芬·利特查尔德（Stephen Littlechild）提出了"最高限价"的主张，认为需要对被规制企业的产品或服务的价格设定最高上限，绝不允许其价格超过政府规制部门所设定的上限。这一策略的政府规制成本较低，通常被采用。[2] 规制框架下的竞争理论则起源于人们对传统规制信念的质疑，几乎与规制俘虏理论同时兴起，主张用竞争替代规制，代表人物有哈罗德·德姆塞茨（Harold Demsetz）、安德烈·施利弗（Andrei Schleifer）等。

面对西方政府规制理论遵循的规制—放松规制—再规制与放松规制的演进逻辑，我国学者力图在此基础上探索适合我国政府规制实践的理论体系。张会恒认为我国市场机制存在的突出问题在于，我国同时面对着市场制度不完善所产生的市场失灵和市场功能缺陷带来的市场失灵。[3] 王健和王红梅指出，在经济体制改革过程中，计划经济时期的微观经济管理制度和方法被废弃后，新的适应市场经济的管理微观经济、规范市场主体行为的制度和方法没有及时建立，因而政府规制法律法规体系不健全、政府规制的制度设计有明显漏洞、政府规制政策和规制方法滞后于市场经济发展、社会信用体系不健全等成为引发市场经济秩序混乱的主要原因。所以，中国需要加强政府规制以弥合制度漏洞和政策缝隙。[4]

---

① Martin Loeb, Wesley Magat, "A Decentralized Method for Utility Regulation," *Journal of Law and Economics*, 1979, 22 (2).

② Stephen Littlechild, "Foreword: The Market Versus Regulation," *Electricity Market Reform*, 2006.

③ 张会恒：《政府规制理论国内研究述评》，《经济管理》2005 年第 9 期。

④ 王健、王红梅：《中国特色政府规制理论新探》，《中国行政管理》2009 年第 3 期。

在政府规制理论盛行之时，埃尔文·E. 罗斯（Alvin E. Roth）进一步发现在现实中仍然有一些特殊市场在运行的过程中遭遇困境，因而需要对市场秩序进行人为设计。罗斯基于对实践的经验观察指出，择校市场、婚姻市场、劳动力市场等与一般的商品市场不同，属于配对市场，在这类市场中单纯的价格机制（自发秩序）并不能使需求和供给达至平衡，只有良好的市场设计（人为秩序的建构，如政策引导）才能保障交易的顺利进行。通常，市场的运行涉及搜寻信息、执行交易两种活动。在配对市场中，不论是交易时间还是交易地点，搜寻信息和执行交易都是分别进行的，加之信息在不同主体间的分布所具有的不对称性，决定了信息的匹配成为交易进行和完成的关键。因而，如何在市场交易中进行信息配对，提高市场的稠密度以促进"双重巧合"的实现，成为市场设计理论关注的重点。[①] 罗斯进而比较详细地探讨了劳动力市场中医生应聘者求职匹配、择校市场中最优学生选择等的具体设计方案。

政府规制与市场设计理论为我国大学高层次人才流动提供了适切的分析视角。在这两个理论的视角下，首先需要关注政府的政策设计是如何塑造大学高层次人才市场的，这种政策如何影响市场因素作用的发挥，进而寻求规范大学高层次人才流动的制度化路径。

### 三　工作满意度理论

1935 年，罗伯特·霍普波克（Robert Hoppock）在《工作满意度》一书中提到，工作满意度是员工对其从事工作本身、工作环境的一种心理和生理上的满意看法与感受。[②] 该概念一经提出便受到了学界的广泛关注，高校教师的工作满意度研究是其心理学分支之一。从心理学的角度来看，工作的满意度和工作士气的高低是导致高校教师产生流动行为的重要原因之一。1990 年，约翰·C. 斯马特（John C. Smart）在研究中将高校教师的工作满意度划分为组织满意度、薪酬满意度和职业满意度。其中，组织满意度是指由 11 个条目组成的调查对象对学校的总体满意度，包括对学校在

---

① 〔美〕埃尔文·E. 罗斯：《共享经济：市场设计及其应用》，傅帅雄译，机械工业出版社，2016，第 32 页。

② Robert Hoppock, *Job Satisfaction*, New York：Harper & Brothers Publishers, 1935.

知识环境、师生比例、教师工资、教学负荷、行政管理等方面状况的满意程度和本系学生在学术环境、师生关系、学术能力等方面的满意程度。薪酬满意度是指反映受访者对目前机构薪酬的满意程度。职业满意度由五项指标组成，具体包括："我现在对我的工作比我刚开始从事学术生涯时更有热情"，"我常常希望我当初能从事另一种职业"，"如果我能重新选择这份工作，我就不会去当大学老师"，"我的工作给我带来了相当大的压力"，以及"我几乎没有时间来重视一项工作"。此外，斯马特在研究中还发现，薪酬满意度仅对非终身教职教师有显著影响。这表明工资水平对非终身教职教师来说尤其重要，较低的工资水平会导致较低的薪酬满意度，这又会进一步导致教师产生流动意愿。[①]

2004年，维基·J.罗瑟（Vicki J. Rosser）在斯马特的基础上进一步提出了概念模型，将满意度的结构定义为三个相互关联的维度，即建议和课程工作量、福利和保障以及总体满意度。其中，建议和课程工作量包括花在教学和指导本科生与研究生上的时间、教授的课程数量、课程内容和他们的工作量。福利和保障维度包括教师对他们的工资、工作保障、福利、教师领导、决策和他们的学术排名的满意程度。总体满意度为教师们的自我报告。

基于该模型的研究发现，那些满意度较高的教师不太可能离开他们的机构或职业。反过来，满意度较低的高校教师们离职意愿较强。并且，较低的满意度源于对个人工作生活感知的情感反应，并将进一步导致高校教师离职意愿的上升。[②]

在研究中，工作士气通常与工作满意度一起使用或相互代替。例如，1984年，尤金·本奇（Eugene Benge）和约翰·希基（John Hickey）在研究中将工作满意度和工作士气联系起来。他们认为：第一，工作满意度是员工在特定时间内持有的各种态度的净结果，工作满意度通常比较稳定，但也会有波动；第二，工作士气是特定群体中员工工作满意度的净结果。[③]

---

① John C. Smart, "A Casual Model of Faculty Turnover Intentions," *Research in Higher Education*, 1990, 31 (5), pp. 405 – 424.

② Vicki J. Rosser, "Faculty Members' Intentions To Leave: A National Study on Their Worklife and Satisfaction," *Research in Higher Education*, 2004, 45 (3), pp. 285 – 309.

③ Eugene Benge, John Hickey, *Morale and Motivation: How to Measure Morale and Increase Productivity*, New York: Franklin Watts, 1984.

也有研究指出，教职员工的工作士气通常用来表征一个特定校园或机构的学术生活质量。工作士气是复杂的，但该研究表明它是可以被衡量的。该研究基于探索性因子分析指出，工作士气是由多个部分组成的，它可以用三个被概念化的、相互关联的维度进行构建，即制度尊重、工作质量和相互忠诚，其中包括员工对组织的忠诚、员工的信念、员工的意见对组织的重要程度等。这些发现有利于保障工作士气定义的可信度和全面性。模型的研究结果还表明，工作士气解释了中层管理人员直接或间接地离开当前职位的意图。研究结论表明，对离职意愿影响最大的是工作士气。在同时控制人口、结构和感知变量的情况下，工作士气的构建对管理者的离职意愿有重要影响和直接影响。机构需要评估那些影响工作士气的工作生活问题来解决人员流动问题。[1] 高校教师个体的心理状态是复杂的，学者们在研究中发现工作满意度理论不能完全解释高校教师的流动行为，因此，很多学者对该理论进行了扩展，发现其他心理因素也会影响高校教师的流动行为，如组织承诺、工作压力等因素。1974 年，莱曼·W. 波特（Lyman W. Porter）等学者在研究组织承诺与工作满意度随时间变化的模式时发现，较低的组织承诺和工作满意度会导致较高的人员流动率。工作满意度指标虽然能够很好地区分未来的留用人员和离职人员，但随着时间推移，它不能较好地预测后期的离职行为，此时，组织承诺指标成为一个更好的预测指标。[2] 1978 年，特里·A. 贝尔（Terry A. Beehr）和约翰·E. 纽曼（John E. Newman）在研究中发现，工作压力也是工作满意度的维度之一。[3]

国内研究主要沿用 1996 年冯伯麟对工作满意度的结构分析，其中包括自我实现、工作强度、工资收入、领导关系、同事关系五个维度。[4] 2010年，有学者进一步在研究中探讨了个人因素、职业因素、组织因素与工作

① L. K. Johnsrud, R. H. Heck, V. J. Rosser, "Morale Matters: Midlevel Administrators and Their Intent To Leave," *The Journal of High Education*, 2000, 71 (1), pp. 34 – 59.

② Lyman W. Porter, R. M. Steers, P. V. Boulian, "Organizational Commitment, Job Satisfactions and Turnover among Psychiatric Technicians," *Journal of Applied Psychology*, 1974, 59 (5), pp. 603 – 609.

③ Terry A. Beehr, John E. Newman, "Job Stress, Employee Health, and Organizational Effectiveness: A Facet Analysis," *Model, and Literature Review*, 1978, 31, pp. 655 – 699.

④ 冯伯麟：《教师工作满意及其影响因素的研究》，《教育研究》1996 年第 2 期。

满意度之间的关系，指出组织因素和高校教师的工作满意度的相关性较强，而个人因素和职业因素与高校教师的工作满意度相关性不大。杨雪英深入探究了影响高校教师工作满意度的因素，第一个因素是薪酬水平和福利，第二个因素是工作本身，第三个因素是管理与人际关系。[1] 肖玮玮在研究工作满意度与高校教师的流动关系时指出，工作满意度中的领导管理与支持、工作群体层面这两个维度与高校教师的流动意向是负相关关系，组织承诺中的情感承诺维度与流动意向也是负相关关系，这进一步证实了高校教师的工作满意度越高越不容易流动的结论。[2] 李广平在教师工作士气理论的研究中指出，教师的工作士气是一种心理状态，主要指教师在工作过程中参与教学活动，满足了教师的个人需要，实现了其教学目标时所展现出的积极与愉悦心情和热忱的工作精神，以及教师对教学工作、团队和学校的认同感与归属感。教师的这种积极、愉悦与热忱的心理状态，会对教师的自身发展及预期目标的实现产生重要影响。[3] 因此，当高校教师的工作士气较低，在工作中感受不到积极愉悦的心情以及强烈的归属感时，高校教师可能产生流动意愿。

## 四　学术生命周期理论

学术生命周期理论最早起源于生物学，是指生物体随时间发展变化的规律，可以划分为诞生、成长、壮大、衰退等时期。目前该理论的应用非常广泛，在教育层面，1980 年，凯瑟琳·K. 纽曼（Katherine K. Newman）和保罗·R. 伯登（Paul R. Burden）等在研究中提出，教师的生命周期可以分为三个阶段。第一个阶段大约从 20 岁持续到 40 岁，这一阶段影响到教师对教学投入、工作士气和其他观点的转变。在该阶段，教师们正在确定自己的职业生涯，寻找合适的学校和环境，同时也会深入家庭。而当他们成功找到一所学校，让自己有机会扎根并进入职业承诺和成长阶段时，第一个阶段就结束了。第二个阶段大概从 40 岁持续到 55 岁，这个阶段的教师表现出很高的工作士气和对教学的投入，这个阶段他们正处于职业生涯的巅

---

① 杨雪英：《高校教师工作满意度研究综述》，《现代交际》2010 年第 6 期。
② 肖玮玮：《北京林业大学教师流动影响因素分析》，北京林业大学，硕士学位论文，2011。
③ 李广平：《教师工作士气的构成与激发》，《社会科学战线》2005 年第 5 期。

峰。第三个阶段被称为退出教学职业阶段，是指从 55 岁到退休的这一阶段，在这段时间里，教师能够保持高昂的工作士气，但也会受到自然衰老的影响，精力和热情会发生消退。①

1969 年，弗朗西斯·F. 傅乐（Frances F. Fuller）通过对教育学专业学术的研究，在前人研究的基础上提出了教师发展的三阶段论，包括教学前阶段、教学早期阶段和教学后期阶段，教师在这三个阶段中的表现各有不同。② 2005 年，罗杰·G. 鲍德温（Roger G. Baldwin）等在考察学术生命周期的中期阶段的过程中发现，在学术生命周期的不同阶段，教师在不同的角色和责任中花费的时间也有所不同。高校教师花在行政管理上的时间比例在中年时期达到最高。相比之下，花在研究和服务上的时间比例从职业生涯早期开始呈线性下降趋势。处于晚年和职业生涯晚期的教师投入教学的时间比例最大。同样地，在这些不同的阶段，高校教师有不同的流动意愿。职业生涯中期可能是教师们重新评估和调整他们的精力分配的阶段，以此应对他们的新身份，即在试用期结束后，成了学术界的正式成员。同样，他们的职责也发生了转移，比如，扮演更多的领导、管理和指导角色，可能会减少研究和服务上花费的时间；在生活中，该阶段教师的家庭责任也会发生变化，这可能会改变他们的精力分配方式，以更好地完成他们的多面角色。该研究还认为中年和职业生涯中期是重新评估和重新定向的时期，高校教师经常寻求在个人生活和职业生活之间取得更好的平衡。与此同时，数据显示，从中年和职业生涯中期开始，教师在研究、服务和专业发展等关键角色和活动中的参与度水平降低。这可能会导致教职员工进入职业维持期或职业平台期，习惯性模式站稳脚跟，新的专业领域很少被打破。这种精力投入的减少可能会减少专业刺激，并对教授在其领域的活力和影响力产生负面影响。这一探索性研究的发现还表明，某些形式的学术生产力因人生阶段和学术生命周期阶段而异。虽然学术论文的生产力在教师职业生涯的早期或中期达到顶峰，但书籍和书籍章节的生产力在整个学术生命周期中呈线性增长模式。这是合乎逻辑的，需要较长研究周期

---

① Katherine K. Newman, Paul R. Burden, J. H. Applegate, "Helping Teachers Examine Their Long—Range Development," *The Teacher Educator*, 1980 (4), pp. 7 – 14.

② Frances F. Fuller, "Concerns of Teachers: A Developmental Conceptualization," *American Educational Research Journal*, 1969 (2), pp. 207 – 226.

的学术生产力在某种程度上更常见于教师学术生命周期的中后期。研究结果还显示，某些形式的学术生产力（如文章、报告）从学术生命周期的某个节点开始呈下降趋势。[1]

我国学者袁曦临和曹春和在研究中指出，学术生命周期可以分为初创与成长期、规范与稳定期、个性与创造期、老化与衰退期四个阶段。学术人才在 35 岁之前的阶段一般是指初创与成长期，这一阶段的学者对待工作积极主动，有创新意识，但还不够成熟，并且在这一阶段，年轻的学术人才面临很多现实问题，如成家立业等，此时他们容易流向经济条件、工作环境、基础设施建设较好的单位和地域，因此他们的流动意愿较强。在进入规范与稳定期后，学术人才的工作技能已经得到了锻炼，有了一定的学术成果，此时他们更希望得到充分的重视和更好的职业发展。经过前两个阶段的积累后，学术人才已经在其领域内获得了一定的学术地位，此时他们的工作能力和技能也比较成熟，并且来自家庭的压力较小，他们此时可以利用自身积累，进一步寻求更高层次的发展空间，因此这一阶段流动较为频繁。最后，在老化与衰退期，学术人才的学术经验已经非常丰富，但他们可能容易失去创新精神，从整个学术人才的生命周期发展阶段来看，最后一个阶段的学术人才的学术生产能力可能逐步下降。[2] 同时又有学者指出，学术人才的教育背景与社会背景、行政职务与师承关系、科研合作与学术年龄等因素对学术人才的学术生命周期都有影响。[3] 2016 年，阎光才指出，学术人才的生命周期是指一个学者从进入学术研究领域直到退出的全过程，在这个过程中学者从生手发展到熟手，表现为学者学术活力随年龄变化的趋势。[4] 基于学术生命周期理论，我们可以了解到，学术人才的发展有一定规律可循，符合学术生命周期理论，处于不同阶段的学术人才，其学术能力和工作状态都有差异，这也会导致处于不同学术生命周期

---

[1] Roger G. Baldwin, C. J. Lunceford, K. E. Vanderlinden, "Faculty in the Middle Years: Illuminating an Overlooked Phase of Academic Life," *The Review of Higher Education*, 2005, 29 (1), pp. 97 – 118.

[2] 袁曦临、曹春和：《基于学术生命周期理论的高校人才价值评价》，《科技管理研究》2009 年第 8 期。

[3] 张晓娜：《学者学术年龄对学术生命周期的影响分析》，《内蒙古科技与经济》2019 年第 19 期。

[4] 阎光才：《学术生命周期与年龄作为政策的工具》，《北京大学教育评论》2016 年第 4 期。

的学术人才的流动意愿不同，因此，我们在分析学术人才的流动时，可以从学术生命周期的视角进行探讨。

## 五 "中心—外围"理论

"中心—外围"理论，是由阿根廷经济学家劳尔·普雷维什（Raul Pulevision）提出的一种理论模式，然而通过对"中心"和"外围"两词进行追本溯源，我们可以发现最早提出"中心""外围"这两个具体概念的学者是魏尔纳·桑巴特（Werner Sombart）。桑巴特以资本主义为中心、以资本主义的主要国家为中心，并从中心的角度去观看中心以外的世界。在他的视野下，中心的资本主义国家是积极的且在世界事务中居于支配地位，而与之相区分的外围国家则是消极的且属于被支配的一方。桑巴特在其著作中首先作出了"中心国家"与"外围国家"的划分，但他没有对其进行系统论述和进一步的总结。

劳尔·普雷维什在此基础上进一步完善了"中心—外围"理论。该理论将世界分成中心国家与外围国家，并对这两类国家的划分依据进行了更加详细的阐述。普雷维什按照不同国家在世界市场的不同表现，将生产和出口工业品的国家称为"中心国家"，将生产和出口初级产品的国家称作"外围国家"。前者主要由西方发达国家构成，后者则主要由广大的发展中国家构成。两者之间由于科技和传播方式的不同形成了不平等的国际分工差异。普雷维什表明："在发展中国家中，目前的经济情况正在一步步地削弱老旧的国际分工布局，这种布局在19世纪产生了巨大的影响，而成为一种理论概念，一直延续至今。"[①]

自1960年开始，依附理论的学者使用"中心—外围"理论进行分析，对"中心—外围"理论进行了进一步的完善与扩展。其主要的代表人物有冈德·弗兰克（Gunder Frank）、萨米尔·阿明（Samir Amin）等。上述学者认为外围国家随着历史的发展会向着中心国家发展，外围国家发展成中心国家只是时间上的问题，但这并非意味着中心国家无须对外围国家负责。依附理论学者认为资本主义发展过程中存在的掠夺造成了外围国家和中心国家之间的差距，外围国家被迫接受中心国家提出的世界分工为满足

---

① 转引自黄国辉《劳尔·普雷维什经济思想研究》，南开大学出版社，2003，第49页。

中心国家的需求而从事生产。这种分工已然影响了外围国家的正常发展，由于不平等分工使发达国家具有发展优势，这样中心国家就要对外围国家进行援助、贸易往来和国际投资，使得外围国家不得不陷入依附中心国家和不发达状态。①

到了 20 世纪 70 年代，在"中心—外围"理论发展上，依附学派的发展理论过于强调外围关系和外围改善，导致理论对现实解释有盲点。美国经济学家伊曼纽尔·沃勒斯坦（Immanuel Wallestein）提出了世界体系理论，对"中心—外围"理论进行进一步的完善。② 该理论指出，应将世界体系作为理论起始点，赋予"中心—外围"理论整体视角，再将世界格局分为三个区域，分别是中心区、边缘区、半边缘区，最后从区域扩张、劳动分工和差异贸易三个角度分析世界体系的机制，然后建立有利于促进外围国家发展的国际秩序。

"中心—外围"理论经过上述发展历程后，其所涵盖的内容已经非常广泛，但最核心的思想可总结为四点：产业结构的差异、中心国家和外围国家发展不平等、中心国家和外围国家关系论、外围国家的发展方式。中心国家和外围国家产业结构的差异首先体现在技术方面，普维雷什认为中心国家具有技术先进性，然后在进行技术传播的过程中影响到整个经济体系，因而中心国家的产业结构具有多样性和同质性。相对于中心国家，外围国家的产业结构过于单一，多数是对于生产资源进行开发的初级产业。③

中心国家和外围国家发展不平等是该理论的关键和落脚点，对于该问题不同学者有着不同的观点。普雷维什从技术、贸易等角度分析了中心国家和外围国家之间的不平等关系。他认为资本主义国家，即中心国家，因为对先进技术的占有在最开始就具有优势，而外围国家是被迫加入世界分工的，外围国家生产的都是初级产品，明显处于不利的地位。弗兰克认为外围国家的不发达是在其加入世界资本主义改造的过程中造成的，他认为

---

① 梁攀科：《中心—外围理论的发展及其对中国的启示》，《科技情报开发与经济》2007 年第 29 期。
② 转引自陈佳《中心—外围理论的演进及比较研究》，福建师范大学，硕士学位论文，2011。
③ 董国辉：《经济全球化与"中心—外围"理论》，《拉丁美洲研究》2003 年第 2 期。

中心国家的剥削是造成外围国家不发达的原因。[1]

外围国家的发展方式是普雷维什等人通过对中心国家和外围国家之间的差异、不平等关系等方面进行分析得出的，劳尔·普雷维什认为外围国家应跳出中心国家的发展模式，寻找适合自身发展的方式，通过建立适合本国的工业区替代需要进口的工业品来带动经济发展。对此，马克思的"中心—外围"理论也阐述了相似的观点。马克思认为部分外围国家能够成功发展出资本主义的生产方式，甚至最终成为发达国家都是因为其在发展初期充分利用地区资源，发展适合本地区的工业和农业，靠自身的劳动使自身得到发展。但马克思并非把外围国家发展滞后的原因全部归于该国家本身，他同时也指出部分国家一直处于外围阶段是因为这些国家受过殖民和掠夺并在长期的殖民发展过程中形成了相对单一的出口产业体系。在国家政权尚且掌握在生产体系相关国家手中的情况下，这些外围国家自然无法顺利地调整自身生产结构。[2]

在高等教育领域，阿特巴赫借鉴了发展经济学领域的"中心—外围"理论分析亚洲、非洲、拉丁美洲等地区的高等教育问题。[3] 并且他进一步提出了知识系统的"中心—外围"理论，他在研究中指出，任何学术系统都存在中心和外围，全球的学术职业是一个统一的大系统，发达国家的大学处于系统中的中心位置，学术资源丰富，中心位置的国家通过生产知识、确立范式和制定标准等方法来继续巩固其中心地位。而发展中国家的大学由于一直位于系统的外围位置，无法获得先进学术研究所需要的资源，所以不得不依附中心国家的大学而发展。[4]

## 六　劳动力市场分割理论

对劳动力市场分割理论进行阐述的学者最早可以追溯到约翰·梅纳德·凯恩斯（John Maynard Keynes）和约翰·穆勒（John Mill）。上述两位学者继

---

① 〔美〕查尔斯·K. 威尔伯主编《发达与不发达问题的政治经济学》，中国社会科学出版社，1984，第128~129页。
② 杨永华：《马克思与激进学派：中心外围理论比较研究》，《孝感学院学报》2004年第5期。
③ 〔美〕菲利普·G. 阿特巴赫：《比较高等教育：知识、大学与发展》，人民教育出版社教育室译，人民教育出版社，2001，第37~40页。
④ 〔美〕菲利普·G. 阿特巴赫主编《失落的精神家园：发展中与中等收入国家大学教授职业透视》，施晓光译，中国海洋大学出版社，2006，第1~19页。

承了制度学派的基本观点，认为劳动力市场是非竞争性的。[①] 工资是不同职业差异的体现，并且工资的多少可以通过竞争进行调节。在论述工资和职业关系时，穆勒反对亚当·斯密（Adam Smith）的"五因素论"，并从个人、企业、国家三方面对工资差异进行分析。其主要观点强调了工资高低与劳动力资源配置是可以根据制度而改变的，需要符合当时的经济发展和政策。1954 年克拉克·克尔更加系统地论述了制度规则对劳动力市场所产生的影响。克尔认为劳动力市场被一系列的制度规则分割为很多更小的市场，而作为这种制度影响的最终结果——内部劳动力市场和外部劳动力市场，便得以形成。[②]

1980 年末分割学派的一系列研究推动了劳动力市场分割理论的复兴。随着测量工具和研究条件的发展完善，分割学派运用实证研究进一步完善了劳动力市场分割理论。其研究的结果证明了一级和二级两个劳动力市场的存在，同时也指出了当时存在的一些制度和政策切实阻碍着一级劳动力市场和二级劳动力市场之间的流动。[③]

劳动力市场分割理论在其发展过程中并没有形成相对一致的理论概况，而是由许多不同的派别组成。其中比较经典的是二元劳动力市场理论、激进理论和职位竞争理论。

皮特·B. 多林格（Peter B. Doeringer）和米切尔·J. 皮奥里（Michael J. Piore）是二元劳动力市场理论的开创者，其文章《国际劳动力市场与人力资源分析》的发表标志着这一理论的正式诞生。通过对内部劳动力市场和外部劳动力市场进行系统梳理，他们进一步阐明了劳动力市场的分割情况，指出劳动力市场可分割为一级部分和二级部分。所提供的岗位就业稳定、职业社会地位高、收入偏高、待遇较好的部分被称为一级劳动力市场。员工的工资待遇是由公司的制度和规章决定的，并且主要通过晋升制度进行职位的转换。教育对一级劳动力市场中的劳动者而言是有回报的。所提供的岗位就业

---

① 〔英〕约翰·穆勒：《政治经济学原理及其在社会哲学上的若干应用》（上卷），赵荣潜、桑炳彦、朱泱等译，胡企林、朱泱校，商务印书馆，1991，第 449 页；J. E. Caines, *Some Leading Principles of Political Economy*, New York：Harper, 1874, p. 65。

② 孟大虎：《劳动力市场分割：理论演进及对就业问题的解释》，《天府新论》2005 年第 4 期。

③ 陈广汉、曾奕、李军：《劳动力市场分割理论的发展与辨析》，《经济理论与经济管理》2006 年第 2 期。

不稳定、职业社会地位低，收入偏低、福利待遇少甚至没有的部分被称为二级劳动力市场。员工的工资是由劳动力的供给需求决定的，教育对处在这一市场的劳动者而言缺少回报。[①] 一级部分和二级部分存在明显的差异，二者之间很难进行流通和转换。首先，一级劳动力市场的劳动者不愿意去二级劳动力市场就业。其次，由于一级劳动力市场需要的是掌握专业技能并经过一定培训的劳动力，所以二级劳动力市场中的劳动者很难达到一级劳动力市场的标准。除此之外，两个部分的劳动力市场结构和劳动力分配机制也存在明显的差异。在一级劳动力市场，市场力量很难在决定雇用的过程中发挥作用，以内部劳动力市场结构为主。二级劳动力市场则按照边际方法决定雇用量和劳动报酬，具有明显的竞争性。[②]

第二个派别是激进理论，激进理论继承了马克思主义的基本思想，指出劳动力市场的分割是垄断资本主义发展和阶级斗争发展的产物，劳动力市场的分割是在竞争阶段向资本主义垄断阶段转换过程中逐渐形成的，资本主义集团的增加加剧了劳动力市场分割的趋势。由于在竞争阶段时，资本主义要求劳动者同类化，这种压迫造成了无产阶级意识的觉醒，激化了无产阶级与资产阶级的矛盾。同时，垄断资本主义一方面为公司或者某一行业内部劳动力市场的工人提高工资待遇，以达成稳定工人的目的，另一方面却利用社会歧视来削弱工会的力量。基于上述表现，激进理论认为劳动力市场分割的一部分原因来自资本家有目的的引导。除此之外，该理论同样认为制度也在劳动力市场分割中起一定的作用。[③]

第三个派别是职位竞争理论，其开创者为莱斯特·C. 瑟罗（Lester C. Thurow）和罗伯特·卢卡斯（Robert Lucas）。受当时教育普及化与平等化的影响，低收入人群的收入水平有所提高，人们之间的收入差距缩小。在此背景下，瑟罗和卢卡斯提出了职业竞争理论。该理论认为由于雇佣者在雇用求职者时并不知道求职者会给他带来多少利益，因此在正式确立雇佣关系前，雇佣者会通过求职者培训潜力的大小来判定这个人的未

---

① 张昭时、钱雪亚：《劳动力市场分割理论：理论背景及其演化》，《重庆大学学报》（社会科学版）2009 年第 6 期。

② 肖颖：《劳动力市场分割理论的文献综述》，《商场现代化》2009 年第 11 期。

③ 程贯平：《劳动力市场分割文献述评》，《西华大学学报》（哲学社会科学版）2005 年第 3 期。

来表现。① 教育在这一过程中起到了筛选的作用，受教育程度高的求职者对培训的接受能力较高，与之相反的是，受教育程度低的求职者会在职前培训中耗费更多的财力和时间。此外，该理论还认为技术决定职位的数量和形式，社会性和制度性决定职位的工资高低，除此之外，职位的要求、晋升和培训等取决于公司自身的选择，与劳动力市场没有关系。

在高等教育领域，已经有不少学者运用劳动力市场分割理论对学术职业流动现象进行研究，证实了在学术劳动力市场中也存在劳动力市场分割的情况，并且可能不只存在二元劳动力市场分割，还可能包含规模较大的中间学术劳动力市场。② 因此，有必要以劳动力市场分割理论为视角，对高校教师的流动展开更深层次的研究。

通过对推拉理论、政府规制与市场设计理论、工作满意度理论、学术生命周期理论、"中心—外围"理论、劳动力市场分割理论六个理论的梳理，我们可以了解到，在高等教育层面，高校教师流动研究的理论基础非常丰富，可以从社会学、经济学、心理学等视角对其进行分析，因此在实际研究中，我们可以根据研究需要选择合适的理论视角。

## 第二节　研究方法

基于上述理论基础，选取比较研究法、简历分析法、统计分析法、GIS 空间分析法、社会网络分析法开展研究。

### 一　比较研究法

教育领域中的比较研究法属于一种思维性的方法，最早出现于公元前 4 世纪亚里士多德对 158 个城邦政制宪法的比较研究，经历了"旅游者的传说"、纪实研究、分析研究、综合系统比较研究四个发展阶段。按照比较对象所涉及的时空角度可以分为纵向比较法和横向比较法。其中纵向比较法又称历史比较法，是按照时间演变的顺序对一定的教育现象在各历史时期内发展演变的状况、过程、特征进行对比分析，从而归纳其本质特性和规律的研

---

① 赖德胜：《分割的劳动力市场理论评述》，《经济学动态》1996 年第 11 期。
② 刘进、沈红：《论学术劳动力市场分割》，《高等工程教育研究》2015 年第 4 期。

究方法。在教育科学研究中，对某个国家教育发展历史的演变过程、演变状况的研究，对某一教育领域（如高等教育、初中教育、学前教育等）或某一具体的教育问题（如人才流动问题、重点大学发展问题、学术治理制度问题等）发展历程做的对比分析和总结概括，都属于纵向比较研究。横向比较法是按照空间结构对同一时间并存而又密切联系的教育现象进行对比分析的方法。横向比较法是对一个横断面上不同研究对象的对比，这些研究对象通常在一个时间点具有不同的外在条件、不同的影响因素和不同的发展状况，在这种对比中揭示教育现象的本质规律。本书主要采用纵向比较法。

为分析美国和德国这两个国家在高等教育崛起过程中人才流动变迁与学术制度变革之间的关联机制，利用各种国内外数据库、电子期刊、历史档案广泛搜集这两个国家大学高层次人才流动变迁的资料。通过相关资料的分类整理、比较分析，找出共性要素，以揭示这两个国家高等教育崛起过程中学术制度变革影响人才流动变迁的历史逻辑。

## 二 简历分析法

简历分析法（Curriculum Vitae Analysis）广泛应用于职业发展、学术流动、科研合作、科研政策评估等领域。通常，简历记录了学者的各种职业经历，且在内容方面具有标准化的特点，其包含的求学机构及求学时间、国外教育经历、博士后经历、工作机构及时间等信息对研究与学者相关的议题具有重要价值[①]，这使得这一方法在近几年的学术人才研究中颇为流行。通过对学者简历中求学机构、博士后经历等信息的提取，可探讨高端人才的成长规律，如诺贝尔奖获得者的教育规律[②]、进入精英机构的大学教师具有何种受教育特征[③]、某一学科精英群体的成长共性[④]等。

---

① S. J. Dietz, I. Chompolov, B. Bozeman et al., "Using the Curriculum Vita to Study the Career Paths of Scientists and Engineers: An Exploratory Assessment," *Scientometrics*, 2000, 49 (3), pp. 419–442.

② 鲍雪莹、陈贡、刘木林：《基于履历信息的国际科技人才特征分析——以近十年诺贝尔物理、化学、生理或医学奖得主为例》，《现代情报》2014年第9期。

③ 李潇潇、左玥、沈文钦：《谁获得了精英大学的教职——基于北大、清华 2011—2017 年新任教师的履历分析》，《中国高教研究》2018年第2期。

④ 王双、赵筱媛、潘云涛等：《学术谱系视角下的科技人才成长研究——以图灵奖人工智能领域获奖者为例》，《情报学报》2018年第12期。

简历分析法在运用中主要分为两类：一是样本量大多在几百份的"小样本"简历分析法，这是传统简历分析常用的方法，多在个人所投递的招聘简历中获取完整的学者信息，主要适用于研究对象有限的杰出学者，如诺贝尔奖获得者；二是样本量多为上万份的"大样本"简历分析法，这一方法的兴起源于信息技术的普及化，个体信息可借助网络技术快速获取，故"大样本"简历分析法主要通过互联网抓取学者的简历信息。目前，"大样本"简历分析法被更多地运用于学者流动规律的研究中。本书所运用的便是"大样本"简历分析法，即对 1994～2018 年我国六类项目人才称号获得者的 12227 份简历信息进行结构化处理，其中院士（1994～2017 年）1697 人、"长江学者奖励计划"特聘教授（简称"长特"，1999～2018 年）2298 人、"国家杰出青年科学基金"获得者（简称"杰青"，1994～2018 年）3986 人、"青年长江学者"（简称"青长"，2016～2018 年）706 人、"青年拔尖人才支持计划"入选者（简称"青拔"，2013～2017 年共三批）742 人、"优秀青年科学基金"获得者（简称"优青"，2012～2018 年）2798 人。有 2693 人获得两项及以上项目人才称号，故实际有效简历份数为 9534 份。通过项目人才的官方网站、人才所在机构官网、个人主页等多种途径在线抓取学者的简历，并全面提取与流动变迁有关的信息，建立我国大学高层次人才流动变迁数据库，为研究我国大学高层次人才流动的变迁机制提供数据支撑。

"大样本"简历分析法在本书中的运用具体体现在三个方面。第一，依据对学术流动的界定进行数据挖掘和匹配，时间为 2019 年 5 月初至 9 月中旬约三个半月的时间。依据工作经历信息判断项目人才在入职后是否发生了流动，建立我国大学高层次人才流动变迁数据库。数据库包含性别、求学机构、博士后机构、工作单位、学科领域、流动次数、流动周期、流动时间等 75 个条目的结构化信息。第二，校对与筛选信息。由于项目人才的工作经历较为复杂，课题组在完成初步的数据抓取与匹配后，对数据进行了校对，持续时间为 2019 年 9 月中旬至 10 月中旬。校对方式为：课题组成员依据项目人才的六种类型分组将前一阶段的结构化信息逐条核对，成员核对完后交给课题组负责人逐一检查，之后再由课题组成员复查，以确保提取信息的准确性。

## 三　统计分析法

统计学在分析数据、探索数据规律性、研究现实问题中已形成许多各具特点的思想方法，统计分析法包括聚类分析、因子分析、相关分析、回归分析等。描述性统计是指对所收集的数据资料进行加工整理、综合概括，通过图示、列表和数字对资料进行分析和描述。回归分析是指通过回归模型描述变量之间相关关系或因果关系。[①]

本书同时运用描述性统计和回归分析展开研究。描述性统计主要用以分析我国大学高层次人才流动的变迁轨迹，借助数据、图表清晰呈现我国大学高层次人才在流动规模、流动率、流动频次、流动周期、流动高频时段等几个方面随年代的变化。回归分析主要用以对影响我国大学高层次人才流动变迁的因素进行研究。

## 四　GIS 空间分析法

空间分析法是通过数据的输入、分析和处理，实现数据可视化的一种研究方法。基于 GIS（Geographic Information Science，地理信息科学）的空间分析法旨在将数据的输入、分析和处理与地理分析功能相结合，通过准确认识、评价和综合理解空间位置揭示空间数据特性，以提高研究结果的直观性和精确性。[②]

这一方法在本书中的运用主要体现在两个方面：第一，通过地理位置图呈现我国大学高层次人才在区位上的变迁轨迹；第二，解释我国大学高层次人才在空间位置上的变化，将区位的变化与区域经济发展水平、科技创新程度、文化氛围、交通便利程度等区域性因素结合起来，以探讨市场性因素对我国大学高层次人才流动的影响在不同的制度演变阶段发生了何种变化，从而为研究大学高层次人才流动变迁机制提供证据支持。

---

① 何晓群编《现代统计分析方法与应用》（第 4 版），中国人民大学出版社，2016，第 4 页。
② 刘欣惠：《基于 GIS 空间分析法的装配式建筑 PC 构件生产基地选址研究》，西安建筑科技大学，硕士学位论文，2019。

## 五　社会网络分析法

社会网络分析法（Social Network Analysis）既是一种研究范式，也是一种理论思维。社会网络分析法是社会结构研究中应用最为广泛的研究范式。在 20 世纪 50 年代，德国社会学家格奥尔格·齐美尔（Georg Sim-mel）首先提出了个体与群体之间关系的双重性，即当个体进入群体后会与群体建立一种关系结构，这便是社会网络关系。[①] 在齐美尔的社会网络思想中，个体在网络中的位置不仅与当前的网络结构有关，还受制于其他网络。随后罗纳德·L. 布雷格（Ronald L. Breiger）试图把齐美尔的思想量化，哈里森·怀特（Harrison White）又在此基础上开始了一系列关于经济领域的社会网络研究，但这一研究范式很难被当时的学界认可，内部对话的匮乏使得社会网络分析法在 20 世纪 70 年代逐渐脱离主流研究而被边缘化。这种局面直到 20 世纪 80 年代中期马克·格兰诺维特（Mark Granovetter）提出"内嵌性理论"才被打破。在怀特思想的基础上，格兰诺维特提出"内嵌性"这一概念，其所强调的是社会网络结构对人们行为的制约作用。这意味着，从内嵌性理论的角度而言，关系网络的不同结构及所处网络中的位置决定个体的行为、态度与感知。[②] 到 20 世纪 90 年代初期，罗纳德·S. 伯特（Ronald S. Burt）又提出了"结构洞理论"，所谓"结构洞"是指当处于网络中的个体没有重复的信息源时，是最有效的网络结构。与此同时，伯特对社会网络分析的另一大贡献在于引入社会资本的概念，他甚至将社会网络解读为一种社会资本，个体进入某一网络便意味着资本的投资并要求回报，那么网络应具备三个功能：网络之中和网络之外的个体所获得的信息存在差异，传递信息的时间、内容的丰富性均与网络结构有关，网络中的个体可以相互扶持。[③] 因此，与传统结构社会学相比，社会网络分析所试图揭示的并非

---

① 周雪光：《组织社会学十讲》，社会科学文献出版社，2003，第 114 页。

② M. Granovetter, "Economic Action and Social Structure：The Problem of Embeddedness," *American Journal of Sociology*, 1985, 91, pp. 481 –510.

③ 〔美〕罗纳德·S. 伯特：《结构洞：竞争的社会结构》，任敏、李璐、林虹译，格致出版社，2017，第 86 ~95 页。

简单的社会分层而是通过对个体之间关系强度、性质等的关注来探究内嵌于其中的复杂权力等级结构。

　　为清楚地描述网络中的关系，社会网络学者将图和矩阵作为分析工具。可视化图形可以直观地展现网络中个体之间的联系，但当行动者或关系较多时，图的直观效果便会降低，这时就需要矩阵。最常用的矩阵是二维方阵，又分为有向和无向两种。借助图和矩阵这两种工具，社会网络学者开发了许多指标用以描绘网络的特征。其一，密度（density）是用以反映网络中个体关系亲属程度的指标，指的是一个网络图中实际拥有的连线数与最多能拥有的连线数的比值。有向图的密度计算公式为 $L/N(N-1)$，$L$ 表示实际拥有的连线数，$N$ 表示网络中的行动者数量，取值在 $0 \sim 1$，取值大小与网络规模有关。[①] 其二，中心度（centrality）是用以反映个体在网络中所处位置的指标，可分为度数中心度（degree centrality）、中间中心度（between centrality）和接近中心度（closeness centrality），分别从不同的角度和意义测量个体的位置。比较常用的是度数中心度，对于有向图来说，每个点都有一个点入中心度（in-centrality）和点出中心度（out-centrality），前者指能够接收的关系程度，后者指能够在多大程度上与他人交换关系。一般认为，点出中心度高的行动者居于中心位置。[②] 由此可见，社会网络理论中的许多概念与命题具有较强的可操作性，这成为该理论被广泛运用的关键。

　　随着社会网络理论应用领域的不断拓展，分析单位也逐渐由个体扩展至组织，本书便以组织为分析单位，考察的是大学高层次人才流动变迁过程中高校之间所构成的社会网络有何变化，为流动变迁轨迹研究提供支持。图 2-1 是我国大学高层次人才在全球的流动网络，箭头指向或背离的数量代表大学高层次人才在某机构流入或流出的次数。由图 2-1 可见，社会网络分析可以清晰呈现人才的流动所形成的关联以及关联强度。

---

① 〔美〕约翰·斯科特、彼得·J.卡林顿主编《社会网络分析手册》（下册），刘军、刘辉译，重庆大学出版社，2018，第474页。

② 〔美〕约翰·斯科特、彼得·J.卡林顿主编《社会网络分析手册》（下册），刘军、刘辉译，重庆大学出版社，2018，第501页。

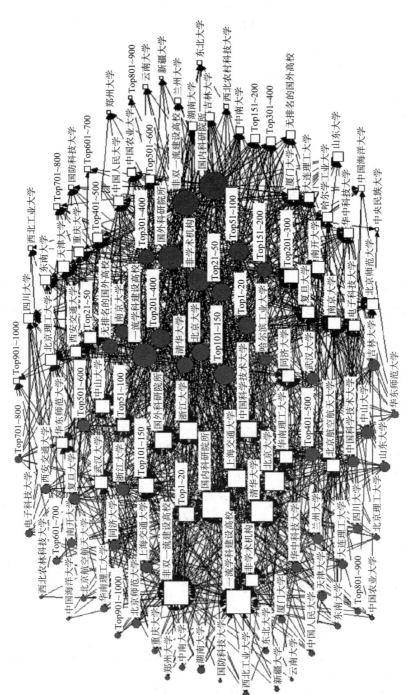

图 2-1 我国大学高层次人才在全球的流动网络

## 第三节　研究对象

知识经济时代是一个竞争人才的时代，对人才的角逐几乎成为现代世界的国家及其社会组织的共同行动。在我国，国家将招纳全球范围内的优秀人才上升为国家战略，人才竞争也因此具有了国家意义。为推进科教兴国战略和人才强国战略，作为国家代表的中央政府于 20 世纪 90 年代初开始推行学术人才政策。

1994 年由国家自然科学基金委员会出台的"国家杰出青年科学基金"政策实施，以促进青年科学和技术人才的成长，吸引一大批世界科技前沿的优秀跨世纪年轻学术带头人为主要目的。1998 年教育部又出台"长江学者奖励计划"，该计划的政策目标是为落实科教兴国战略，延揽海内外中青年学界精英，培养造就高水平学科带头人，带动国家重点建设学科赶超、保持国际先进水平。这两项人才政策的出台使高层次科技人才成为一种具有国家意义的存在。

随着人才强国战略的跟进，中央政府继续架构更为完善的高层次人才制度安排。2004 年教育部出台"新世纪优秀人才支持计划"，该计划由"高校青年教师奖"（1999）、"跨世纪优秀人才培养计划"（1997 ~ 2001）、"优秀青年教师资助计划"（1987）和"高等学校骨干教师资助计划"（2000）四个人才计划集合而成，主要着眼于培养一大批学术基础扎实、具有突出的创新能力和发展潜力的优秀学术带头人，支持他们开展创新性研究工作，为培养他们成为优秀学科带头人搭台阶、创条件。2006 年教育部出台"高等学校学科创新引智计划"，该计划以国家重点学科为基础，希望从世界 Top100 的著名高校及研究机构中引进 1000 余名优秀人才，建设 100 个左右世界一流的学科创新引智基地，以助力我国世界一流大学建设。2012 年国家自然科学基金委员会颁布"优秀青年科学基金"资助计划，作为国家杰出青年科学基金的铺垫性科技支撑基金，与国家杰出青年科学基金之间形成有效衔接，以促进创新型青年人才的快速成长，主要支持正处于学术生命周期早期并取得一定科研成就的青年科技人才开展基础研究。2015 年教育部出台了"长江学者青年项目"，旨在遴选一批在学术上崭露头角、创新能力强、发展潜力大、恪守学术道德和教师职业道德的优秀青年学术带头人。这些人才计划与上述两项人才政策共同构成了一套层次分明、上下衔接的人才政策体系，并在常规学术人员的基础上规划出一个高层次人才群体。表2-1对我国人才政策做了初步梳理。

表2-1　我国人才政策梳理

| 项目名称 | 出台时间 | 主管部门 | 政策目标 |
|---|---|---|---|
| 国家杰出青年科学基金 | 1994年 | 国家自然科学基金委员会 | 具有较大学术潜力的海外青年学者 |
| 院士（由学部委员更名） | 1994年 | 中国科学院、中国工程院 | 作出创造性成就和重大贡献的国内学者 |
| 新世纪优秀人才支持计划 | 2004年 | 教育部 | 扶持高校优秀青年学术带头人 |
| 长江学者奖励计划 | 1998年 | 教育部 | 为落实科教兴国战略，延揽海内外中青年学界精英，培养造就高水平学科带头人，带动国家重点建设学科赶超或保持国际先进水平 |
| 高等学校学科创新引智计划 | 2006年 | 教育部 | 从世界范围排名前100的著名大学及研究机构的优势学科队伍中引进优秀人才 |
| 优秀青年科学基金 | 2012年 | 国家自然科学基金委员会 | 加强创新型青年人才的培养 |
| 长江学者青年项目 | 2015年 | 教育部 | 遴选优秀青年学术带头人 |

在近30年的发展历程中，这些人才政策所塑造的体制化项目人才是我国大学高层次人才的权威代表。本书以院士、"长江学者奖励计划"特聘教授、"国家杰出青年科学基金"获得者、"青年长江学者"、"青年拔尖人才支持计划"入选者和"优秀青年科学基金"获得者六类项目人才为具体的研究对象。1994~2018年我国六类项目人才称号获得者共计12227人，其中院士（1994~2017年）1697人、"长江学者奖励计划"特聘教授（简称"长特"，1999~2018年）2298人、"国家杰出青年科学基金"获得者（简称"杰青"，1994~2018年）3986人、"青年长江学者"（简称"青长"，2016~2018年）706人、"青年拔尖人才支持计划"入选者（简称"青拔"，2013~2017年共三批）742人、"优秀青年科学基金"获得者（简称"优青"，2012~2018年）2798人。有2693

人获得两项及以上项目人才称号，故实际有效人数为9534人。这六类项目人才的出生年份在1911~1987年，职业生涯涵盖了自新中国成立以来70多年的发展历程，其所反映的流动变化信息时间跨度足够长，能够支持本书做长时段的趋势观测与数据分析。

本书首先提取了六类项目人才的性别、出生年份、工作单位、学科领域等基本信息，进而基于对大学高层次人才流动的定义进一步提取流动时间、机构变化、流动次数、流动地域变化等信息，获得入职后有流动经历的样本3520份。由此可知，我国大学高层次人才工作期间的平均流动率为36.92%，各类项目人才的平均流动率依次为院士50.68%、"长特"50.13%、"杰青"40.34%、"青长"21.67%、"青拔"16.04%、"优青"19.62%，详见表2-2。在3520份入职后有流动经历的样本中，能够获知流动年份的样本量为3134份[①]，为了保证数据结构的完整性，对无法获知流动年份的386份简历用学者刘进、沈红的流动时间推测公式[②]进行预测，这与对数据的校对同时进行。推测公式为 $p = [(2018 - y_1) - (2018 - y_2)] / N$，其中 $p$ 为某类项目人才的平均流动率，$N$ 为流动次数（在公式中取定值1，对项目人才流动次数的统计分析也显示绝大多数项目人才流动次数集中于1次，详见表2-3），$y_2$ 为流动年份，$y_1$ 为首次入职年份。因此，当知道了项目人才的首次入职年份后，便可推测出其流动年份。运用此公式共推测出102份样本的流动年份。由此，共获得3236份样本的流动年份，占入职后有流动经历样本的91.93%，这构成分析1949~2018年我国大学高层次人才流动特征变迁的数据来源。

表 2-2 数据基本情况

单位：人，%

|  | 院士 | "长特" | "杰青" | "青长" | "青拔" | "优青" | 总样本 | 交叠样本 | 实际样本 |
|---|---|---|---|---|---|---|---|---|---|
| 总人数 | 1697 | 2298 | 3986 | 706 | 742 | 2798 | 12227 | 2693 | 9534 |
| 有流动经历 | 860 | 1152 | 1608 | 153 | 119 | 549 | 4441 | 921 | 3520 |

① 各类项目人才中有流动经历的样本为4441份，减去交叠样本为3520份，获知流动年份的样本3999份，减去交叠样本为3134份。

② 刘进、沈红：《中国研究型大学教师流动：频率、路径与类型》，《复旦教育论坛》2014年第1期。

续表

| | 院士 | "长特" | "杰青" | "青长" | "青拔" | "优青" | 总样本 | 交叠样本 | 实际样本 |
|---|---|---|---|---|---|---|---|---|---|
| 获知流动年份 | 712＋17 | 1050＋33 | 1514＋10 | 123＋13 | 101＋2 | 499＋27 | 3999＋102 | 865 | 3236 |
| 流动率 $p$ | 50.68 | 50.13 | 40.34 | 21.67 | 16.04 | 19.62 | — | — | 36.92 |

注：" ＋ "前面数字为确知流动年份的样本量，" ＋ "后面数字为推测出流动年份的样本量。

### 表2－3 六类项目人才流动次数具体分布

| 项目人才 | 1次 人数（人） | 1次 比例（%） | 2次 人数（人） | 2次 比例（%） | 3次 人数（人） | 3次 比例（%） | 4次 人数（人） | 4次 比例（%） |
|---|---|---|---|---|---|---|---|---|
| 院士 | 416 | 48.37 | 226 | 26.28 | 123 | 14.30 | 45 | 5.23 |
| "长特" | 630 | 54.69 | 306 | 26.56 | 137 | 11.89 | 52 | 4.51 |
| "杰青" | 1001 | 62.25 | 386 | 24.00 | 152 | 9.45 | 60 | 3.73 |
| "青长" | 119 | 77.78 | 27 | 17.65 | 4 | 2.61 | 2 | 1.31 |
| "青拔" | 102 | 85.71 | 15 | 12.61 | 1 | 0.84 | 1 | 0.84 |
| "优青" | 439 | 79.96 | 97 | 17.67 | 11 | 2.00 | 2 | 0.36 |

| 项目人才 | 5次 人数（人） | 5次 比例（%） | 6次 人数（人） | 6次 比例（%） | 7次 人数（人） | 7次 比例（%） | 8次 人数（人） | 8次 比例（%） |
|---|---|---|---|---|---|---|---|---|
| 院士 | 32 | 3.72 | 15 | 1.74 | 2 | 0.23 | 1 | 0.12 |
| "长特" | 20 | 1.74 | 5 | 0.44 | 2 | 0.17 | | |
| "杰青" | 9 | 0.56 | | | | | | |
| "青长" | 1 | 0.65 | | | | | | |
| "青拔" | | | | | | | | |
| "优青" | | | | | | | | |

# 第三章

## 德国与美国高等教育崛起背景下大学高层次人才流动变迁

日本科学史家汤浅光朝依据各个国家对科学成果的贡献量提出"科学中心"的概念,指出当一国科学成果的数量达到 25% 以上时,则代表该国处于世界科学的中心。依据这一量化指标,他发现从 16 世纪开始,世界科学中心先后经历了从意大利到英国,再到法国,然后到德国,最后到美国的游移。[①] 尽管在早期,尤其是 16 世纪至 18 世纪,科学并不完全仰赖于高等院校的支持而更多存在于科学院、皇家学会等机构之中,但教育中心与科学中心之间依旧存在天然的关联——一个国家只有先成为教育中心而后才能成为科学中心,科学中心往往是在教育高峰期到来的。[②] 教育不仅培养了科学家,还培养了科学精神——自由的精神、探索的精神、怀疑的精神、实证的精神。或许也正是这种天然的关联,当科学逐渐成为一项"昂贵"的事业时,大学也慢慢成为科学的主要生长地。19 世纪以后的科学与大学之间就形成了一种相伴相生、相互成就的关系。

在高等教育发展史中,世界高等教育的中心先后经历了从德国向美国的转移。19 世纪的德国高等教育迅速崛起,学者从全球各地纷纷涌向德国,或因在那里学习先进的知识而骄傲,或以在那里谋得一个职位作为发展的最高目标。20 世纪之后美国高等教育的大发展使其成为全球学者慕名的对象,于是全球学者的流动路径发生变化,流动的目的地由德国转向北

---

① M. Yuasa, "Center of Scientific Activity: Its Shift from the 16th to 20th Century," *Japanese Studies in the History of Science*, 1962 (1), pp. 57 – 75.

② 姜国钧:《论教育中心转移与科技中心转移的关系》,《外国教育研究》1999 年第 4 期。

美大陆，这也包括曾经的世界高等教育中心德国的大批学者。德国高等教育在兴起近一个世纪后，其中心地位被美国取代，而美国的世界高等教育中心地位在经历了近一个世纪后却仍然风头正劲、不可撼动。2010 年，一项关于生态与环境科学家的分析显示，美国大学网罗了 65% 的该领域精英，而欧洲地区的大学仅竞争到 28% 的生态与环境科学家，该领域剩余的7% 的学术精英由亚洲等其他地区的大学占有。① 除了生态学科外，美国大学也成功吸纳了其他领域的绝大部分高层次人才，成为全球科学家聚集的主要场所。② 在美国成为吸引世界高层次人才磁场的同时，其大学之间的抢人大战也同样激烈。例如，威斯康星大学麦迪逊分校由于所处的州并不发达，教师的薪资水平整体较低因而成为其他大学抢挖顶尖人才的对象，哈佛大学、哥伦比亚大学、斯坦福大学、耶鲁大学等一流的私立大学通常会开出远高于威斯康星大学麦迪逊分校的薪水，以致大量高级学者纷纷从该学校离职。据统计，威斯康星大学麦迪逊分校在 2007～2016 年共有 213名拥有终身教职的学者被挖走，以致某些学科面临瓦解的困境。③ 在德国，联邦政府也先后制定了针对本国的顶尖人才吸引策略，其中最具代表性的是 "精英倡议计划" 和 "精英战略"。这两项策略共预计投入 10 亿多欧元在德国大学增设 1300 个终身教授职位，助力德国大学吸引 "最聪明的头脑" "跻身全球顶尖研究的第一梯队"④，以成为 "人才回流的赢家"⑤。与此同时，联邦政府还改革了僵化的聘任制度和薪酬制度以推动国内大学之间的人才流动与竞争，如试图通过引入青年教授制度（Juniorprofessur），为 W1 级的青年教授提供获得 W2 级和 W3 级教授工资等级的设计以激发优秀青年学者的活力。可以说，美国与德国作为先后的世界高等教育中

① John N. Parker, Christopher Lortie, Stefano Allesina, "Characterizing a Scientific Elite: The Social Characteristics of the Most Highly Cited Scientists in Environmental," *Scientometrics*, 2010, 85 (5), pp. 129 – 143.

② Chiara Franzoni, Giuseppe Scellato, Paula Stephan, "Foreign Born Scientists: Mobility Patterns for Sixteen Countries," *Nature Biotechnology*, 2012, 30 (12).

③ Information for Staff and Faculty of University of Wisconsin-Madison Career Services Council, https://careers. wisc. edu/staff-faculty.

④ Bundesministerium für Bildung und Forschung (BMBF), "Gesamtpaket für die Hochschulen Beschlossen," https://www. bmbf. de/de/gesamtpaket-fuer-die-hochschulen-beschlossen – 3017. html.

⑤ Ulrich Teichler, Alessandro Cavalli, "The Diverse Patterns and the Diverse Causes of Migration and Mobility in Science," *European Review*, 2015, 23 (1), pp. 112 – 126.

心，在高等教育崛起过程中的制度设计不同，从而形成了不同的高等教育权力结构，也带来两国高层次人才不同的流动特征。

# 第一节　德国高等教育崛起背景下的大学高层次人才流动变迁与制度变革

## 一　国家对大学高层次人才流动的影响

米歇尔·福柯（Michel Foucault）认为，资本主义崛起和现代国家发展是人类近代历史上最为重要的两个事件。大约在 16、17 世纪之交，公共治理已越来越多地具有"政治含义"，成为一项与"国家"相关的议题。①近代国家理论的鼻祖托马斯·霍布斯（Thomas Hobbes）指出，国家的本质就在于实现人类共同体的和平与安全。在霍布斯看来，正是通过订立社会契约，人们以同意的方式让渡出全部权利给主权者，因此这个主权者实际上是"一大群人相互订立信约、每人都对它的行为授权，以便使它能按其认为有利于大家的和平与共同防卫的方式运用全体的力量和手段的一个人格"②。在德国，几乎所有的大学和学院都置于国家管辖之下，国家在对学者任命的理性化改造中进入了大学高层次人才竞争的中心。

### （一）国家以理性化使者的姿态取代教会对大学的控制，学者任命是国家对大学理性化改造的重点

大约从中世纪的波隆那大学和巴黎大学开始，高等学校便一直面临被国家和教会控制的一系列问题。那时欧洲的各地区（包括法国、伊比利亚半岛、不列颠群岛、罗马、波兰、北欧、意大利等）都呈现出这样的情景：随着近代早期社会的发展，以及政府控制的增多、地方意识的强化和越来越依靠成文的程序，国王、地方统治者和教会都试图在对大学的管理中树立自己的权威。③德国大学在中世纪创立伊始首先受到教会的影响，

① 〔法〕米歇尔·福柯：《安全、领土与人口》，钱翰、陈晓径译，上海人民出版社，2010，第105 页。
② 〔英〕霍布斯：《利维坦》，黎思复、黎廷弼译，杨昌裕校，商务印书馆，1985，第 132 页。
③ 〔瑞士〕瓦尔特·吕埃格：《欧洲大学史》（第 2 卷），贺国庆、王保星、屈书杰等译，河北大学出版社，2008，第 162 页。

但在历史演进的过程中鉴于由教会控制下的大学时时上演"合法性危机",受启蒙的德国政府开始主张对大学的控制权。14 世纪末期,除了文艺复兴、宗教改革外,西方最重要的政治现象就是民族国家的日益崛起并逐渐取得压倒教会势力的力量。从巴洛克到浪漫主义时代,民族国家力量的强大使其日渐成为占据统治地位的机构,于是国家开始以一种理性化使者的姿态管理大学,学者任命便是国家对大学理性化改造的重点之一。"最初,国家只是给予大学资助和一些特权,后者的内部事务、教学和考试都由大学法人社团独立安排和管理。从城邦时代到启蒙时代,随着国家、社会二元化,近代国家观念逐渐形成并确立。15 世纪开始,政府当局开始主张对大学的管理权力。他们很快便懂得如何在法人社团坚持自治地位、持反对态度的情况下,使自己的条规和改革措施对后者产生影响。"①

**(二) 国家借助"贤能治理"制度取得影响大学发展的合法性,并熟练地通过提供高薪、授予教席等手段控制大学高级学者的任命**

在浪漫主义时代,许多德国政府官员都试图在学者任命活动中扮演积极角色。为将学者任命事务纳入理性化治理的轨道,国家引入了"贤能治理"制度,通过对成就、声誉、名望、掌声等元素的吸纳制定出一套具有浪漫主义色彩的标准来判定学者的学术能力,以实现对教会控制下学者任命世袭制的取代。② 相比 17 世纪的政府,18 世纪的政府表现出更多的威权主义倾向。教授的"贤能治理"制度推翻了传统大学"任人唯亲"式的聘任方式,这构成现代研究型大学的根基。在此基础上,国家随即要求大学应当考虑聘请那些"公认声誉卓著的"学者,并熟练地通过提供高薪、授予教席、给予职位等手段控制了大学高级学者的任命事务。③ 18 世纪早期,普鲁士的腓特烈·威廉一世更是直言,"将来当教授职位空缺时,你们要推荐给我们的须是那些已经在其他大学取得名誉和声望的人,并且愿意促

① 〔德〕弗里德里希·包尔生:《德国大学与大学学习》,张弛、郄海霞、耿益群译,人民教育出版社,2009,第 72 页。

② H. D. Ridder-Symoens, *A History of the University in Europe*, Volume Ⅱ, *University in Early Modern Europe* (1500-1800), Combridge University Press, 1996, p. 252.

③ William Clark, *Academic Charisma and the Origins of the Research University*, Chicago: University of Chicago Press, 2006, p. 244.

进我们大学的繁荣和发展；你们要忽视那些血缘关系、婚姻和类似的问题"①。18 世纪中后期，拥有天主教背景的政府官员在监管英戈尔施塔特应用技术大学和美因茨大学时，也要求大学应当考虑聘请那些"公认声誉卓著的"学者，应当通过高薪吸引具有卡里斯马权威的学者。② 也就是说，在学者任命和晋升的过程中实行"贤能治理"制度并不是一个起源于学术界的观念，而是一个由德国政府强加给大学的新观念。在德国政府对大学管理的诸多计划中，都涉及招揽校外的杰出人才这一事务。1760 年，在德国，由政府决定学术职位的任命和晋升在许多大学中已成为具有合法性的事情。甚至早在 18 世纪以前，政府就已通过公开的标准考评申请者的素质，干预大学重要职位的任命，以确保只考虑那些合意的人选。③ 其中一个著名的例子便是德国政府对康德的挽留。1764 年康德担任哥尼斯堡大学的讲师，1769 年爱尔兰根大学想聘请已经蜚声海内外的哲学大师康德为教授，为了能留住康德，德国政府立马聘请康德为教授，因为 1770 年数学教席出缺，柏林政府让逻辑和形而上学教授柏克转任数学教席，这样康德就可以得到逻辑和形而上学教席，最终将康德留在了哥尼斯堡大学。在"年轻"的大学中，如马伯格大学，政府通过提供资助保障这些学校的教授薪水比更有声望的、年久的大学高。在哥廷根，政府已经可以非常熟练地运用高薪酬来吸引其渴望得到的学者，如闵希豪生利用选帝侯的政治影响获取那些获准不再为其统治者服务的教授，他偿付搬迁费用、安排教授们的住房，并在哥廷根提供几乎无法令人拒绝的职位，整个聘任过程他全程参与监督。④ 德国的做法也影响到了当时欧洲的其他国家。虽然意大利政府想要应对财政危机，但是当局还是愿意花费高薪为意大利的大学招揽 1~2 位著名的教师，而其他教师的工资却只能勉强维持温饱。在意大利的帕维亚大学，30%~50% 的教师收入不超过 50 菲儿瑞尼（相当于一名熟练工人的工

① 〔瑞士〕瓦尔特·吕埃格：《欧洲大学史》（第 2 卷），贺国庆、王保星、屈书杰等译，河北大学出版社，2008，第 243 页。

② William Clark, *Academic Charisma and the Origins of the Research University*, Chicago: University of Chicago Press, 2006, p. 244.

③ 〔瑞士〕瓦尔特·吕埃格：《欧洲大学史》（第 2 卷），贺国庆、王保星、屈书杰等译，河北大学出版社，2008，第 238 页。

④ 〔瑞士〕瓦尔特·吕埃格：《欧洲大学史》（第 2 卷），贺国庆、王保星、屈书杰等译，河北大学出版社，2008，第 246 页。

资水平），但有 5% 的教师工资为 600~2000 菲儿瑞尼。这种工资的显著差异在德国表现得更甚，一位著名学者的薪酬能够达到普通教师的 30 倍。[1] 为了吸引到著名学者，有的德国大学甚至还会向政府申请授予教授议政官的头衔（一个受社会尊敬的官方头衔，但这并不意味着他们就真正成为议员了）。[2] 1787 年专门负责学者任命的国家机构，最高学校理事会的建立，标志着国家权力控制大学学者任命与竞争事务的制度化。可以说，到 18 世纪中期，德语地区的学者任命权基本上处在国家的掌控之中。经过国家的努力，德国的教授从学术王国的成员变成了国家的学者，独立的教师变成了公职人员，收取学费的教师变成了领取薪水的教师。政府推行的这种"贤能治理"制度颠覆了传统的学术任命中的世袭制，这种对宫廷式、社团式，尤其是家族式、亲属式的学者任命方式的抛弃直接推动了当时德国高等教育的发展，也为日后德国高等教育的崛起奠定了制度根基。威廉·克拉克（William Clark）在描述德国大学的起源时便指出，进入现代早期，由于受到现代国家的理性化立法机制的影响，大学开始发生变化，纷纷采纳国家的科层体制，以应对国家的经济及政治需求，理性化的大学管理架构因此得以形成。

### （三）国家的理性塑造使得一流学者在 19 世纪聚集德国大学，并形成了一套等级化的优秀学者流动路径

19 世纪初，德国自由主义者接受启蒙思想，开始信奉古典自由主义国家保护安全的信条，要求取缔全能的警察国家，淡化绝对统治色彩，实行某种程度的宪政。但是随着法国革命的推进，德国自由主义者开始怀疑现代国家起源的古典理论——"社会契约论"，一种更为保守的"历史有机国家"理论逐渐占据了主流地位。也就是说，德国自由主义者对"社会契约论"的质疑催生了"历史有机国家"理论的兴起。根据"历史有机国家"理论，国家应该是从历史进程中产生的超个人的机构，而不是目的理性的创造物。它不是社会契约和人民主权的合法性需求，而是包括了统治者和被统治者在内的有生命力的有机体。在这个有机体中，国家和社会、

---

① 〔瑞士〕瓦尔特·吕埃格：《欧洲大学史》（第 2 卷），贺国庆、王保星、屈书杰等译，河北大学出版社，2008，第 251 页。

② 〔瑞士〕瓦尔特·吕埃格：《欧洲大学史》（第 2 卷），贺国庆、王保星、屈书杰等译，河北大学出版社，2008，第 254 页。

权利和责任达成和谐。①"历史有机国家"理论的兴起将国家对大学的控制推向巅峰，似乎国家管理大学的合法性已经无须证明，它本质上就是一种理所当然的存在。于是，19 世纪 70 年代，在德意志大学里发生了一场教授聘任上的变革，国家开始通过强制性的"非走不升"制度设计促使学者流动。归并普鲁士以前，那些非普鲁士大学的教授通常是在同一所大学里"终其一生"的，这使得"近亲繁殖"现象极为普遍。于是联邦政府在大学的人员聘任中确立了"成就评价原则"与"人才流动原则"，这两项原则直接推动了学者流动，并最后发展到这种程度：任何大学的毕业生都不能直接留校任教；任何教师的升职等，都必须换一所大学才能进行。这种防止"近亲繁殖"的现代化措施以及与成就直接挂钩的招聘原则，带来了大学之间的一种公开竞争局势。除此之外，自 1871 年以来，普鲁士文化教育部将发展的重点置于大学的人文社会科学上，其重中之重是位于首都的柏林大学。因此，国家最为关心的是使柏林大学获得人文社会科学方面最为优秀的人才，并为了这一目标而努力。这一时期的德国形成了一种相对格式化、等级化的人文社会科学教授流动体制，其也是为这一目标服务的。这一时期的德国大学出现了四个等级，从低到高依次为"入门型大学""一般上升型大学""著名上升型大学""终点型大学"。格莱福斯瓦尔德大学、基尔大学等属于"入门型大学"，这些大学作为进入普鲁士大学的"入口"往往很难从普鲁士的其他大学中招聘到人文社会科学教授，故他们多从非普鲁士大学中招聘人文社会科学教授。"入门型大学"又是普鲁士"一般上升型大学"人文社会科学人才的"传递人"，这些学校的优秀学者往往很容易被哥尼斯堡大学、布雷斯劳大学和马尔堡大学等"一般上升型大学"所吸引。类似地，这些"一般上升型大学"又维持了向波恩大学等"著名上升型大学"输送人文社会科学人才的"传递人"功能。例如，布雷斯劳大学的许多优秀学者被哈勒大学、波恩大学招聘而去；马尔堡大学的许多优秀的人文社会科学家去往哥廷根大学工作，尤其是这所学校的历史学家，都将去往哥廷根大学的"历史学研究中心"作为职业奋斗的终极目标。以哥廷根大学、哈勒大学等为代表的"著名上升型大学"

---

① 徐健：《19 世纪初德国的自由主义国家理论及其实践》，《北京大学学报》（哲学社会科学版）2007 年第 2 期。

又构成了柏林大学人文社会科学人才的"传递人",尤其是哥廷根大学,它的人文社会科学教授除与柏林大学有较为密切的人才交流关系外便只与作为帝国大学的斯特拉斯堡大学有较为密切的人才交流关系,彼此间形成了人才交流网络。据统计,1880~1914年,哥廷根大学的大批卓越人文社会科学教授都如愿以偿地到柏林大学任教,而他们空出的教授岗位很快就被来自哈勒大学、基尔大学和马尔堡大学的学者所占据。柏林大学作为人文社会科学领域中的"终点型大学",是人文社会科学领域最耀眼的明珠,也是最为优秀的人文社会科学学者向上流动的终点。对于一位德意志人文社会科学家来说,凡能从柏林大学获得一项教职上的聘任都被视为职业生涯的巅峰。

### (四) 国家威权主义重塑德国在当代全球大学高层次人才竞争中的魅力

通过对德国国家进驻大学高层次人才聘任事务的历史路径梳理,我们便可以强烈地感知到,随着德国民族国家的不断强盛,国家对大学高层次人才竞争的影响与渗透也不断深入,国家在一种话语霸权中进入高级学者控制的中心,从而塑造出国家威权主义而非服务主义的主基调。在当代,国家在德国大学高层次人才竞争中依然占据绝对的中心地位。当大量高层次人才流入美国,不断推动美国科学的进步与大学的发展时,欧洲大陆开始采取行动。里斯本宣言计划在2010年建立欧洲研究区,期望从世界各地吸引顶尖人才到欧洲。德国作为建立欧洲研究区的重要推动国,不仅致力于重塑欧洲共同体在全球顶尖人才竞争中的魅力,还先后制定了针对本国的顶尖人才吸引策略,其中最具代表性的是"精英倡议计划"和"精英战略"。这两项策略共预计投入10亿多欧元在德国大学增设1300个终身教授职位,助力德国大学吸引"最聪明的头脑""跻身全球顶尖研究的第一梯队"。[1] 通过打造大学尖端科研,促进大学中具有国际卓越水准的科研领域的可持续发展,力争在国际科研竞争中稳居尖端行列,通过竞争学术精英以成为"人才回流的赢家"。[2]

---

[1] Bundesministerium für Bildung und Forschung (BMBF), "Gesamtpaket für die Hochschulen Beschlossen," https://www. bmbf. de/de/gesamtpaket-fuer-die-hochschulen-beschlossen - 3017. html.

[2] Ulrich Teichler, Alessandro Cavalli, "The Diverse Patterns and the Diverse Causes of Migration and Mobility in Science," *European Review*, 2015, 23 (1), pp. 112 - 126.

1. "精英倡议计划"为各个层面的高端人才提供了广阔的发展空间

"精英倡议计划"包括三条资助主线：面向博士生培养的"研究生院"项目，旨在促进合作、整合资源的"精英集群"项目以及打造精英大学、促进大学科研特色形成的"未来构想"项目。其中，后两条资助主线均与学术精英的竞争有直接关联。根据精英战略协议，将组建一个专家评委会（Expertengremium）和一个精英委员会（Exzellenzkommission）以负责申请报告的评审和遴选。"精英集群"的评审标准包括研究的卓越性、参与科学家的突出性、支撑结构和战略结构四个方面，其中参与科学家的突出性的具体要求是参与项目的科学家的卓越性、国际竞争性和研究团队构成的多样性。精英大学的申请方案的具体要求有两方面，战略性的、与机构相关的完整构想和发展构想的关联性与质量，包括提升学术的国际尖端地位、显示度和国际网络，进一步发展研究重点及其他附加成绩领域，以研究为导向的教学、研究基础设施和转化，促进科研后备人才及其独立性，保持创新力和持续的机构革新能力，通过可能的共同聘任和人才获取战略吸引全球领先科学家，促进人才发展等。根据德国科研信息与质量控制研究所（iFQ）和科学委员会提供的数据，"精英倡议计划"的三条资助主线总计新增教授职位 300 个，其中青年教授职位比例达 1/3（精英集群）到 1/2（未来构想）。到 2009 年 2 月，"精英倡议计划"新增科研人员的统计数据显示，研究生院项目新增教授 34 人，自国外招收比例为 11.8%，其中青年教授 16 人，自国外招收比例为 25%；精英集群项目新增教授 147 人，自国外招收比例为 28.6%，其中青年教授 55 人，自国外招收比例为 38.2%；未来构想项目新增教授 145 人，自国外招收比例为 27.8%，其中青年教授 28 人，自国外招收比例为 48.1%。受到"精英倡议计划"资助的大学为研究人员提供了极具吸引力的条件，从而在全球范围内吸引了诸多高端人才的加盟。也正是在这一计划的助力下，2009～2013 年洪堡基金会（AvH）、德意志学术交流中心（DAAD）、欧洲科学研究委员会（ERC，主要资助全球各领域从事基础研究项目的科学家到欧洲进行客座研究，获得欧洲科学研究委员会资助的科学家数量常常被视为欧洲国家科学体系绩效能力和吸引力的重要指标）对德国研究人员或国际尖端人才的资助比例不断提高。在获得"未来构想"项目资助的大学中，受到 ERC 资助的科学家达 231 人，约占资助总量的 54%；在所有参与"精英倡议计划"的大学中，受到 ERC 资助的教授人数约占资助总量的 93%。①

2. 德国的科研创新政策共包含三个方面

第一，"国际化战略"文件（2008 年）。德国联邦政府当前的科研创新国际化政策的基础是 2008 年发布的科研国际化战略文件《加强德国在全球科研中的地位》。该战略文件定义了四个目标领域，其中两个目标与吸引全球顶尖人才相关，即"加强与全球顶尖科研团队的合作"与"提高对人才的吸引力"。为此政府计划推出一系列科研政策与措施，包括推动德国学者的国际流动，尤其是提高其在欧盟的流动性。第二，国际合作行动计划（2014 年）。该计划制定的主要目标之一为通过"欧洲科学研究委员会电子竞赛"支持德国高校与科研机构留住和吸引更多卓越人才。② 第三，聘任制和薪酬制的革新。"精英倡议计划"提出后，德国大学开始审视并重新制定其人才战略和配套政策。德国大学长期以来实行的终身教授制度令具有发展潜力的优秀青年人才的晋升道路艰难且漫长，德国联邦教育与研究部、德国科学委员会等纷纷于 2000 年前后提出了人事制度改革的建议。自此，德国大学逐步引入青年教授制度，也称终身职位制度（Tenure-Track Model）。这一制度借鉴了美国助理教授制度"非升即走"的模式，获得青年教授职位的学术后备人才需要在不超过 6 年的时间内争取到终身教授位置。③ 此外，德国还进行了薪酬制度的改革。依据《联邦薪资法》第 33 条第 4 项的规定，联邦政府授权各州制定有关绩效薪资的具体规定。与此同时，各州往往又将绩效薪资规则制定的权限授予各大学，各大学可自行制定内部章程或准则作为绩效薪资的依据。④ 由此，大学可根据个人贡献为优秀学者进行绩效薪资的倾斜，以激发年轻队伍的科研活力。

德国是一个对多元文化比较排斥的国家。面对全球人才竞争以及自身人力资源不足的情况，德国政府开始反思自身，但其所做的诸多努力终究没有改变在大学高层次人才竞争中的主导者角色。作为联邦附属机

---

① 郭婧:《德国高等教育发展的最新动向——从"精英倡议计划"到"精英战略"》，载郑春荣编《德国发展报告（2017）》，社会科学文献出版社，2017，第 191 页。

② 俞宙明:《德国精英倡议计划和高校差异化进程》，《德国研究》2013 年第 2 期。

③ 郭婧:《德国高等教育发展的最新动向——从"精英倡议计划"到"精英战略"》，载郑春荣编《德国发展报告（2017）》，社会科学文献出版社，2017，第 191 页。

④ 姚荣:《德国大学自治公法规制的经典内涵与现代诠释》，《高等教育研究》2017 年第 10 期。

构的德国科学委员会甚至将欧洲研究区的建立解读为在政治框架条件影响下的进程，一种自上而下影响各国科研体系的努力。[1] 恰如一位德国学者所谈论的，"我们通常在吸引国际人才中的信念确保了国家在科研创新政策中的主导性角色。结果是，文化多样性降低，高级人才流失"[2]。可见在德国，国家因其拥有的高等教育资源的绝对配置权而成为这场人才竞逐大战的重要行动者。

## 二　市场对大学高层次人才流动的影响

德国高等教育体制从中世纪向近现代转型的过程是一个官僚制理性化的过程，与国家的强势进入相比，市场的影响与介入就小得多、缓慢得多。德国高等教育治理模式被学者们概括为"受限的市场化模式"（Constrained Marketization）。[3] 可以说，当市场开始进入德国大学高层次人才竞争时，国家的影响总是伴其左右的，这些刚刚开始萌生的市场化元素，如价格、竞争、个体需求等并不能独立发挥作用而是受到国家的制约。

在德国，市场力量在经历了 18 世纪的萌生之后不断扩张。只要存在买方市场，青年学者就可以在市场中获得更多的发展机会，具有竞争性的讲师和资历较浅的教授成为德国学术劳动力市场活力的源泉。例如，1706 年数学家、语文学家 F. A. 沃尔夫（F. A. Wolf）任职于莱比锡大学，哲学家莱布尼茨希望把他引进哈勒大学，于是莱布尼茨在向普鲁士政府写了推荐信之后，给哈勒大学的校长霍夫曼也写了一封推荐信。（此时推荐信的内容开始强调学术界的认可以及学者的声誉，这仅次于学者本人发表的出版物。）最终沃尔夫成功被哈勒大学吸引并在哈勒大学工作到 1723 年。随后，沃尔夫去往了黑森－卡塞尔公国的马尔堡大学。1740 年，为了重新请回沃尔夫，柏林政府提供了丰厚的待遇，不仅给沃尔夫不受审查的教学自由，还给了他一笔令人瞠目结舌的巨额报酬，以及重重头衔——枢密院顾

[1] Wissenschaftsrat, Empfehlungen zur deutschen Wissenschaftspolitik im Europäischen Forschungsraum, http://www. wissenschaftsrat. de/download/archiv/9866 – 10. pdf.

[2] Marijk Van Der Wende, "International Academic Mobility: Toward a Concentration of the Minds in Europe," *European Review*, 2015, 23 (1), pp. 70 – 88.

[3] M. Dobbins, C. Knill, *Higher Education Governance and Policy Change in Western Europe: International Challenges to Historical Institutions*, New York: Palgrave Macmillan, 2014, pp. 139 – 171.

问官、副掌事、法学正教授兼数学正教授等。① 沃尔夫离开黑森-卡塞尔公国后，中央政府希望同样在语言学领域享有盛誉、在勃兰登堡-普鲁士的哈勒大学任职的柯罗慈（Klotz）教授填补空缺。黑森-达姆施塔特政府给出了高于哈勒大学2倍多的薪酬，最终柯罗慈来到了黑森政府所辖的达姆施塔特的吉森大学，德意志政府失去了柯罗慈。当中央政府注意到哈勒大学招生人数下降时，决定于1730年采取行动：通过吸引"能力适当，而且声誉卓著的教授"增强学校对优秀学生的吸引力。1733年，为了填补哲学系两个职位的空缺，哈勒大学列出了五名候选人作为考虑招纳的目标。1765年，为了填补一个空缺的教席，该校校长向中央政府请求给予更多支持以能够吸引名声卓著的伯亨顿（Berühmten）教授，他的哲学著作和教学使其在学术界赢得了卓著的声誉。除了大学主动出击吸引某些著名学者外，18世纪的教授们在某些方面已经表现出明显的市场化特征，他们已经学会了利用外校任职机会在与大学谈判时增加筹码，以便获得更高的薪水。学术的商品化导致挖人的价格快速攀升，并远远超过了以往仅凭资历所能达到的水平。

在19世纪30~60年代，德国的市场进一步扩张，推动其学术劳动力市场进一步发展的动力来自各大学与各邦国之间的个体竞争，尤其是围绕着"学术名流"所展开的竞争。② 当围绕着高层次人才的竞争不断扩大着市场之网时，这一"被结构的结构"开始凭借其强大的抱负构建起对于大学高级学者治理的理想与想象，进而"发挥具有结构能力的结构的功能"。新注入的市场力量不但弥补了官僚制所设定的僵化职业晋升阶梯的不足，为具有竞争性的讲师和资历较浅的教授规划了一条新的职业发展路径，而且通过在学术劳动力市场中推动人才竞争价格的不断攀升，很快便超越了官僚制所设计的顶峰。在19世纪的哥廷根大学，被挖来的资历较浅的教授比校内资历较深的教授赚得多已成为常态。③ 高层次人才的流动带来了德

---

① William Clark, *Academic Charisma and the Origins of the Research University*, Chicago: University of Chicago Press, 2006, pp. 311 – 313.

② Joseph Ben-David, *The Scientist's Role in Society: A Comparative Study*, Chicago: University of Chicago, 1986, pp. 123 – 125.

③ William Clark, *Academic Charisma and the Origins of the Research University*, Chicago: University of Chicago Press, 2006, p. 393.

国大学的辉煌时刻。当著名法学家鲁道夫·冯·依尔林从维也纳大学来到哥廷根大学，哥廷根大学的自然科学便摆脱了等级、格式上的种种限制，并利用交叉广泛、分布复杂的新兴学科优势，招聘到全德国，甚至是全世界最为优秀的自然科学人才，创立了著名的"哥廷根学派"，形成了与柏林大学充分竞争的局面。随后哥廷根大学在自然科学领域成为当之无愧的世界一流大学，并在 1900～1933 年创造了人类自然科学发展史上"辉煌的哥廷根时代"！首先，在数学领域里，哥廷根大学既有费利克斯·克莱因、大卫·希尔伯特、赫尔曼·闵可夫斯基、卡尔·龙格等最为杰出的人物，又有爱德蒙·兰道、理查德·库朗等后起之秀。克莱因于 1886 年、希尔伯特于 1895 年、闵可夫斯基于 1902 年、龙格于 1904 年、兰道于 1909 年、库朗于 1920 年先后受聘于哥廷根大学，他们都堪称世界一流的数学大师。其次，到 20 世纪 20 年代，受聘于哥廷根大学物理学与化学这两大基础学科的 8 名教授，个个都是当时或后来的诺贝尔奖得主，他们是著名物理学家约翰内斯·斯塔克（1919 年获奖）、詹姆斯·弗兰克（1925 年获奖）、马克斯·玻恩（1954 年获奖），著名化学家奥托·瓦拉赫（1910 年获奖）、瓦尔特·能斯特（1920 年获奖）、理查德·席格蒙迪（1925 年获奖）、阿道夫·奥托·莱因霍尔德·温道斯（1928 年获奖）、彼得·德拜（1936 年获奖），从而形成了当时物理学与化学领域里世界最强阵容。

大学高层次人才竞争对于市场的理想与市场对于大学高层次人才竞争的理想交织互动使德国大学高层次人才竞争在市场的观照与支持下获得了极大的竞争力。然而，市场的宏大理想却因国家对于捐赠合法性地位的消解以及对政府资助正统性地位的确立而被无情打破。在 19 世纪中期就创办了研究型大学的德国，堪称为世界树立了榜样，但由于过分追求高深学问，忽视平民主义的办学模式，到 20 世纪后期，德国研究型大学的学术地位迅速下滑，这都是其在缺少足够的政治支持与公共经费的同时，市场资本又难以顺利进入高等教育领域所致。也就是说，市场无法独立提供保障新型职业阶梯有效运行的资本，而必须依赖于政府资源。一种遵循着自然演进路径而内生的新力量，却又被一只"看得见的手"锁控。[①] 哪怕是在

① M. Dobbins, C. Knill, *Higher Education Governance and Policy Change in Western Europe: International Challenges to Historical Institutions*, New York: Palgrave Macmillan, 2014, pp. 139 – 171.

20 世纪 90 年代，欧洲的高等教育系统面临深层的结构性变革，开始准市场化改革、引入竞争以更有效地利用资源时，市场也依然没有在德国高等教育系统中获得足以独立运行的空间。

### 三　组织对德国大学高层次人才流动的影响

组织对德国大学高层次人才流动的影响主要体现为教授的学术权力。在查士丁尼法典中，有一项重要的规定是关于获奖运动员或运动英雄在罗马帝国所享有的特权，这成为德国学者学术卡里斯马权威的来源。法典将运动英雄界定为能在竞争中至少经受住三种测试勇气考验的人。中世纪博洛尼亚法学家巴托鲁斯及其弟子巴尔都斯以此证明学者特权在罗马法意义上同样来自这三种测试勇气的考验。第一，在整个学习过程中，要经受硕士或博士的考验；第二，在非公开考试中，要接受科系教师代表的试练和考验；第三，在公开考试和辩论中，要接受大学赞助人和学术公众的普遍考验。这三项就是对学者勇气的测验，因此，他们认为罗马法理应授予学者获奖运动员或运动英雄所拥有的特权。阿伯拉尔开创了新式辩论方式——将辩论凌驾于权威著作之上：演讲、质疑、辩论和决断。阿伯拉尔通过大量"是与否"的例子对经典权威提出有力而简洁的质问，由此引发了一种风潮。他所提倡的辩论方式与课堂讲授成为后来大学教育的基本方式。经院主义传统下学富五车的法学家尤其喜欢辩论。教会修道院式的元素注入课堂讲授之中，而司法或法院的对话形式则渗透进辩论之中。布道和比武共同造就了司法—教会性的学术秩序，同时也体现了学术卡里斯马权威的不同方面：先知和武士。[1] 古典语文学在浪漫主义时代的学术霸权标志着学术名流在德国各邦的兴起。精英们是通过掌握艰涩的死语言或无用但英雄式的数学技艺，使自己成为学术名流，以此寻求一种卡里斯马式的合法化的。[2]

在德国高等教育向现代学术体制转型的过程中，联邦政府在高级学者任命中放弃了大学的集体意志，而选择与教授合作。在当时的柏林政府看来，大学的意见仅仅是少数服从多数的折中选择，因而是非理性的，反而

① William Clark, *Academic Charisma and the Origins of the Research University*, Chicago: University of Chicago Press, 2006, pp. 75 - 76.

② William Clark, *Academic Charisma and the Origins of the Research University*, Chicago: University of Chicago Press, 2006, p. 272.

教授因精通本领域的专业发展而能给出最为中肯、理性的建议。教授的权威根植于早期学术行会中大师统治的历史，它也得到了追求教学与研究自由的学术思想的支持，即精通某一学科的教授应当可以自由地做喜欢的事情。德国通过设立讲座制以制度化的形式对教授个人的权力加以保护并加强了个人统治。在德国的大学组织中，学院行政机构只是形式化的存在，尽管国家的影响较大但这并没有妨碍教授权力的发挥。这种统治权力在像美国这样的以科系为基础的高等教育系统中相对减弱，因为在那里，权力由非个人的单位正式掌握。1795 年，德国的启蒙性期刊《柏林月刊》直接陈情，建议君主不应以正式通信的方式向大学咨询，而应以私密通信的方式向少数学者寻求建议。[①] 于是，国家通过与教授"私密通信"的运作使得组织权力流向了具有浪漫主义情怀的"学术名流"。当 18、19 世纪之交，国家权力战略性放松了对教授们生存的场所研修班的控制时，研修班的管理权顺势落入主任导师（后来的系主任，通常由资深教授担任，如柏林大学第一任哲学系主任导师是哲学家费希特，哈勒大学语言学主任导师是舒茨）手中。如此一来，主任导师可以自主地管理研修班，基于学者的学术权力正式制度化。尽管在德国国家与大学联系密切，但国家并不损害属于大学本身的学术自由，这是德国最为根本的一项现代学术制度。得益于此，几乎在整个 19 世纪，研修班的主任导师们拥有了高层次人才竞争的决定权。德国各邦的古典语文学界在 1825 年之后分裂为两大阵营。敌对双方的总部，一边是位于普鲁士首府的柏林大学，另一边是萨克森公国的知识中心、新教大学中传统性或中世纪特点最强的莱比锡大学。在柏林大学，鲍克领导着古典语文学研修班的希腊分部。在莱比锡大学，赫尔曼执掌希腊学会，1834 年后任古典语文学研修班主任导师。

在学术自由主义、学术国际主义的保护下，这些担任主任导师的教授总是能选择最为适合的学者，进而塑造了一批本土精英，如化学家威廉·霍夫曼（Wilhelm Hofmann）、埃米尔·费舍（Emil Fischer）等[②]，也成就

---

① William Clark, *Academic Charisma and the Origins of the Research University*, Chicago: University of Chicago Press, 2006, p. 246.

② Jeffrey Allan Johnson, "Dilemmas of 19th-century Liberalism among German Academic Chemists: Shaping a National Science Policy from Hofmann to Fischer, 1865 – 1919," *Annals of Science*, 2015, 72（2）, pp. 224 – 241.

了德国世界高等教育中心的地位。这一时期，世界各地的学者均以在德国大学求得职位为职业发展的巅峰①，他们都渴望在这座追求"修养、科学、自由、寂寞"的学术殿堂中生活。

然而，任何一项权力如果缺乏监督与制约，都会暴露出"只求自己拥有的资本能取得支配地位"的贪婪本性，德国教授不受制约的组织权力也未能在高层次人才竞争的事务中幸免——自满、保守、闭塞等弊病渐渐成为德国大学高层次人才竞争中的软肋。对于个人化的权力而言，如果缺乏必要的监督，那么其被滥用的可能性很高，因为它保证个人在研究时的创造自由和个人的教学自由，权力是否被合理利用完全取决于个人意志。温斯顿（Winston）就曾指出，学术霸权不仅营造了学术界重研究轻教学的不良氛围，而且破坏了学术机构内部的价值多元和学术民主与平等的格局。②可以说，20世纪德国高层次人才的大量流失，既是民主主义吞噬学术自由主义的结果，也是德国大学组织权力自身陷入"阿喀琉斯之踵"的必然。当德国政府试图通过强化大学行政权力对教授的权力加以限制时，却步履维艰，"尽管行政管理者的权力得到强化，但他们难以在违背传统学术寡头意志的情况下进行大学治理"③。

## 第二节　美国高等教育崛起背景下的大学高层次人才流动变迁与制度变革

### 一　国家对大学高层次人才流动的影响

美国的现代化进程遵循着"先社会、后国家""先大学、后国家"的历史进路，经济、法律、教育等各社会领域的自主运行支撑着民族国家的根基。虽然建立统一而强大的民族国家在16世纪的欧洲成为普遍的政治理想，但进入17世纪后，启蒙思想家借助自然状态和社会契约论的设想确立

---

① Henry Geitz, Jürgen Heideking, Jurgen Herbst, *German Influences on Education in the United States to* 1917, Cambridge University Press, 1995.

② J. M. Moxley, L. T. Lenker, *The Politics and Process of Scholarship*, Greenwood Press, 1955.

③ C. J. Russo, *Handbook of Comparative Higher Education Law*, Maryland: Rowman and Littlefield Education, 2013, pp. 121 – 133.

起社会先在于国家的观念，这一观念与基督教的社会外在于国家的观念一起，赋予社会以更为强烈的非国家的品性。无论自然状态的性质好坏、个体让渡权利的多少，思想家们都承认在国家建立之前早已存在一种人类社会形态。由于这种社会形态存在战争、冲突、矛盾等诸多问题，人们才通过订立契约让渡部分或全部权利建立了国家。① 尽管国家拥有干涉个体的权力，但这种干涉并不是无限度的，在那些妨碍个人力量自由发挥的领域这种干涉便不合理。在洪堡看来，国家行为如果"妨碍了人的某种力量的发挥，或者某种能力的享受"，那么都是不恰当的。② 美国的国家管理便受到这一理念的影响。在美国，国家对于包括大学高层次人才竞争等在内的社会各项事务的管理难以替代大学等社会组织的自我管理。

　　早期的美国大学作为一种非营利的社团联合体而存在，仅从州政府获得许可，并未获得经费支持。进入 20 世纪之后，州政府才开始给予大学一定的资助，但资助比例很低。即便对于公立高校而言，整个 20 世纪州政府资助在高等教育总收入中的比重也仅占 20%～30%。③ 进入 21 世纪后这一比例更低，州政府资助在公立研究型大学收入中所占的比重降至 10%。可以说，美国大学的高层次人才竞争是在大学应对即时性环境的过程中根据学科发展的内在需要自主发起的行动，国家意志和意愿难以破坏这种稳定的自生结构。甚至，当国家试图以强制性的公共权力为后盾，围绕自身利益和意愿触碰大学高层次人才竞争事务时，也总是难以如愿。④

　　二战后联邦政府开始大力资助科学研究。1945 年万尼瓦尔·布什（Vannevar Bush）在题为《科学：无止境》的报告中宣称，需创建一个永久性的资金充裕的联邦机构（这个机构成为国家科学基金会的原型），该机构主要资助针对少数的精英化的"大科学"，通过竞争性机制配置资源。布什所倡导的竞争性研究资助的历史意义在于，其成为少数强大而资金充

---

① 庞金友：《近代西方国家观念的逻辑与谱系》，《政治学研究》2011 年第 5 期。
② 〔德〕威廉·冯·洪堡：《论国家的作用》，林荣远、冯兴元译，中国社会科学出版社，2016，第 5 页。
③ National Center for Education Statistics，120 *Years of American Education：A Statistical Portrait*，Washington，D. C.：U. S. Government Printing Office，1993，p. 20.
④ Nathan Glazer，*Regulating Business and the Universities：One Problem or Two*？Public Interest，1979，pp. 42–65.

裕的研究型大学提供永久性资助机制的源头。这些竞争性研究资助的分配结果决定着未来几十年美国大学各学科发展的格局，同时塑造出联邦政府与大学间的新的互动关系。创建于 1950 年的国家科学基金会和日益发展的国家卫生基金会通过提供经费使联邦政府成了研究赞助人和订约人（contractor），高校则为了竞争资源将研究重心转向重点划定的领域，国防、能源、农业、交通和卫生等领域成为学术专家们热衷的研究领域。只是这种新形式的研究支持更偏好于应用型项目以及与军事相关的联邦机构所追求的即时效益，对见效慢的基础研究资助力度并不大，怎么使联邦政府为研究周期长的纯科学研究持续提供资金资助仍然是很大的问题。此时，斯坦福大学、麻省理工学院、加州理工学院、约翰·霍普金斯大学以及加州大学伯克利分校均在继续为日益增多的联邦赠款项目而竞争。另外，国防部以及原子能委员会在为联邦研究寻找永久性校园场所时发现这几个强大的应用科学机构是非常合适的选择，如加州理工学院的喷气推进实验室和麻省理工学院的电子实验室等，这两所大学有着丰富的与私人企业签订合同、开展应用研究的经验。斯坦福大学非常乐意转向联邦赠款项目的平台，因为国家科学基金会和其他同行评议机构实际上比那些来自工业界的非常专门而又实用的合同更了解大学科学家的偏好和工作风格。加州大学伯克利分校率先在应用科学基础设施方面进行投资，这将可以为联邦赠款项目迅速输送各种设备和人才，尤其是物理学和生物学方面的设备和人才。二战后联邦政府资助已经成为许多大学运行的一个主要因素，涉及巨大的金额。1960 年美国高等教育界从联邦政府获得了大约 15 亿美元的资助，在 20 年的时间里该数额增长了 100 倍。[1] 此时联邦政府捐赠主要集中在物理与生物科学、卫生科学和工程领域，资助主要集中在几所研究型大学，"6 所大学获得了总资助额的 57%"，"20 所大学获得了总资助额的79%"。[2] 在这 20 所大学内，联邦研究资助基金已经在学校年度预算中占了相当大的比例，最高达 80%。[3] 尽管大批研究型大学都在追逐联邦政府的资助，但哈佛大学无论是行政管理层还是教师都对联邦政府的资助怀有

---

① Clar Kerr, *The Uses of the University*, Harvard University Press, 1963, pp. 52 – 53.

② Clar Kerr, *The Uses of the University*, Harvard University Press, 1963, p. 54.

③ 王延芳主编《美国高等教育史》，福建教育出版社，1995，第 259 页。

一种复杂的情愫并关注其中潜在的冲突。哈佛大学是第一个对"联邦研究资助基金是否会危及学术探究精神"这个问题进行探讨的院校，在哈佛大学的带领下，后来出现了许多这样的院校争论。耶鲁大学的校长 A. 惠特尼·格里斯沃尔德（A. Whitney Griswold）对联邦政府的资助是否会使"大科学"事务的决定权流向联邦政府而不再属于大学表示担忧。然而，哈佛大学与其他大学不得不面对一个事实，即一旦联邦研究资助基金成了科学研究的主要资助来源，那么对任何大学来说如果没有联邦研究资助基金的资助，想要保持在某一领域中一贯的领先地位是完全不可能的。①

也正是基于此，联邦政府在二战结束后企图以为大学提供经费为由干预大学的高层次人才竞争事务。② 美国大学一方面享受着联邦政府的资助，另一方面也警惕着联邦政府对大学事务的渗透。麦卡锡主义使联邦政府越来越多地干预大学内部学术精英的流动及其意识形态，这激起了大学以及高层次人才的强烈不满，这在美国的大学看来联邦政府无疑越界了。当时主要的物理学家和化学家是世界主义的知识分子，他们的工作允许他们自由地进出一流大学和参与联邦研究资助基金项目。由于含糊地被控诉为政见不合以及其他一些相关的暗讽，他们的名誉遭受损害。公开表达不同意见，甚至支持国家合作与和平，都会被看作对国家不忠的征兆。例如，芝加哥大学的校长罗伯特·梅纳德·哈钦斯试图劝说核物理学家不要散播他们的知识和技术，并且不要终止他们在这个领域的研究，尽管他的劝说失败了，但此举却激起了麦卡锡参议员的愤怒。反对不忠的运动在 1951 年达到高潮，《耶鲁每日新闻》的编辑威廉·F. 巴克利（William F. Buckley）发表了《在耶鲁的上帝与人》这本极具煽动性的小册子。联邦政府进而开始要求州立大学的教师签署忠诚宣言，联邦政府对大学事务的渗透达到顶峰。埃伦·施雷克尔（Ellen Shrecker）在《象牙塔的消逝》（*No Ivory Tower*）中记录，许多州立大学校长开始要求教师签署忠诚宣言，最典型的是加州大学伯克利分校、华盛顿大学、内布拉斯加大学。在加州大学伯克利分校，几位资深教师因拒绝签署忠诚宣言并辞去终身教职职位而名满全国，这一做法导致加州大学伯克利分校迅速失去了在全国学术界的领袖地

---

① 王延芳主编《美国高等教育史》，福建教育出版社，1995，第 53 ~ 256 页。

② Clar Kerr, *The Uses of the University*, Harvard University Press, 1963, p. 53.

位，以及在吸引世界一流科学家中的竞争力。此时，芝加哥大学的校长罗伯特·梅纳德·哈钦斯、哈佛大学的校长内森·普西（Nathan Pusey）等则致力于反对那些关于校园中真实存在或臆想的政治威胁等冷战留言。这两人不遗余力地为学术自由辩护。① 哈佛大学校长德里克·博克（Derek Bok）在代表其他校长表达对联邦政府干预大学事务的看法时更是直接指出，对于大学而言，最为重要的一项自由便是"决定谁可以教的自由"。② 而内阁部长和联邦政府负责人却对此事漠不关心。他们考虑的既不是建设大学也不是调停校园内部事务，他们认为大学只是一个便利场所，在这里一些专业学术团体为具体的应用问题提供答案。

恰如弗里德里希·奥古斯特·哈耶克所谈论的，"自由是指一个人能在多大程度上自行其是。在多大程度上他能够自己确定其行为方式，以及在多大程度上可根据自己所执着追求的目标，而不是根据别人为实现其意图所设定的强制条件去行动"③。"自由并不确保我们拥有特定的机会，但它只是使我们有可能根据我们所处的环境去决定做什么。它能让我们自己决定如何利用我们自己发现的机会。"④ 在大学自发生成的高层次人才竞争的行动逻辑中，科学家是世界主义的知识分子，大学可根据内在的学术发展需要自由竞争任何一位学者，而不受外部权力的控制。这种自发秩序塑造出的强大行动逻辑影响着大学的竞才行为，如果背离这一逻辑便会在这个场域中失去理应获得的"利益"。在美国，这种强大的自生力量将国家的影响置于一种游离的边缘化状态。

## 二 市场对大学高层次人才流动的影响

美国大学就其本质而言，容易受外界影响，却又难以被控制，对于生存环境里的刺激善于作出反应，但与此同时也很会保持自己的独立。大部分国家的高等教育都受控于国家的管理，但美国大学却可以摆脱不利的国

---

① 王延芳主编《美国高等教育史》，福建教育出版社，1995，第53～256页。
② Thelin John, *A History of American Higher Education*, Johns Hopkins Press, 2011, p. 274.
③ 〔英〕弗里德里希·奥古斯特·哈耶克：《自由宪章》，杨玉生、冯兴元、陈茅等译，杨玉生、陆衡、伊虹统校，中国社会科学出版社，2012，第31页。
④ 〔英〕弗里德里希·奥古斯特·哈耶克：《自由宪章》，杨玉生、冯兴元、陈茅等译，杨玉生、陆衡、伊虹统校，中国社会科学出版社，2012，第40页。

家控制，以半独立的企业法人姿态到市场上寻求发展。美国大学主要的经费来自市场，包括科研投资、专利、销售、服务、捐赠、赞助和学费。美国大学管理的核心机构是董事会，其成员既不是州政府官员，也不是大学学者，而是一群善于沟通、联系广泛、能为大学保驾护航的圈外人。他们来往穿梭于大学与政府之间，当教授的影响不利于内部和谐时，他们在其中起到平衡作用，当大学需要在市场上追求各种实际利益时，他们充当不可或缺的中介，就连挑选、任命校长亦是由董事会负责。美国竞争高层次人才的动力很重要的一个来源是学校内部董事会的强力支持，这是一股对抗国家影响的关键力量。董事会是美国大学内部独特的组织形式，与科系一同是美国大学组织创新的体现。这些来自公司高层的管理者成为连接市场与大学高层次人才竞争的桥梁。

## （一）私有资本与研究型大学需求的结合

回顾美国高等教育长达 600 年的历史——从 1636 年哈佛学院的建立以及 1692 年威廉玛丽学院的建立开始，一个显著的特点便是学院与大学的董事会在制度与公共政策制定方面拥有非常大的权力。19 世纪末到 20 世纪初的这段时间里，美国联邦政府的科技政策主要倾向于应用研究。这以 1862 年《莫里尔法》的颁布为标志，联邦政府将大量的经费用于应用研究意味着以科研探索为中心的研究型大学必须寻求联邦政府以外的资助，即私有资本的支持。基础研究是一项很费钱的事业，投资回报周期长，这一时期美国社会出现的一批白手起家的企业家如卡内基、洛克菲勒、福特等，他们既拥有大量财富又有广阔情怀，愿意将大量的财产用以资助教育。研究型大学的需求与私有资本的结合经历了以下三个阶段。

第一个阶段是冲动期，主要体现是私有资本资助成立大学，如约翰·霍普金斯大学、麻省理工学院、斯坦福大学和芝加哥大学都是在私有资本的资助下成立的。这时捐赠者的动机主要是出于对社会地位的渴望，是出于慈善的冲动而产生的。在他们看来，学术学位是一种几乎可以赋予社会地位的荣誉。在 19 世纪末，新的出身不太体面的移民数量迅速增加，已经在美国社会立足的盎格鲁－撒克逊人面临一种新出现的迫切需要——采用某种明显标志将他们与那些社会地位更低的人区别开来。学位，尤其是不再要求学习希腊语或拉丁语的学位，可以成为这种诱人的标志①，这样的一种需求使他们愿意资助成立可以授予其学位的大学。

第二个阶段是理性期，主要体现在资助成立以基础研究为目标的独立研究所，以 1901 年和 1902 年成立的洛克菲勒医学院和华盛顿卡内基研究所为标志。这时捐赠者的动机已经由追求社会地位转向追求声望和社会效益，追求人类的福利以及学术的进步。但这两个研究院所在成立后将大量的基础研究机会让给了研究型大学，自己并没有从事基础研究。这也导致了第三个阶段的到来，即制度化时期。

第三个阶段是制度化时期，由于第二个阶段的两个研究院所放弃了开展基础研究的目标，科研这一任务完全交给了研究型大学。由从事基础研究到为研究型大学的基础研究提供经费支持，慈善捐赠不再是给予弱者的一种施舍，而是使强者更强。基于私有资本的研究体系逐渐形成，这一发展过程花费了一代人的时间。

基础研究和私有资本的耦合，在哈佛大学、约翰·霍普金斯大学、耶鲁大学、普林斯顿大学、宾夕法尼亚大学、哥伦比亚大学、芝加哥大学、加州大学伯克利分校、麻省理工学院、斯坦福大学、加州理工学院、康奈尔大学、威斯康星大学这 13 所研究型大学的资源结构中可以充分反映出来。由图 3 - 1 可知，1899 ~ 1929 年，捐赠收入在美国 13 所研究型大学中所占的比重是比较大的，基本上占到了美国 13 所研究型大学收入的 40% 左右。1899 年，这 13 所研究型大学的总收入为 5943000 美元，其中捐赠收入为 2564000 美元，占总收入的 43.14%，学费收入为 2938000 美元，占总收入的 49.44%，州政府拨款仅为 441000 美元，仅占总收入的 7.42%。1909 年，这 13 所研究型大学的总收入为 11276000 美元，其中捐赠收入为 5001000 美元，占总收入的 44.35%，学费收入为 4319000 美元，占总收入的 38.30%，州政府拨款为 1956000 美元，占总收入的 17.35%。1919 年，这 13 所研究型大学的总收入为 25733000 美元，其中捐赠收入为 10113000 美元，占总收入的 39.30%，学费收入为 10050000 美元，占总收入的 39.05%，州政府拨款为 5570000 美元，占总收入的 21.65%。到 1929 年，这 13 所研究型

---

① Larence R. Veysey, *The Emergence of the American University*, Chicago and London: The University of Chicago Press, 1981, p. 266.

大学的总收入为 61768000 美元,捐赠收入为 24063000 美元,占总收入的 38.96%,学费收入为 24006000 美元,占总收入的 38.86%,州政府拨款为 13699000 美元,占总收入的 22.18%。可见,州政府拨款比重虽然在不断上升,由 1899 年的 7.42% 上升到了 1929 年的 22.18%,但一直占据着很小的份额。而且,在这 13 所研究型大学的资源结构中,仅加州大学伯克利分校、威斯康星大学、康奈尔大学有州政府拨款,其他的 10 所大学均没有。这 10 所研究型大学的经费来源是学费和捐赠,学费和捐赠都可以看作来自市场的资源。研究型大学与市场或私有资本之间联系的密切程度远甚于政府。

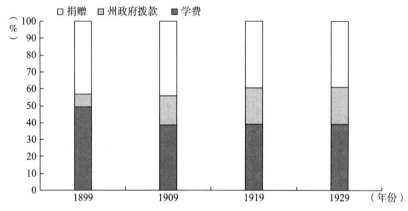

图 3-1　1899~1929 年美国 13 所研究型大学的资源结构

## (二) 私有资本对大学高层次人才竞争的支持

在美国大学崛起的 20 世纪前半期,为研究型大学竞争世界范围内高层次人才提供资本支撑的主要是来自私人的捐赠。物理学、数学等学科在美国的发展提供了在黄金岁月里进入研究型大学的私人财富如何通过资本再造促进顶级人才竞争的鲜明例证。与此同时,市场在美国高等教育场域内因占有大量资本而成为规则的形塑者,它为美国大学的高层次人才竞争构建了这样一套行动规则——想要竞争"学术明星"就必须提供丰厚的待遇、良好的科研环境、先进的实验设施。各大学在一个透明、开放、规范的市场环境中自由地竞逐所需要的人才,戴维·F. 拉伯雷(David F. Labaree)将之称为"学术明星体制"(Academic Star System)。① "学术明星体制"通过维系一个

---

① David F. Labaree, "Understanding the Rise of American Higher Education: How Complexity Breeds Autonomy," *Peking University Education Review*, 2010, 31 (3), pp. 24 – 39.

良性、规范的高端学术劳动力市场为美国研究型大学的发展保驾护航。"对明星教授的争夺促成了一批明星教授的出现"①，也塑造了大学在竞逐高层次人才时的市场化竞争机制/内原动力。戴维·拉伯雷分析了美国大学崛起的这段历史，他指出，美国大学之所以能够迅速崛起得益于诸多因素，但一个较为完善的学术劳动力市场塑造出的"学术明星体制"功不可没，"学术明星体制将教授分为三六九等，并且明码标价，要想得到一流的教授和学术荣耀，就必须按价支付薪酬与津贴"②。也就是说，在美国高等教育现代化的初期，培育学术劳动力市场，从而将高层次人才引进导向薪酬机制成为美国大学快速崛起的秘诀。罗杰·L. 盖格（Roger L. Geiger）对这种策略作出了较高的评价，"在 19 世纪 90 年代，美国高等教育中第一次有了足够多的机会，使得很多相互竞争的机构在为著名学者提供服务方面，创造了一个去中心化的高等教育竞争的环境，这在历史上被认为是推进了科学的进步"③。

教师的"近亲繁殖"曾是美国学院和大学普遍存在的现象，尽管在 1900 年之前，学校通常雇用它们自己学院的研究生。但随着"近亲繁殖"现象越来越严重，美国高校意识到问题所在，于是开始着力吸引外校教师以增强师资队伍的活力。竞争公认的学术声誉卓著的科学家这一"学术明星"是 20 世纪 20 年代美国大学崛起的重要因素，自愿支持类的捐赠基金从中起了关键作用，私有资本在为大学提供经费支持的时候并没有对经费使用做过多的干预，大学可根据需求自由支配经费。黄金时代的繁荣带来了大学之间人员史无前例的大量流动，对活跃教师的需要也产生了教师级别的大量提升。④ 在 1928 年，原子物理学家 E. U. 康顿（E. U. Condon）不得不对 6 个研究型大学的邀请进行权衡。对理论科学家的竞争迫使研究型大学为他们提供最理想的条件，这些条件随后使美国物理学家的进一步发展受益匪浅。原子物理学在美国的发展提供了在 20 世纪 20 年代的黄金岁

① 贾永堂、徐娟：《19 世纪末 20 世纪初美国高水平研究型大学群体性崛起的机制分析——基于社会进化论的视角》，《高等教育研究》2012 年第 5 期。

② David F. Labaree, "Understanding the Rise of American Higher Education: How Complexity Breeds Autonomy," *Peking University Education Review*, 2010, 31 (3), pp. 24 – 39.

③ Roger L. Geiger, *To Advance Knowledge: The Growth of American Research Universities*, 1900 – 1940, Transaction Publisher, 2004, p. 12.

④ Roger L. Geiger, *To Advance Knowledge: The Growth of American Research Universities*, 1900 – 1940, Transaction Publisher, 2004, p. 214.

月里进入研究型大学的财富如何被转化成实际的科学发展的最鲜明例证。①
这些高层次人才的流动极大地降低了美国高校教师的"近亲繁殖"比例。
一项统计数据显示，在 1930 年前后，7 所研究型大学不同级别教师在相同
大学接受或部分接受研究生教育的比例不断降低。其中麻省理工学院拥有
教授职称的教师在本院接受研究生教育的比例仅为 14.3%，这意味着近
86% 的教授是在其他大学竞争而来的；加州大学伯克利分校校外竞聘教授
的比例为 76.6%；明尼苏达大学校外竞聘教授的比例为 74.7%；伊利诺伊
大学校外竞聘教授的比例为 65%；芝加哥大学校外竞聘教授的比例为
47.3%；康奈尔大学校外竞聘教授的比例为 40.4%；威斯康星大学校外竞
聘教授的比例为 40%。② 下面选取 7 所高校，就私有资本是如何助力美国
研究型大学高端人才竞争的进行描述。

1. 私有资本与麻省理工学院的高层次人才竞争

20 世纪 20 年代是麻省理工学院捐赠基金猛增的 10 年，这 10 年其应
用研究飞速发展，但是由于麻省理工学院缺少针对突出科学家的捐赠席
位，而显得比其他东海岸的研究型大学低一等。由于应用研究与基础研究
之间的冲突，前者具有不确定性、时效性、功利性等特征，从而限制了基
础研究的发展，也阻碍了麻省理工学院走上卓越的研究型大学的道路。20
世纪 20 年代麻省理工学院在应用研究方面的巨大成功不仅以牺牲基础研究
为代价，而且产生了严重的管理问题。当麻省理工学院提供的商业服务使
学院声誉获益甚少时，学校的董事会最终得出结论：把麻省理工学院驶回
学术科学的主流学校需要新的领导人。于是，董事会聘请了普林斯顿大学
广受尊敬的理论物理科学家卡尔·T. 康普顿（Karl T. Compton）。董事会
的决定来自通用电气的总裁杰勒德·斯沃普（Gerard Swope）和贝尔电话
实验室的主任弗兰克·朱厄特（Frank Jewett）。朱厄特通过强调传统工程
教育的过时及其受困于即时技能教授的状况，实际性地劝说了康普顿接受
该职位。按照朱厄特的观点，作为工程教育的一流机构，麻省理工学院有

---

① Roger L. Geiger, *To Advance Knowledge: The Growth of American Research Universities*, 1900 –
1940, Transaction Publisher, 2004, p. 228.

② John H. McNeely, *Faculty Inbreeding in Land-Grant Colleges and Universities*, Washington,
D. C.: Department of the Interior, 1932; Floyd W. Reeves et al., *The University Faculty*, Uni-
versity of Chicago Survey, Chicago: University of Chicago Press, 1933, p. 27.

责任把基础研究融入工程教育。在这种挑战的鼓舞下，康普顿在1930年成为麻省理工学院的校长，其明确的要求是，加强基础研究以及挽救学校正在下降的声誉。由于面临大萧条，以及在削弱应用研究之后经费的持续减少，整个20世纪30年代康普顿的转型之路走得异常艰难。然而，麻省理工学院在这些艰难的岁月里仍取得了令人瞩目的成就，这尤其表现在物理学领域。康普顿通过聘用新的主任和他自己的几个普林斯顿大学的学生对物理系进行了重组，到1937年，麻省理工学院的物理系已经成为美国顶尖级的三个系之一。学科的基础研究实力的增强又进一步反哺了应用研究，学校从事高级工程研究的能力也比以前更强了，到1937~1938年，其倡导的研究项目已不再仅限于工业。

2. 私有资本与加州理工学院的高层次人才竞争

加州理工学院在20世纪初已然成为美国科学的中心，进入承担美国科学领导责任的精英网络之中。1907年，在科学界拥有非同寻常影响的科学家、天文学家乔治·埃勒瑞·霍尔的最大渴望就是在威尔逊山脚下能有一个科学中心来扩大他的天文台工作。霍尔的第一步妙棋是把他的老朋友，即在麻省理工学院任职的亚瑟·诺伊斯挖来，诺伊斯起初是在加州理工学院兼职。到1915年，在捐赠基金的资助下加州理工学院建立了一个化学实验室，诺伊斯同意每年花费3个月时间在加州理工学院工作，到1919年麻省理工学院同意诺伊斯离开时，化学实验室在各方面的配备已经齐全。之后，霍尔为了完成自己以及诺伊斯的高级研究计划，急需一个能够领导该计划的人，他们认为芝加哥大学的物理学家罗伯特·A. 米利肯最为合适。米利肯在1925年获得诺贝尔奖，是国家顶尖级的物理学家之一。当1920年加州理工学院的校长职位空缺时，谋求米利肯离开芝加哥大学的运动真正发起了，霍尔和加州理工学院董事们最终筹划的劝说米利肯离开芝加哥大学的一系列事件，在美国学术史上很可能是最具有深远意义的。他们承诺，米利肯在加州理工学院担任校长期间，仍有大部分的自由时间做科研，并且开出1.5万美元的丰厚薪水（大约为其他大学最高薪金的2倍）。不仅如此，董事会为这一笔丰厚的薪水给出的理由是，这是为了他的科学而不是为了他自己。①

---

① Roger L. Geiger, *To Advance Knowledge*: *The Growth of American Research Universities*, 1900 – 1940, Transaction Publisher, 2004, p. 175.

因为拥有三个国家顶尖级的科学家，加州理工学院马上成了美国科学的重要中心之一。加州理工学院保持基础研究与应用研究并行发展的信条，从各大基金会和工业领域获得大量捐赠，之后又吸引了美国第一的遗传学者、诺贝尔奖获得者托马斯·亨特·摩根。物理学是加州理工学院发展的真正中心，到 20 世纪 30 年代晚期，它的物理系已经和哈佛大学的物理系一起被列为美国最具声望的物理系。加州理工学院其他重要的卓越领域都与物理学密切相关——物理化学、微生物学、天体物理学、航空学以及地质学。加州理工学院招募的上述三位最著名的科学家——诺伊斯、米利肯和摩根，他们也都凭借其广泛的关系来招募其他富有前途的年轻的科学家。

3. 私有资本与哈佛大学的高层次人才竞争

由于私有资本的偏爱，哈佛大学在选聘教授方面通常支付比其他研究型大学更高的薪水，比任何对手都拥有更多的捐赠席位。它大多数的科研设备都是优良的，非科学家也能够从世界上最多的图书收藏中获益。哈佛大学会严格选择适合自己的学者，当在哈佛大学哲学系毕业的阿尔弗雷德·诺斯·怀特海（Alfred North Whitehead）任职于英格兰后，已经拥有在世界享有盛誉的威廉·詹姆士（William James）、约西亚·罗伊斯（Josiah Royce）、乔治·桑塔亚纳（George Santayana）、雨果·蒙斯特博格（Hugo Munsterberg）等哲学家的哲学系为了维系声誉，还是决定把怀特海从英格兰召唤回来。哈佛大学的经济学系为了支撑正在下滑的声望，不得不求助于国外的学者，为此创新理论的创始人约瑟夫·熊彼特（Joseph Schumpeter）、皮蒂瑞姆·索罗金（Pitirim Sorokin）都被挖了过来。甚至在经济学 20 世纪 30 年代重建时，在终身职位上，哈佛大学不选聘任何一个自己的学生，以致它最出色的学生、第一个获取经济学诺贝尔奖的保罗·萨缪尔森（Paul Samuelson）去了麻省理工学院。在哈佛大学努力挖掘外部优秀的经济学精英的努力下，哈佛大学经济学系在把凯恩斯主义、非完全竞争以及计量经济学的原则引进上充当了先锋。作为知识界的引领者，强烈的学术使命感使哈佛大学阶段性地去寻找杰出的学者来保持其卓越性。[①]

---

① Roger L. Geiger, *To Advance Knowledge：The Growth of American Research Universities*, 1900 – 1940, Transaction Publisher, 2004, p. 185.

1869~1909 年任职于哈佛大学的查尔斯·艾略特（Charles Eliot），对哈佛
大学乃至整个美国社会都作出了巨大的贡献，以致被西奥多·罗斯福
（Theodore Roosevelt）总统称为"共和国的第一公民"。

4. 私有资本与普林斯顿大学的高层次人才竞争

在 20 世纪 20 年代，为了实现筹措额外捐赠的目标，普林斯顿大学自
然地向普通教育委员会进行了求助。在 1925 年 11 月，普通教育委员会同
意为普林斯顿大学提供一笔数额为 100 万美元的有条件拨款，但普林斯顿
大学要筹集到 2 倍于这个数目的配套资金。普林斯顿大学在 3 年内顺利完
成了配套资金的筹集工作。捐赠基金使普林斯顿大学可以增加教授职位，
这些捐助的职位使普林斯顿大学能够根据学科发展需要引进一些杰出的科
学家，并世纪性地确保了普林斯顿大学的卓越地位。1929 年，普林斯顿大
学幸运地从柏林吸引来了数学家约翰·冯·纽曼和物理学家尤金·维格
纳。诱惑之一是，在任职期间允许他们把一半时间花在柏林。1932 年，高
级研究中心（Institute for Advanced Study）的组建是普林斯顿大学得以发展
的外部刺激，尽管它并不是普林斯顿大学的组成部分，但高级研究中心的
数学部起初占据了像数学系一样的地位。当爱因斯坦于 1933 年正式来到高
级研究中心后，他成了世界上数学物理一流中心王冠上的宝石。在两次世
界大战之间的岁月里，普林斯顿大学在吸引数学和物理学方面的国家研究
评议会成员方面，比任何其他大学吸收到的都多，取得了骄人的业绩。从
教师中杰出科学家所占比重来看，与这个时期其他的私立大学相比，普林
斯顿大学的相对地位提高得最多（除了新成立的加州理工学院外）。

5. 私有资本与耶鲁大学的高层次人才竞争

耶鲁大学作为保守主义的代表，20 世纪 20 年代到 40 年代的时间里在
私有资本的募集方面依然成绩斐然。耶鲁大学在 20 世纪初期的发展并不顺
利，因预算增加很少，致使将 E. O. 劳伦斯（E. O. Lawrence）几乎是拱手
送给了加州大学伯克利分校。从 20 世纪 20 年代开始，耶鲁大学开始致力
于经费的筹集。20 世纪 20 年代的大学的发展应归功于约翰·W. 斯特林
（John W. Sterling）的巨额遗赠。1918 年，普林斯顿大学获得估价 1500 万
美元的遗赠，1927 年 4 月，耶鲁大学又谋划了一个 2000 万美元的筹款计
划，这笔收入用来增加教师的薪水以及任命新的教师。从 20 世纪 20 年代
到 40 年代这 20 年里，斯特林的董事们为耶鲁大学赠拨了 3550 万美元的款

项，其中2300万美元用于关键学术建筑，1250万美元用于对教授席位、访问学者以及奖学金的捐赠。

6. 私有资本与加州大学伯克利分校的高层次人才竞争

在20世纪20年代，加州大学伯克利分校教师的薪水并不高，因而难以吸引到"学术明星"，如1927年加州大学伯克利分校希望芝加哥大学的物理学家康普顿能够来其学校任职，但由于加州大学伯克利分校没有给出足够诱人的待遇致使这一计划没有成功，直至20世纪30年代晚期的1938~1939年，加州大学伯克利分校的薪水已经具有足够的竞争力时，才成功吸引到芝加哥大学的两位系主任。可以说，建立一个在全国得到认同的学系需要能够识别和招募天才研究人员的领导，以及需要为他们提供具有竞争力的支持条件。当加州大学伯克利分校已经拥有了G. N. 刘易斯——阿尔弗雷德·诺伊斯的继任者时，学校在吸引高层次人才时也变得容易许多。刘易斯不仅是一名一流的物理化学家，还是大学事务管理中的活跃力量，被刘易斯吸引来的伦纳德·勒布（Leonard Loeb）和雷蒙德·博奇（Raymond Birge）也在加盟加州大学伯克利分校之后积极投入学校的招聘高层次人才工作之中。当发现想要的科学家时，加州大学伯克利分校的物理学系也显示了它的信念和坚持，这在其最著名的举动——从耶鲁大学引进E. O. 劳伦斯中得以明显体现。挖人工作从1926年开始，当提供助理教授职位没能成功时，加州大学伯克利分校提供了副教授职位，最终在1928年将劳伦斯引进加州大学伯克利分校，劳伦斯在11年之后获诺贝尔奖。1929年，罗伯特·奥本海默（Robert Oppenheimer）也接受了加州大学伯克利分校的任命。随后，成立时间并不长的加州大学伯克利分校物理学系在该领域占据了全美的前沿位置。

7. 私有资本与斯坦福大学的高层次人才竞争

在第二次世界大战结束后的冷战时代，斯坦福大学有了空前的发展机遇，时任校长的华莱士·斯特林（Wallce Sterling）（被后人称作斯坦福大学快速发展的建筑师）在副校长兼教务长弗雷德里克·特曼（Frederick Terman）（被后人称作斯坦福大学快速发展的工程师）的帮助和支持下，制定了影响斯坦福大学快速发展的两项重大战略：积极争取联邦政府的科研基金，出租斯坦福大学丰富的土地资源建设工业园区。斯特林和特曼力排众议，首先增加杰出教授的数量，他们确信只要有优秀的教授就能使大学进入良性循环，优秀教授会带来更多的经费，吸引更好的学生，但要求更好的教室、实验室、图书馆和宿舍的不可抗拒的压力也会接踵而至。在斯特林任职的近 20 年（1949～1968 年）时间里，通过打造一流的教授队伍，将斯坦福大学这所地方性的优秀大学带入全国一流大学的行列。

### （三）私有资本在 21 世纪再次助力美国大学的高层次人才竞争

2000 年美国军费（克林顿政府）、公共医疗（奥巴马政府）等支出的快速增长，致使教育经费的"奶酪"被动，联邦政府对高等教育的资助大量缩减。在 2007 年初，英国《金融时报》就曾报道称，美国有许多杰出的科学家，尤其是生物科学家因为经费紧张，选择了离开美国并前往新加坡、英国和澳大利亚等国。不经意间，美国在 21 世纪第一个 10 年里对教育的财政支持力度已经大大低于冷战结束后的第一个 10 年。截至 2011 年底，美国 13 个州共削减了总额超过 10% 的高等教育经费。其中，亚利桑那州经费削减最多，接近 22%。当高等院校面临经费削减的压力时，一些曾经风光无限的精英大学，也开始陷入资金困境。私人捐赠在政府资助削减的情况下再次借助资本再造助力美国大学的高层次人才竞争。[1] 2007 年，威廉与佛洛拉·休利特基金会捐给加州大学伯克利分校 1.13 亿美元的专项拨款，用于资助教授席位；2014 年，当威斯康星大学麦迪逊分校因为州政府废除终身教职制度而流失大量高层次人才时，校友莫格里奇夫妇提供的专门用于教师发展的 1.25 亿美元配额捐赠，帮助其成功挽留了国际关系学院的 5 位教授，也挽救了这个学科。传统的梅隆基金会、斯宾塞基金会、卡内基教学促进基金会，以及新兴的比尔和梅林达·盖茨基金会、光明基金会等都在 2000 年为大学注入大量资金。[2]

## 三 组织对大学高层次人才流动的影响

### （一）美国研究型大学自由文化的形成

美国的研究型大学是传承欧洲大学模式并进行自主创新的结果。美国研究型大学的文化起源于古希腊的哲学思想。在柏拉图的哲学学院和苏格

---

[1] David F. Labaree, *The Making of an American High School*: *The Credentials Market and the Central High School of Philadelphia*, New Haven: Yale University Press, 1988, pp. 1838 – 1939.

[2] Thelin John, *A History of American Higher Education*, Johns Hopkins Press, 2011, p. 312.

拉底的修辞学校倡导自由辩论和自由研究；苏格拉底虽没有创办学校，但他的思想"学者必须有权利探索一个论点到它可能引向的任何地方"① 却成为当时这些雏形学校的主导理念。到中世纪时，这一理念在中世纪大学，特别是在巴黎大学的自治实践中得以传承，这也为后来在此基础上衍生出来的柏林大学、剑桥大学、牛津大学奠定了学术自由的基础。对美国研究型大学直接产生影响的主要是德国的柏林大学和英国的剑桥大学。因此，美国研究型大学代际传承的是学术自由文化，实用主义文化主要存在于非研究型大学系统中。在美国研究型大学学术自由文化的传承过程中，一些关键性的人物发挥了重要作用。

在柏林大学的影响下，1876 年美国第一所以研究生教育和科学研究为主的约翰·霍普金斯大学建立，将柏林大学的理念传承过来的是该校第一任校长丹尼尔·科伊特·吉尔曼。他曾经在欧洲学习，对欧洲大学的教育理念非常熟悉，另外，他在耶鲁大学任教期间，对传统大学的教育弊端了然于胸。② 芝加哥大学是受约翰·霍普金斯大学的影响而创建的新型组织结构，在这个传承过程中发挥关键作用的主要是威廉·哈珀和哈钦斯。芝加哥大学的理念传递到加州理工学院是通过海耳实现的。海耳原来是芝加哥大学的天文学教授，后来成为加州理工学院的董事，他的出现使加州理工学院的命运发生了转变：由偏实用主义转为重学术水平。1865 年建立的康奈尔大学也是传承了柏林大学的自由理念。

1636 年创建的哈佛大学是以英国剑桥大学的伊曼纽尔学院为模板建立起来的，最初的一批创校者是当时在剑桥大学不得志而迁移到北美大陆的教师。这样，剑桥大学的自由、闲逸的作风便传承到了哈佛大学。哈佛大学的影响极大，1701 年的耶鲁大学（前称纽黑文）、1740 年的宾夕法尼亚大学（前称费城学院）、1746 年的普林斯顿大学（前称新泽西学院）、1754 年的哥伦比亚大学（前称国王学院），都是以哈佛大学为样板建立的。

同时，随后建立的斯坦福大学也是受哈佛大学的影响，是哈佛大学校长艾略特建议斯坦福夫妇创建一所真正的大学。同时，斯坦福大学也在一定程度上受到了康奈尔大学的影响，第一任年轻的校长戴维·S. 乔丹是康

---

① 施晓光：《美国大学思想论纲》，北京师范大学出版社，2001，第 74 页。
② 王英杰、刘宝存：《世界一流大学的形成与发展》（上），山西教育出版社，2008，第 57 页。

奈尔大学校长安德鲁·D.怀特的学生。加州大学伯克利分校则是受耶鲁大学的影响而形成了重学术的传统。威斯康星大学和麻省理工学院的建立则充分体现了学术自由文化的拉马克式传承，它们建校之初是实用主义的思想在起主导作用，但当它们想进入研究型大学系统内部时，不得不选择理性主义，传承学术自由文化。这一传承过程如图 3 - 2 所示。

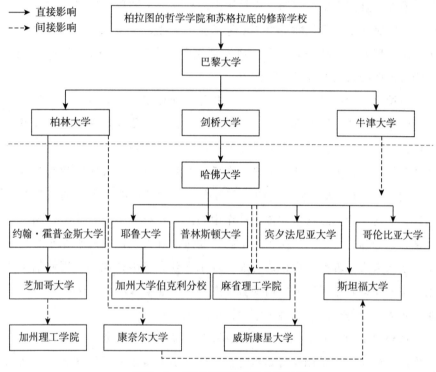

图 3 - 2　美国研究型大学传承过程

## （二）美国独特的高等教育管理模式与校长对高层次人才竞争的推动

相应地，美国的高等教育管理是在德国教授控制的基础之上融入了院校董事管理与行政控制等形式。但是与德国相比，美国教授控制的力量较为弱小，院校董事和行政人员的影响较大。在民族国家建立以前，殖民地学院以及苏格兰的大学便独具新意地设计出了一套由外部董事会来管理大学的制度。无上的权力被赋予了一个外部董事会，这个董事会反过来仅与校长保持紧密合作（而德国的国家权力却选择了与高级学者保持密切联系），而校长本身也是强大管理机构的首脑。也就是说，这些善于沟通、关系广泛、极具智慧的"圈外人"既不想直接管理大学又对单纯的教授治学缺乏足够的信任。在经过慎重思考之后，他们选择了以校长为首脑的集体意志。这一想法的出发点来自对于牛津大学与剑桥大学的教员治校方式的不信任。对于外部的董事会以及具有权力的校长的制度性依赖，是当时为了使新世纪的学院具有"高效率"而设计的。美国的教授权威大致形成于20世纪，由于形成时间较晚，在董事和行政人员既定的权力范围内，教授对院校的控制方式和权威不可能达到德国大学讲座教授的影响程度。事实上，这一模式立刻起到了作用并且经受住了考验。权力经外部董事会的让渡流向大学内部，校长获得了影响高层次人才竞争等各项学术事务的控制力和决定权。这带来的一个奇特现象就是董事会拥有的无上权力与他们的低姿态以及承担的微不足道的责任之间的对比。在19世纪时，美国的私立院校便成了独立于州政府管辖的机构，公立院校有自己的管理委员会和特许的自治权。因此，从垂直维度来看，美国高等教育形成了一个强大的以院校行政和董事管理制度为形式的中层结构。

如果说德国的联邦政府在理性化威权构建中推动了德国大学的高层次人才竞争，那么在美国，这一事件的推动者则是大学校长们。在美国高等教育体系中，校长绝对是一位举足轻重的人物。董事会与校长之间的权力对比会随大学的地位、教授的权力增长直接发生变化，但即使是在私立大学，校长也能拥有一定的自主权，这一点在欧洲大学很难想象，因为那里通常是教授们的天下。市场取向使美国高等教育常常可以不依靠政府，因此能够保持其自主性。

大学校长所推动的高层次人才竞争始于19世纪末期。19世纪末20世纪初美国高等教育的现代化发展史既对美国高等教育意义重大，又为日后世界各国的高等教育现代化之路提供了一个颇具参考价值的经验底本。美国新大学的建立与已有大学的改造和扩充均在这一时期内完成，与之相伴的是大学之间对一流学者的竞争日益加剧。将一流学者的竞争推向高潮的是斯坦福大学与芝加哥大学。斯坦福大学年轻的校长戴维·S.乔丹怀着与大学共同成长的激情开始努力挖掘杰出教授；同时期建立的芝加哥大学，首任校长威廉·R.哈珀上任之初便遍访全美一流学者，开始了近乎偏执和狂热的"人才挖掘运动"，成功竞争到了耶鲁大学和克拉克大学的20名优秀教师。由于这两所大学对一流学者的争夺，教授们频繁地从一所大学流向另一所大学。1892 年，当密歇根大学校长詹姆斯·B. 安吉尔觉察到有着极高声誉的学者正在成为各大学不断争抢的对象时，他评论指出，"一个教授从一所大学被调到了另一所大学，尽管在从前这很少见，但现在这种做法却很平常"①，于是其他迅速加入了这场抢人大战之中。在这两所大学的带动下，越来越多的大学加入这场人才争夺大战中，从一上任到 1892 年芝加哥大学开学时，哈珀用双倍的薪酬挖来了克拉克大学的 15 名学者以及耶鲁大学的 5 名教授②；哥伦比亚大学时任校长塞斯·洛上任后也将管理重心放在挖人上，他自信地认为，就纽约城市的魅力而言，哥伦比亚大学应该能够吸引世界上最为优秀的学者来填补任何空缺的职位。在 1890 ~ 1904 年短短 14 年的时间里，哥伦比亚大学成功从其他大学挖来 100 名优秀人才，从而打造出一支声誉卓著的师资队伍。美国的大学不仅争夺本国的一流学者，而且将目光放眼国外，抢夺在世界范围内享有盛誉的人才，这便是约翰·霍普金斯大学的挖人策略。1876 年约翰·霍普金斯大学建立时的 6 名教授中只有艾拉·雷姆森和巴兹尔·盖尔德斯立夫这 2 名教授来自美国大学，其余 4 位教授均是来自国外大学的享有盛誉之人。③ 校长们对一流学者的竞争带来了学术职业的发展，劳伦斯·塞斯称之为 "19 世纪 90 年代初的学术繁荣"④。

美国的大学校长通常就是顶级学者，如麻省理工学院的康普顿、芝加哥大学的哈钦斯等，为了避免大学校长 "学者" 和 "管理者" 双重角色下的身份意识混沌，董事会作了一项重要规定——一旦担任校长就必须放弃科研，同时董事会采取公司业绩考核的方式来核准校长们的薪水与奖金，从而用理性的制度设计对拥有较大组织权力的大学校长们加以制衡，将校长的行为引向大学本身的利益。为了打造一流的科研环境以成功竞争到高级学者，大学校长智慧地在市场与政府之间寻求利益。值

① Roger L. Geiger, *To Advance Knowledge*：*The Growth of American Research Universities*，1900 – 1940，Transaction Publisher，2004，p. 11.

② David Kirp, *Shakespeare, Einstein, and the Bottom Line*：*The Marketing of Higher Education*，Harvard University Press，2003，p. 68.

③ Roger L. Geiger, *To Advance Knowledge*：*The Growth of American Research Universities*，1900 – 1940，Transaction Publisher，2004，p. 11.

④ Laurence R. Veysey, *The Emergence of the American University*，University of Chicago Press，1965，p. 264.

得注意的是，董事会虽对大学校长拥有聘任与解聘的权力，但他们在高层次人才竞争中却保持着低姿态，并没有给大学竞争高级学者设置一套统一的标准，从而保证校长尽管权力受制约却拥有较强的自主性。到1930年，美国研究型大学走向了国际科学最具竞争力领域的前沿，而且成了吸引世界范围内高级学者的磁场，爱因斯坦的到来最为典型。对法兰西学院的保罗·朗格温（Paul Langevin）来说，他的选择标志着美国成了"自然科学的新中心"①。

## 第三节　美国与德国制度变革影响大学高层次人才流动变迁的比较

### 一　国家对大学高层次人才流动影响的比较

威廉·克拉克描述了德国大学的起源，认为中世纪德国大学依靠的是传统权威，行会中德高望重的资深教师依照惯例制定招生、课程及毕业标准。进入现代早期，由于受到现代国家的理性化立法机制的影响，大学开始发生变化，纷纷采纳国家的科层体制，以满足国家的经济、政治、文化需求，理性化的大学管理架构因此得以形成。德国是新教改革激励的国家代表，国家力量非常强大，教会无法像中世纪那样继续与之抗衡，国家进驻大学时可谓畅通无阻。"在德国，官僚制精神是学术劳动向研究工作转变的关键要素。"② 首先必须肯定的是，国家权力在德国从传统高等教育体制向现代高等教育体制转型的过程中的确发挥了积极作用，它改变了德国学者尤其是一流学者任命中的世袭制（按血缘、喜好、财富选拔人才），使得学者任命走向理性化，按照才能、成就任命。理性的一路狂奔，"理性在其中生长的社会进程是不受理性控制的"③。国家由此在更大程度上由自己证明它是所有弊端的渊薮。它在对人们的善意观照

---

① Roger L. Geiger, *To Advance Knowledge: The Growth of American Research Universities*, 1900 – 1940, Transaction Publisher, 2004, p. 227.

② William Clark, *Academic Charisma and the Origins of the Research University*, Chicago: University of Chicago Press, 2006, p. 161.

③ 〔英〕弗里德里希·奥古斯特·哈耶克：《自由宪章》，杨玉生、冯兴元、陈茅等译，杨玉生、陆衡、伊虹统校，中国社会科学出版社，2012，第63页。

中一贯用规定强加的东西，转而成为它意图的反面。① 德国教授是终身制的国家公务员，因而除退休或死亡外，只有极少流动，如慕尼黑大学 750 名教授中每年只有 2 ~ 3 名流动，他们或是到科研工作条件更好、工资更高的美国，或是到生活更舒适的瑞士。② 这种较低的流动率使德国大学的师资队伍缺乏活力。当国家主义，以及反犹太主义出现时，更是给德国的科学发展带来了一场灾难。③ 就美国的国家影响而言，它所秉持的是有助于长远发展的支持比短期内见效的直接管理更加行之有效。不同院校是围绕形形色色的知识领域组织起来的，只有这些致力于知识发展的内部人才最懂得如何使院校组织最好的运转，所以国家的影响需留有余地，以便各院校保持自己的特色。

在全球的大学高层次人才竞争中，德国因国家的强大影响吃亏，美国因自身发展的内在动力网罗大批顶级人才。到 1933 年，德国纳粹民族政策对学者的迫害，使得美国大学更具吸引力。"在这时，国际人才交流不仅由美国科学工作条件的吸引力来决定，而且由被纳粹种族政策驱使得无家可归的学者所决定。"④ 德国的纳粹主义政策波及了整个欧洲的所有学者。据统计，在这几年里被清除的德国学者共计 1600 名；有 707 名欧洲大学学者移居美国，424 名非大学的科学家和学者在美国扎根；这其中共有 653 名任职于美国高校，占当时美国大学教师总数的 0.5%。在洛克菲勒基金会、卡内基教学促进基金会等的帮助下，一些大学和学院为这些难民提供了居所。⑤ 以物理学科为例，据统计，1933 ~ 1940 年从欧洲移民美国的重要物理学家有 22 位（有 4 位来美后获诺贝尔奖），其中德国移民美国的重要物理学家有 11 位，汉斯·贝蒂 1935 年从蒂宾根大学来到康奈尔大学，

① 〔德〕威廉·冯·洪堡：《论国家的作用》，林荣远、冯兴元译，中国社会科学出版社，2016，第 4 页。
② 陶遵谦主编《国外高等学校教师聘任及晋升机制》，华东师范大学出版社，1984，第 183 页。
③ Jeffrey Allan Johnson, "Dilemmas of 19th-century Liberalism among German Academic Chemists: Shaping a National Science Policy from Hofmann to Fischer, 1865 - 1919," *Annals of Science*, 2015, 72 (2), pp. 224 -241.
④ Roger L. Geiger, *To Advance Knowledge: The Growth of American Research Universities*, 1900 - 1940, Transaction Publisher, 2004, p. 241.
⑤ Roger L. Geiger, *To Advance Knowledge: The Growth of American Research Universities*, 1900 - 1940, Transaction Publisher, 2004, p. 241.

他对量子物理百科全书式的把握将康奈尔大学带到了原子研究的前沿。弗莱克斯·布洛赫 1934 年从莱比锡大学来到斯坦福大学，也把最新研究带到斯坦福大学，任职于柏林大学的匈牙利物理学家利奥·齐拉德 1937 年来到哥伦比亚大学后，在铀原子裂变研究中的发现对美国原子弹开发作出无可估量的贡献，此外，阿尔伯特·爱因斯坦、恩里克·费米、汉斯·贝蒂等移民物理学家对原子弹的实际制造所作的贡献远大于美国本土学者。到 1969 年，从欧洲移民到美国的科学家共 24 人获得诺贝尔奖。[①] 这些顶级科学家的到来迅速将美国一批大学的学科带到世界前沿。

进入 21 世纪后，德国与美国之间的这种人才流动逆差依然存在。根据资助德国科研人员在海外研究的德国基金会统计，21 世纪以来德国每 7 个本土毕业的博士中就有 1 人会前往美国工作，并且 43% 在海外工作的德国科研人员不打算返回德国。[②] 2005 年，共有 14.48 万名德国人离开德国，同时只有 12.81 万名德国人从海外回国定居，这是德国 40 年来第一次移民出国者比流入者还多。为了防备本土高层次人才的继续流失，德国政府设定目标要使德国的大学成为"未来国际领袖人物的熔炉"。2002~2005 年，德国政府先后拿出 1.8 亿欧元，在高等院校设立"青年教授"岗位，稳定并吸引杰出的青年学者在德国高校从事科研工作。2005 年，德国政府又通过高等教育"创优计划"，拿出 1.9 亿欧元致力于提高德国高校在全球顶级人才竞争中的吸引力。另外，德国政府根据本国海外人才主要集中在美国的现实，还于 2003 年在美国成立民间社团"德国学者协会"，专为那些身在海外的优秀人才回国工作牵线搭桥。[③] 然而这些策略依然很难从根本上改变德国人才流失的状况，更无法撼动美国作为全球人才磁场的地位。

由此可见，国家在大学高层次人才竞争中的影响在美国和德国分别上演了一场游离的边缘与控制的中心之间的较量。在美国，国家影响大学高层次人才竞争的道路走得异常艰辛，始终处于边缘化状态；而在德国，披着理性化合法外衣的国家权力乘势全面控制了大学的高层次人才竞争事务。国家主导下的德国大学高层次人才竞争的确在历史上推动了德国大学的进步，影响

---

① Roger L. Geiger, *To Advance Knowledge: The Growth of American Research Universities*, 1900 – 1940, Transaction Publisher, 2004, p. 243.

② 王辉耀：《德国的国际人才竞争战略》，《国际人才交流》2011 年第 10 期。

③ 王辉耀：《德国的国际人才竞争战略》，《国际人才交流》2011 年第 10 期。

了整个 19 世纪世界大学发展的柏林大学便得益于这种强大的国家力量。当 1871 年普鲁士文化教育部将整个大学教育与科研发展的重点放在人文社会科学上时，它最关心的是柏林大学能否获得人文社会科学方面最优秀的人才，由此形成了一套相对格式化、等级化的人文社会科学教授流动体制，将最顶尖的人文社会科学学者引进到柏林大学。然而，"暴力或许是（国家）权力关系的原初形式、永恒秘密和最后手段。一旦迫使它撕开面具，露出真身，它的真正本质最终会暴露出来"①。当德国纳粹民族政策使国家利益发生巨大变动时，大批顶尖学者被驱逐，德国大学遭到重创。美国大学在吸引这些无家可归的学者时的最大竞争力便是不受国家控制的自由。也正是在这一时期，美国研究型大学群体性崛起，走向了国际科学最具竞争力领域的前沿，世界高等教育中心由德国转移到美国。② 而此时的德国大学，已经在诸多领域难以与美国大学相媲美。真可谓"成也萧何，败也萧何"！

## 二　市场对大学高层次人才流动影响的比较

与国家的影响相比，市场的影响在美国和德国的大学高层次人才竞争中发生了置换。罗杰·L. 盖格在《知识与金钱：大学与市场的悖论》一书中指出，市场的力量已经极大地影响了当今美国研究型大学的产生、发展以及知识传播。③ 在美国，利用自愿支持的捐赠基金竞争公认的"学术明星"塑造了美国大学高层次人才竞争的主要特征。市场的影响不仅通过资本再造在美国大学崛起的过程中、公共资助匮乏时成为美国研究型大学竞争顶尖人才的强大支撑，还在具有自律精神的董事们的运作下——"他们一般将自己视为大学利益的捍卫者和服务者，而不是让大学服务于他们的利益"④，规范着大学的竞才行动。20 世纪 50 年代到 60 年代早期，福特基金会联合其他基金会将注意力集中在两个方面来平衡联邦政府的资助，即主要的私立大学以及社会和行为科学方面。正如罗伯特·布雷姆纳

---

① 汪民安编《自我技术：福柯文选Ⅲ》，北京大学出版社，2016，第 127 页。
② Joseph Ben-David, *Centers of Learning: Britain, France, Germany, United States*, New York: Mc Graw-Hill Book Company, 1977, p. 108.
③ R. L. Geiger, *Knowledge and Money: Research Universities and the Paradox of the Marketplace*, Stanford University Press, 2004, p. 4.
④ 贾永堂、徐娟：《19 世纪末 20 世纪初美国高水平研究型大学群体性崛起的机制分析——基于社会进化论的视角》，《高等教育研究》2012 年第 5 期。

（Robert Bremner）所陈述的那样，福特基金会的这份"大礼"得到广泛赞誉，即"在1955年12月宣布专门拨出5.6亿美元用于援助私立学院和大学来提高教师工资，帮助私立大学的医学院改善教学与服务"。福特基金会的策略尤为有效，它为芝加哥大学、斯坦福大学、哈佛大学、康奈尔大学以及哥伦比亚大学的商业管理学科提供了慷慨补贴，并为经济学、政治学、统计学、社会学等增添了活力。[1] 从20世纪20年代末到50年代初，即使是像哈佛大学这样的富有声望和财力雄厚的大学在资金筹措上都非常困难。到1960年，哈佛大学以及几乎所有的其他私立大学已经认识到它们不能再把资金募捐这项既科学又艺术的活动当作次要事务，为此设立了一个专门负责筹款的副校长职位。

在德国，市场的强大抱负因国家干预而破灭，成为一种受控的存在，甚至在国家资助紧缺时都难以发挥结构功能。在20世纪后半期，当德国的公共经费匮乏时，由于国家权力的历史阻隔所形成的惯性，德国大学无法迅速在市场中获取必要的资本，市场受控的结构功能进一步弱化了德国大学对顶尖人才的竞争力，从而导致研究型大学学术地位迅速下滑。[2] 到2004年英国泰晤士高等教育排名（THE）首次公布世界大学排名时，德国仅有两所大学进入百强，即海德堡大学（47）和柏林工业大学（60），此后几年甚至仅海德堡大学进入百强。

### 三　组织对大学高层次人才流动影响的比较

组织在德国和美国的大学高层次人才竞争中都具有较强的影响力，差别之处在于行使主体及约束不同。

在美国，科学家校长们在获得董事会的授权之后必须放弃学者身份，而成为完全的管理者。这一制度性约束决定了美国大学校长们只能通过带领大学走向卓越来彰显自身、获取认可。而竞争高层次人才这一具有高显示度的"绩效指标"在某种意义上与大学校长的"利益"一致。质言之，校长所拥有的组织权力之所以能够使美国大学在高层次人才竞争中具有无

[1] 王延芳主编《美国高等教育史》，福建教育出版社，1995，第262~263页。
[2] David F. Labaree, "Understanding the Rise of American Higher Education: How Complexity Breeds Autonomy," *Peking University Education Review*, 2010, 31 (3), pp. 24-39.

限魅力，不是得益于校长自身的自我约束、圣人品性，而应归功于能够有效弥补权力缺陷的制度设计。美国为何能成功竞争到欧洲一流的科学家，大学校长在尽其所能地吸引并留住高层次人才方面功不可没。当欧洲物理学家来到美国时，他们不仅遇上了实验物理学的本土传统，遇上了明显优于他们本国研究所的实验室，还享受到了美国大学组织上的优势——美国大学校长为学者们营造了一个在不使众多物理学家屈尊的情况下能够容纳他们的灵活的科研氛围。这些因素无疑为像亚当·斯密、纽曼以及维格纳等已作出实证贡献、有着一定声望的年轻科学家提供了充分施展其才华的最佳场域。而对于他们中的每个人来说，在故地提升的可能性是非常小的。[①] 所以，20世纪三四十年代美国研究型大学群体性崛起的过程，也是世界高等教育中心由德国转移到美国的过程。

在德国，联邦政府在学者任命中的理性自负使其过度信任教授，在给予教授无限度的学术自由的同时，忽视了无节制的教授权力的局限性。学阀控制、寡头统治下的学术霸权破坏了学术机构内部的价值多元和学术民主[②]，这也成为德国大学高层次人才竞争中的致命软肋。一场致力于学者任命理性化的现代改造在历史的车轮下逐渐走向了理性的反面，如何建立起既能以现代化的、由精英主导的组织权力保护学术自由，又能谨防学术精英滥用权力的内部治理制度，成为21世纪德国大学竞逐全球顶尖人才、重返世界一流大学行列必须面对的关键问题。恰如阎光才所阐述的，"如果学术系统完全由少数精英机构或精英成员所控制，则可能带来学阀控制的不良效应。官僚化可能带来的是系统内部同构或在权力意志引导下的人为分化，学阀控制则真有可能带来布里斯所谓的缺乏竞争性流动机制的学术系统分层世袭等级制。这两种极端显然都不可取，因此，如何在强调建立成熟的、相对独立的学术共同体以抵消外部权力过分介入的同时，又能谨防权力与少数精英共谋，恐怕是关联到整个学术系统内部分化的合理性、精英机构和学者学术地位获致正当性的核心议题"[③]。

① Roger L. Geiger, *To Advance Knowledge*: *The Growth of American Research Universities*, 1900 – 1940, Transaction Publisher, 2004, p. 240.

② J. M. Moxley, L. T. Lenker, *The Politics and Process of Scholarship*, Greenwood Press, 1955, p. 58.

③ 阎光才：《学术系统的分化结构与学术精英的生成机制》，《高等教育研究》2010年第3期。

# 第四章

## 1949~2018年大学高层次人才
## 流动的变迁轨迹

为分析我国大学高层次人才流动的变迁轨迹，本书统计了 1949~2018 年我国大学高层次人才的流动规模、流动频率、流动周期、流动路径的变化情况。

## 第一节　中国大学高层次人才流动规模的变迁

### 一　中国大学高层次人才流动规模的总体演变

为呈现我国大学高层次人才流动规模的变化情况，本书根据流动时间统计了 1949~2018 年我国大学高层次人才历年的流动人数，并绘制了流动规模变迁折线图，如图 4-1 所示。由图 4-1 可见，1949~2018 年我国大学高层次人才流动人数的变迁大致呈"右偏形金字塔"分布，尽管在变迁过程中有不少波动但整体呈上升趋势。依据分布态势又可进一步将这一上升历程划分为三个阶段。

第一阶段为流动规模保持在较低水平的时期，时间为 1949~1977 年。在这不到 30 年的时间内，只有极少数的大学高层次人才发生了流动，每年流动规模保持在 50 人以下的低水平上。在这一时期，流动人数最多的年份为 1977 年，当年的流动人数为 40 人，流动人数最少的年份为 1951 年，当年的流动人数为 5 人。

第二阶段为流动规模的快速上升期，时间为 1978~1997 年。自 1978 年起，流动规模开始大幅上升从而迎来新阶段。在这一阶段内，流动规模由 1978 年的 41 人逐渐增长到 1996 年的 123 人，增长了 2 倍。尤其是在进入 20 世纪 90 年代之后，流动规模呈大幅增长之势，规模变迁折线变得尤为陡峭。

第三阶段为流动规模的高峰期，时间为 1998~2018 年。1998 年我国大学高层次人才的流动规模由 1997 年的 110 人大幅增长到 149 人，之后便一直保持在较高的水平上，并在 2010 年达到 208 人的最高峰，这 21 年流动规模的平均值为 178 人。由图 4-1 可见，这一时期的流动人数构成了 1949~2018 年我国大学高层次人才流动规模演变的波谷。此外，2001 年、2003 年、2005 年和 2006 年的流动规模都在 200 人以上，基本接近最高峰。

由此可见，在这 70 年的时间内我国大学高层次人才流动规模的变迁有两个重要转折点，即区分三个阶段的时间拐点为 1978 年和 1998 年，这两大拐点恰逢我国高等教育变革开启的时间。为验证我国大学高层次人才流动规模的变化是否与这些变革相关，本书将年代与 1949~2018 年大学高层次人才历年的流动人数进行了相关性分析。结果表明，流动人数与年代显著正相关（$p = 0.000 < 0.05$）。基于此，本书进而以年代为自变量，以历年流动人数为因变量进行回归分析，结果表明，流动人数与年代之间依然保持着显著正相关，年代对我国大学高层次人才流动规模的解释率为 73.4%（$R^2 = 0.734$）。由此我们可以说，1949~2018 年我国高等教育领域发生的一系列变革促进了我国大学高层次人才流动规模的不断上升。

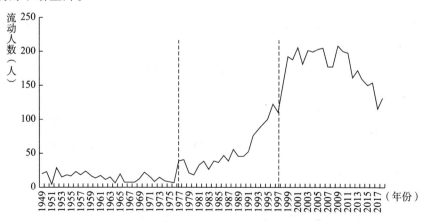

图 4-1　1949~2018 年我国大学高层次人才流动规模变迁折线

## 二 中国大学高层次人才流动规模演变的层级差异

为呈现 1949～2018 年我国大学高层次人才流动规模演变的层级差异，本书统计了六类项目人才历年流动人数（此时交叠样本进入统计范围），并绘制了折线图，如图 4-2 所示。由图 4-2 可见，这六类项目人才的流动规模变化存在一定的差异，下面将我国六类项目人才分为 3 个层级，院士属于第一层级，"长江学者奖励计划"特聘教授（简称"长特"）和"国家杰出青年科学基金"获得者（简称"杰青"）属于第二层级，"青年长江学者"（简称"青长"）、"青年拔尖人才支持计划"入选者（简称"青拔"）、"优秀青年科学基金"获得者（简称"优青"）属于第三层级，并对这 3 个层级项目人才的流动情况进行详细分析。

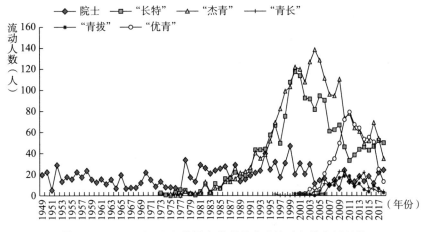

图 4-2 1949～2018 年我国六类项目人才流动规模变迁折线

### （一）第一层级高层次人才在 1949～2018 年的流动规模无明显的阶段性变化

由图 4-2 可见，院士的流动时间跨度为 1949～2018 年，流动规模在这 70 年里平稳地维持在一个较低的水平上，无明显的规律可循。70 年内每年流动人数总体保持在 50 人以下。本书进而以 5 年为 1 组，划分出 14 个组，详细分析 14 组院士在这 70 年中具体的流动规模均值、最大值、最小值、标准差和离散度，统计结果如表 4-1 所示。

从均值来看，这 14 组院士的平均流动规模相差不大，流动规模最大的年份出现在 1994～1998 年和 1999～2003 年这两个组，年均流动规模为 30

人；流动规模最小的年份出现在 1964～1968 年组，年均流动规模为 10 人。通过对 14 个组进行均值的统计分析也没有发现明显的变化规律。具体而言，在 1979～1983 年之前的 6 个组中，院士的历年流动规模均值由 18 人增至 20 人之后降至年均十几人的水平；在 1979～1983 年、1984～1988 年、1989～1993 年、1994～1998 年这 4 个组中，院士的历年流动规模均值依次为 21 人、25 人、19 人和 30 人，经历了波动式增长。在 1999～2003 年、2004～2008 年、2009～2013 年、2014～2018 年这 4 个组中，院士的历年流动规模均值则由 30 人降至 20 人以下的水平。

从极值来看，居于流动规模最大值前列的为 1994～1998 年和 1999～2003 年两个组，最大值分别为 44 人和 47 人，表示在这两个组别中出现了院士流动规模的"大年"；居于流动规模最小值前列的为 1974～1978 年和 1949～1953 年两个组，最小值分别为 4 人和 5 人，表示在这两个组别中出现了院士流动规模的"小年"。从标准差和离散度来看，院士的分散程度和偏离程度都不大，都比较向中心值集中。综上而言，基本可以断定，70 年来院士作为第一层级的高层次人才，其流动规模的变化不大。

**表 4-1　院士在 1949～2018 年的流动规模**

单位：人

| 年份分组 | 均值 | 最大值 | 最小值 | 标准差 | 离散度 |
|---|---|---|---|---|---|
| 1949～1953 | 18 | 29 | 5 | 9 | 7 |
| 1954～1958 | 20 | 24 | 16 | 3 | 3 |
| 1959～1963 | 14 | 16 | 11 | 2 | 2 |
| 1964～1968 | 10 | 20 | 7 | 6 | 4 |
| 1969～1973 | 14 | 22 | 9 | 5 | 3 |
| 1974～1978 | 12 | 34 | 4 | 12 | 9 |
| 1979～1983 | 21 | 29 | 13 | 6 | 5 |
| 1984～1988 | 25 | 29 | 17 | 5 | 3 |
| 1989～1993 | 19 | 24 | 14 | 4 | 3 |
| 1994～1998 | 30 | 44 | 18 | 10 | 7 |
| 1999～2003 | 30 | 47 | 21 | 11 | 7 |
| 2004～2008 | 14 | 17 | 10 | 3 | 2 |
| 2009～2013 | 16 | 24 | 7 | 6 | 5 |
| 2014～2018 | 19 | 25 | 12 | 6 | 4 |

**（二）第二层级高层次人才在 1973~2018 年的流动规模高峰出现在高等教育大扩招之后**

由图 4-2 可见，"长江学者奖励计划"特聘教授和"国家杰出青年科学基金"获得者的流动时间跨度分别为 1973~2018 年和 1975~2018 年。在这 40 多年时间里，两类项目人才的流动规模大致呈"金字塔形"分布，峰值出现在 1998~2007 年。此外，1992 年前后是"长江学者奖励计划"特聘教授和"国家杰出青年科学基金"获得者流动规模快速上升的转折点。

本书进而以 5 年为 1 组（其中"长江学者奖励计划"特聘教授因最早的流动年份为 1973 年，故第一组为 1973~1978 年共 6 年；"国家杰出青年科学基金"获得者因最早的流动年份为 1975 年，故第一组为 1975~1978 年共 4 年），划分出 9 个组，详细分析 9 组项目人才在 40 多年的时间内具体的流动规模均值、最大值、最小值、标准差和离散度，统计结果如表 4-2 和表 4-3 所示。

第一，"长江学者奖励计划"特聘教授的流动规模变化情况。从均值来看，这 9 组"长江学者奖励计划"特聘教授的平均流动规模大致经历了快速上升和稳步下降两个阶段，流动规模最大的年份出现在 1999~2003 年这个组，年均流动规模为 105 人，流动规模最小的年份出现在第一组，即 1973~1978 年组，年均流动规模仅为 3 人。具体而言，在 1999~2003 年之前的 5 个组中，"长江学者奖励计划"特聘教授的历年流动规模均值由 3 人、4 人大幅增至 59 人的水平；在 1999~2003 年的高峰后流动规模有所下降，2004~2008 年的"长江学者奖励计划"特聘教授的年均流动规模为 79 人，随后 2009~2013 年和 2014~2018 年年均流动规模基本平稳，分别为 46 人和 48 人。

从极值来看，居于流动规模最大值前列的依然是 1999~2003 年组，最大值为 118 人，表示在 1999~2003 年的组别中出现了"长江学者奖励计划"特聘教授流动规模的"大年"；居于流动规模最小值前列的为 1973~1978 年和 1979~1983 年两个组，最小值都为 1 人，表示在这两个组别中出现了"长江学者奖励计划"特聘教授流动规模的"小年"。从标准差和离散度来看，"长江学者奖励计划"特聘教授流动规模的分散程度和偏离程度相较院士有所增大，标准差的最大值为 15，离散度的最大值为 13，表明"长江学者奖励计划"特聘教授的每年流动规模相较院士有较为明显的分散趋势。

表 4 - 2  "长江学者奖励计划"特聘教授在 1973 ~ 2018 年的流动规模

单位：人

| 年份分组 | 均值 | 最大值 | 最小值 | 标准差 | 离散度 |
|---|---|---|---|---|---|
| 1973 ~ 1978 | 3 | 6 | 1 | 2 | 2 |
| 1979 ~ 1983 | 4 | 11 | 1 | 4 | 3 |
| 1984 ~ 1988 | 15 | 23 | 7 | 6 | 4 |
| 1989 ~ 1993 | 30 | 44 | 19 | 13 | 11 |
| 1994 ~ 1998 | 59 | 76 | 45 | 13 | 10 |
| 1999 ~ 2003 | 105 | 118 | 92 | 12 | 10 |
| 2004 ~ 2008 | 79 | 95 | 62 | 15 | 13 |
| 2009 ~ 2013 | 46 | 67 | 34 | 13 | 9 |
| 2014 ~ 2018 | 48 | 53 | 44 | 4 | 3 |

第二，"国家杰出青年科学基金"获得者的流动规模变化情况。从均值来看，这 9 组"国家杰出青年科学基金"获得者的平均流动规模变化趋势与"长江学者奖励计划"特聘教授一样，也大致经历了快速上升和稳步下降两个阶段，流动规模最大的年份出现在 1999 ~ 2003 年和 2004 ~ 2008 年这两个组中，年均流动规模分别为 116 人和 114 人，流动规模最小的年份出现在 1975 ~ 1978 年和 1979 ~ 1983 年这两个组中，年均流动规模分别为 2 人和 5 人。具体而言，在 1999 ~ 2003 年之前的 5 个组中，"国家杰出青年科学基金"获得者的历年流动规模均值由 2 人、5 人大幅增至 69 人的水平；在 1999 ~ 2008 年的 10 年高峰后流动规模有所下降，2009 ~ 2013 年的"国家杰出青年科学基金"获得者的年均流动规模为 78 人，2014 ~ 2018 年的"国家杰出青年科学基金"获得者的年均流动规模为 53 人。

从极值来看，居于流动规模最大值前列的依然是 1999 ~ 2003 年和 2004 ~ 2008 年这两个组，最大值分别为 128 人和 139 人，表示在 1999 ~ 2008 年出现"国家杰出青年科学基金"获得者流动规模的"大年"；居于流动规模最小值前列的为 1975 ~ 1978 年和 1979 ~ 1983 年两个组，最小值分别为 1 人和 2 人，表示在这两个组别中出现了"国家杰出青年科学基金"获得者流动规模的"小年"。从标准差和离散度来看，"国家杰出青年科学基金"获得者流动规模的分散程度和偏离程度相较院士增大程度更为明显，标准差的最大值为 24，离散度的最大值为 18，表明"国家杰出青年科学基金"获得者的每年流动规模相较院士也有较为明显的分散趋势。

表 4－3 "国家杰出青年科学基金"获得者在 1975～2018 年的流动规模

单位：人

| 年份分组 | 均值 | 最大值 | 最小值 | 标准差 | 离散度 |
|---|---|---|---|---|---|
| 1975～1978 | 2 | 4 | 1 | 2 | 1 |
| 1979～1983 | 5 | 13 | 2 | 5 | 3 |
| 1984～1988 | 11 | 16 | 7 | 4 | 3 |
| 1989～1993 | 30 | 41 | 21 | 9 | 7 |
| 1994～1998 | 69 | 100 | 39 | 24 | 18 |
| 1999～2003 | 116 | 128 | 103 | 10 | 9 |
| 2004～2008 | 114 | 139 | 95 | 20 | 16 |
| 2009～2013 | 78 | 111 | 61 | 20 | 14 |
| 2014～2018 | 53 | 70 | 36 | 12 | 8 |

## （三）第三层级高层次人才在 1996～2018 年的流动规模变化具有较明显的组内差异

由图 4－2 可见，"青年长江学者"、"青年拔尖人才支持计划"入选者、"优秀青年科学基金"获得者三类青年项目人才的流动时间跨度在 20 年左右，其中"优秀青年科学基金"获得者的流动规模在 2009～2016 年内出现高峰，其他两类项目人才的流动规模基本维持在较低的水平内。

本书进而以 5 年为 1 组（其中"青年长江学者"因最早的流动年份为 1996 年，故第一组为 1996～1998 年共 3 年；"青年拔尖人才支持计划"入选者因最早的流动年份为 2000 年，故第一组为 2000～2003 年共 4 年；"优秀青年科学基金"获得者因最早的流动年份为 2001 年，故第一组为 2001～2003 年共 3 年），划分出 4～5 个组，详细分析这些组别中项目人才在 20 年左右时间内具体的流动规模均值、最大值、最小值、标准差和离散度，统计结果如表 4－4、表 4－5 和表 4－6 所示。

第一，"青年长江学者"的流动规模变化情况。从均值来看，这 5 组"青年长江学者"的平均流动规模大致经历了先上升后下降的变化，流动规模最大的年份出现在 2009～2013 年这个组，年均流动规模为 17 人，流动规模最小的年份出现在 1996～1998 年和 1999～2003 年两个组，年均流动规模仅为 1 人。在 2004~2008 年，"青年长江学者"的年均流动规模增至 9 人，在经历 2009~2013 年的高峰后年均流动规模降至 9 人。

从极值来看，流动规模最大值出现在 2009~2013 年和 2014~2018 年这两个组，最大值都为 23 人，表示在 2009~2018 年出现了"青年长江学者"流动规模的"大年"；居于流动规模最小值前列的为 1996~1998 年和 1999~2003 年两个组，最小值都为 1 人，表示在这两个组别中出现了"青年长江学者"流动规模的"小年"。从标准差和离散度来看，"青年长江学者"流动规模的分散程度和偏离程度相较不大，标准差的最大值为 8，离散度的最大值为 6，都出现在 2014~2018 年组中。

表 4-4　"青年长江学者"在 1996~2018 年的流动规模

单位：人

| 年份分组 | 均值 | 最大值 | 最小值 | 标准差 | 离散度 |
| --- | --- | --- | --- | --- | --- |
| 1996~1998 | 1 | 2 | 1 | 1 | 1 |
| 1999~2003 | 1 | 2 | 1 | 1 | 0 |
| 2004~2008 | 9 | 13 | 4 | 4 | 4 |
| 2009~2013 | 17 | 23 | 10 | 6 | 4 |
| 2014~2018 | 9 | 23 | 4 | 8 | 6 |

第二，"青年拔尖人才支持计划"入选者的流动规模变化情况。从均值来看，这 4 组"青年拔尖人才支持计划"入选者的平均流动规模也大致经历了先上升后下降的变化，流动规模最大的年份亦出现在 2009~2013 年这个组，年均流动规模为 15 人，流动规模最小的年份出现在 2000~2003 年组，年均流动规模仅为 2 人。在 2004~2008 年，"青年拔尖人才支持计划"入选者的年均流动规模增至 5 人，在经历 2009~2013 年的高峰后年均流动规模降至 6 人。

从极值来看，流动规模最大值出现在 2009~2013 年组，最大值为 19 人，表示在 2009~2013 年出现了"青年拔尖人才支持计划"入选者流动规模的"大年"；居于流动规模最小值前列的为 2000~2003 年和 2004~2008 年两个组，最小值都为 1 人，表示在这两个组别中出现了"青年拔尖人才支持计划"入选者流动规模的"小年"。从标准差和离散度来看，"青年拔尖人才支持计划"入选者流动规模的分散程度和偏离程度也不大，标准差的最大值为 5，离散度的最大值为 4，都出现在 2009～2013 年组中。

表 4 - 5　"青年拔尖人才支持计划"入选者在 2000～2018 年的流动规模

单位：人

| 年份分组 | 均值 | 最大值 | 最小值 | 标准差 | 离散度 |
|---|---|---|---|---|---|
| 2000～2003 | 2 | 2 | 1 | 1 | 0 |
| 2004～2008 | 5 | 10 | 1 | 5 | 4 |
| 2009～2013 | 15 | 19 | 8 | 5 | 4 |
| 2014～2018 | 6 | 9 | 3 | 2 | 2 |

第三，"优秀青年科学基金"获得者的流动规模变化情况。从均值来看，这 4 组"优秀青年科学基金"获得者的平均流动规模也大致经历了先上升后下降的变化，流动规模最大的年份亦出现在 2009～2013 年这个组，年均流动规模为 67 人，流动规模最小的年份出现在 2001～2003 年组，年均流动规模仅为 4 人。在 2004～2008 年，"优秀青年科学基金"获得者的流动规模增至 21 人，在经历 2009～2013 年的高峰后流动规模降至 40 人。这表明"优秀青年科学基金"获得者的流动规模处于相对较高的水平上，这可能与这一类项目人才的总体获批人数相对较多有关。

从极值来看，流动规模最大值出现在 2009～2013 年组，最大值为 80 人，表示在 2009～2013 年出现了"优秀青年科学基金"获得者流动规模的"大年"；居于流动规模最小值前列的为 2001～2003 年组，最小值为 2 人，表示在这个组别中出现了"优秀青年科学基金"获得者流动规模的"小年"。从标准差和离散度来看，"优秀青年科学基金"获得者流动规模的分散程度和偏离程度与前两类青年项目人才相比较而言有所增大，标准差的最大值为 19，离散度的最大值为 16，都出现在 2014～2018 年组中。

表 4 - 6　"优秀青年科学基金"获得者在 2001～2018 年的流动规模

单位：人

| 年份分组 | 均值 | 最大值 | 最小值 | 标准差 | 离散度 |
|---|---|---|---|---|---|
| 2001～2003 | 4 | 7 | 2 | 3 | 2 |
| 2004～2008 | 21 | 35 | 7 | 13 | 11 |

| 年份分组 | 均值 | 最大值 | 最小值 | 标准差 | 离散度 |
|---|---|---|---|---|---|
| 2009～2013 | 67 | 80 | 50 | 11 | 8 |
| 2014～2018 | 40 | 56 | 14 | 19 | 16 |

**（四）不同层级高层次人才的流动规模与年代之间的相关性分析**

为进一步验证年代与六类项目人才流动规模变迁的关系，本书将年代分别与六类项目人才历年的流动人数进行了相关性分析。结果表明，六类项目人才的流动人数与年代正相关，但院士（$p = 0.08 > 0.05$）和"青年拔尖人才支持计划"入选者（$p = 0.102 > 0.05$）的流动人数与年代之间的相关关系不显著，"长江学者奖励计划"特聘教授（$p = 0.000 < 0.05$）、"国家杰出青年科学基金"获得者（$p = 0.000 < 0.05$）、"优秀青年科学基金"获得者（$p = 0.014 < 0.05$）和"青年长江学者"（$p = 0.009 < 0.05$）的流动人数与年代之间的相关关系达到显著水平。本书进而以年代为自变量，分别以六类项目人才的历年流动人数为因变量进行了回归分析。结果发现，年代与院士和"青年拔尖人才支持计划"入选者的流动人数之间的相关关系依然不显著，年代对六类项目人才流动人数的解释率（$R^2$）为 4.4%～47.2%，具体为院士 4.4%、"长江学者奖励计划"特聘教授 43.7%、"国家杰出青年科学基金"获得者 47.2%、"青年长江学者"28.6%、"青年拔尖人才支持计划"入选者 15%、"优秀青年科学基金"获得者 35.2%。

## 三 中国大学高层次人才流动规模演变的学科差异

为呈现 1949～2018 年我国大学高层次人才流动规模演变的学科差异，本书进而统计了人文、社科、理科和工科四类学科（军事学未纳入统计范畴）历年流动人数，并绘制了折线图，如图 4－3 所示。从中可以发现，理科和工科的大学高层次人才流动规模在 70 年的时间内也大致呈"右偏形金字塔"分布，峰值出现在近 20 年，20 世纪 80 年代到 90 年代中后期是这两类学科大学高层次人才流动规模的快速上升期。人文和社科的大学高层次人才流动规模在 70 年的时间内一直保持在 20 人以下的较低水平上。下面对我国各学科大学高层次人才的流动情况进行详细分析。

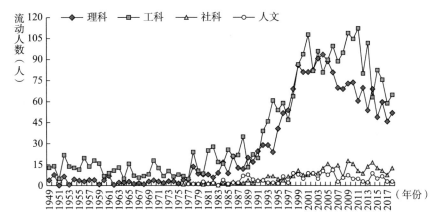

**图4-3　1949~2018年我国四类学科大学高层次人才流动规模变迁折线**

## （一）大学理科高层次人才在1949~2018年的流动规模变化

由图4-3可见，大学理科高层次人才的流动时间跨度为1949~2018年。本书进而以5年为1组，划分出14个组，详细分析14组大学理科高层次人才在这70年时间内具体的流动规模均值、最大值、最小值、标准差和离散度，统计结果如表4-7所示。

从均值来看，这14组大学理科高层次人才的平均流动规模大致经历了平稳期、快速上升期和缓慢下降期三个阶段。1984~1988年之前的7个组年均流动规模都较小，维持在10人以下的低水平上。自1984年开始，大学理科高层次人才的年均流动规模快速上升，经过20年左右的时间达到最高峰，即流动规模最大的年份出现在1999~2003年这个组，年均流动规模为84人。随后，大学理科高层次人才的年均流动规模进入缓慢下降期，在2004~2008年年均流动规模略有下降，为81人，随后在2009~2013年和2014~2018年，年均流动规模依次降为66人和55人。

从极值来看，居于流动规模最大值前列的是1999~2003年组和2004~2008年组，最大值分别为91人和94人，表示在1999~2008年出现了大学理科高层次人才流动规模的"大年"；居于流动规模最小值前列的为1949~1953年、1959~1963年、1964~1968年和1974~1978年四个组，最小值都为1人，表示在这四个组别中出现了大学理科高层次人才流动规模的"小年"。从标准差和离散度来看，大学理科高层次人才流动规模的分散程度和偏离程度较大，标准差的最大值为17，离散

度的最大值为 12, 表明大学理科高层次人才每年流动规模有较为明显的
分散趋势。

表 4 - 7　大学理科高层次人才在 1949～2018 年的流动规模

单位: 人

| 年份分组 | 均值 | 最大值 | 最小值 | 标准差 | 离散度 |
|---|---|---|---|---|---|
| 1949～1953 | 4 | 8 | 1 | 4 | 3 |
| 1954～1958 | 4 | 5 | 3 | 1 | 1 |
| 1959～1963 | 3 | 7 | 1 | 3 | 2 |
| 1964～1968 | 2 | 3 | 1 | 1 | 1 |
| 1969～1973 | 3 | 4 | 2 | 1 | 1 |
| 1974～1978 | 5 | 14 | 1 | 5 | 4 |
| 1979～1983 | 8 | 9 | 6 | 1 | 1 |
| 1984～1988 | 14 | 21 | 9 | 5 | 4 |
| 1989～1993 | 24 | 29 | 17 | 5 | 4 |
| 1994～1998 | 48 | 69 | 24 | 17 | 12 |
| 1999～2003 | 84 | 91 | 81 | 4 | 3 |
| 2004～2008 | 81 | 94 | 69 | 11 | 9 |
| 2009～2013 | 66 | 74 | 54 | 9 | 7 |
| 2014～2018 | 55 | 69 | 46 | 9 | 7 |

## (二) 大学工科高层次人才在 1949～2018 年的流动规模变化

由图 4 - 3 可见, 大学工科高层次人才的流动时间跨度为 1949～2018
年。本书进而以 5 年为 1 组, 划分出 14 个组, 详细分析了 14 组大学工科
高层次人才在这 70 年间具体的流动规模均值、最大值、最小值、标准差和
离散度, 统计结果如表 4 - 8 所示。

从均值来看, 这 14 组大学工科高层次人才的平均流动规模大致经历了
低水平期和高峰期两个阶段。在 1949～1993 年的 9 个组中, 大学工科高层
次人才的年均流动规模在 15 人的水平上下波动。除大学工科高层次人才的
年均流动规模最大的组别 1989～1993 年的 28 人、1984～1988 年的 24 人,
和年均流动规模最小的组别 1964～1968 年的 8 人外, 其余 6 个组别的年均
流动规模都在十几人的水平上。自 1994 年开始, 大学工科高层次人才的年
均流动规模进入高峰期, 在 1994～1998 年的组别中, 大学工科高层次人才

的年均流动规模增至 57 人，在 1999~2003 年的组别中，大学工科高层次人才的年均流动规模增至 93 人，直至达到 2009~2013 年的高峰值 102 人。尽管在 2014~2018 年组别中大学工科高层次人才的年均流动规模降至 69 人，但也远高于前一阶段的平均水平。

从极值来看，居于流动规模最大值前列的是 1999~2003 年组和 2009~2013 年组，最大值分别为 108 人和 113 人，表示在 1999~2003 年和 2009~2013 年的组别中出现了大学工科高层次人才流动规模的"大年"；居于流动规模最小值前列的为 1949~1953 年、1964~1968 年和 1974~1978 年 3 个组，最小值都为 5 人，表示在这 3 个组别中出现了大学工科高层次人才流动规模的"小年"。从标准差和离散度来看，大学工科高层次人才流动规模的分散程度和偏离程度尽管比大学理科高层次人才小但仍然较大，标准差的最大值为 14，离散度的最大值为 12，表明大学工科高层次人才每年流动规模也存在较为明显的分散趋势。

表 4-8　大学工科高层次人才在 1949~2018 年的流动规模

单位：人

| 年份分组 | 均值 | 最大值 | 最小值 | 标准差 | 离散度 |
|---|---|---|---|---|---|
| 1949~1953 | 14 | 22 | 5 | 6 | 4 |
| 1954~1958 | 15 | 20 | 12 | 3 | 3 |
| 1959~1963 | 11 | 16 | 7 | 4 | 3 |
| 1964~1968 | 8 | 16 | 5 | 4 | 3 |
| 1969~1973 | 11 | 18 | 7 | 4 | 3 |
| 1974~1978 | 10 | 24 | 5 | 8 | 6 |
| 1979~1983 | 18 | 28 | 9 | 8 | 7 |
| 1984~1988 | 24 | 35 | 16 | 7 | 5 |
| 1989~1993 | 28 | 46 | 13 | 14 | 12 |
| 1994~1998 | 57 | 64 | 47 | 7 | 5 |
| 1999~2003 | 93 | 108 | 82 | 10 | 7 |
| 2004~2008 | 91 | 100 | 81 | 7 | 5 |
| 2009~2013 | 102 | 113 | 80 | 13 | 9 |
| 2014~2018 | 69 | 83 | 59 | 10 | 8 |

### （三）大学社科高层次人才在1976～2018年的流动规模变化

由图4-3可见，大学社科高层次人才的流动时间跨度为1976～2018年。本书进而以5年为1组（其中第一组为1976～1978年共3年），划分出9个组，详细分析9组大学社科高层次人才在这40余年间具体的流动规模均值、最大值、最小值、标准差和离散度，统计结果如表4-9所示。

从均值来看，这9组大学社科高层次人才的平均流动规模大致经历了上升期和平稳期两个阶段。在1976～2003年的6个组中，大学社科高层次人才的年均流动规模大致在10人以下的水平上缓慢上升。由1976～1978年和1979～1983年年均1人的流动规模，缓慢增至1984～1988年的年均2人、1989～1993年的年均4人、1994～1998年的年均6人的流动规模，最后达到1999～2003年的年均9人的流动规模。自2004年开始，大学社科高层次人才的年均流动规模保持在十几人的水平上，其中2004～2008年组的大学社科高层次人才年均流动规模增至13人，在随后的2009～2013年组别中，大学社科高层次人才的年均流动规模达到最大值14人，直至2014～2018年组别大学社科高层次人才的年均流动规模降至12人。

从极值来看，居于流动规模最大值前列的是2004～2008年、2009～2013年和2014～2018年组，最大值分别为16人、18人和17人，表示在2004～2008年、2009～2013年和2014～2018年的组别中出现了大学社科高层次人才流动规模的"大年"；居于流动规模最小值前列的为1976～1978年、1979～1983年和1984～1988年3个组，最小值都为1人，表示在这3个组别中出现了大学社科高层次人才流动规模的"小年"。从标准差和离散度来看，大学社科高层次人才流动规模的分散程度和偏离程度比较小，标准差的最大值仅为4，离散度的最大值仅为3，表明大学社科高层次人才每年流动规模分散趋势不明显。

表4-9 大学社科高层次人才在1976～2018年的流动规模

单位：人

| 年份分组 | 均值 | 最大值 | 最小值 | 标准差 | 离散度 |
| --- | --- | --- | --- | --- | --- |
| 1976～1978 | 1 | 1 | 1 | 1 | 1 |
| 1979～1983 | 1 | 3 | 1 | 1 | 1 |

续表

| 年份分组 | 均值 | 最大值 | 最小值 | 标准差 | 离散度 |
|---|---|---|---|---|---|
| 1984～1988 | 2 | 3 | 1 | 1 | 1 |
| 1989～1993 | 4 | 7 | 2 | 2 | 1 |
| 1994～1998 | 6 | 7 | 4 | 1 | 1 |
| 1999～2003 | 9 | 11 | 8 | 1 | 1 |
| 2004～2008 | 13 | 16 | 7 | 4 | 2 |
| 2009～2013 | 14 | 18 | 9 | 4 | 3 |
| 2014～2018 | 12 | 17 | 8 | 3 | 2 |

## （四）大学人文高层次人才在1977～2018年的流动规模变化

由图4-3可见，大学人文高层次人才的流动时间跨度为1977～2018年。本书进而以5年为1组（其中第一组为1977～1983年共7年），划分出8个组，详细分析8组大学人文高层次人才在这40余年时间里具体的流动规模均值、最大值、最小值、标准差和离散度，统计结果如表4-10所示。

从均值来看，这8组大学人文高层次人才的平均流动规模在这40余年时间里平稳地维持在一个较低的水平上，无明显的规律可循。这8组大学人文高层次人才的平均流动规模相差不大，流动规模最大的年份出现在2004～2008年组，年均流动规模也仅为8人，流动规模最小的年份出现在1977～1983年组，年均流动规模为1人。通过对8个组的均值进行统计分析发现，大学人文高层次人才的历年流动规模均值由1人增至3人、4人之后达到7~8人的最高水平，随后又降至5人。也就是说，虽然流动规模呈现出一定的变动态势，但基本维持在10人以下的较低水平上，这可能与大学人文高层次人才在整个项目人才中所占比例较小有关，较小的样本量使其流动规律难以显现出来。

从极值来看，居于流动规模最大值前列的是2004～2008年组，最大值为12人，表示在2004～2008年的组别中出现了大学人文高层次人才流动规模的"大年"；居于流动规模最小值前列的为1977～1983年、1984～1988年和1994～1998年3个组，最小值都为1人，表示在这3个组别中出现了大学人文高层次人才流动规模的"小年"。从标准差和离散度来看，大学人文高层次人才流动规模的分散程度和偏离程度比较小，标准差的最大值与大学社科高层次人才一样都仅为 4，离散度的最大值也与大学社科高层次人才一样都仅为 3，表明大学人文高层次人才每年流动规模的分散趋势也不明显。由此基本可以断定，40 余年来我国大学人文高层次人才流动规模的变化不大。

表 4-10　大学人文高层次人才在 1977~2018 年的流动规模

单位：人

| 年份分组 | 均值 | 最大值 | 最小值 | 标准差 | 离散度 |
|---|---|---|---|---|---|
| 1977~1983 | 1 | 3 | 1 | 1 | 1 |
| 1984~1988 | 3 | 7 | 1 | 2 | 2 |
| 1989~1993 | 4 | 8 | 2 | 2 | 2 |
| 1994~1998 | 4 | 9 | 1 | 4 | 3 |
| 1999~2003 | 7 | 9 | 5 | 2 | 2 |
| 2004~2008 | 8 | 12 | 3 | 4 | 3 |
| 2009~2013 | 5 | 8 | 2 | 2 | 2 |
| 2014~2018 | 5 | 9 | 3 | 3 | 2 |

### （五）不同学科高层次人才的流动规模与年代之间的相关性分析

为进一步验证年代与四类学科大学高层次人才流动规模变迁的关系，本书将年代分别与四类学科大学高层次人才历年的流动人数进行了相关性分析。结果表明，年代与四类学科大学高层次人才历年的流动人数均显著正相关（$p = 0.000 < 0.05$）。年代与四类学科大学高层次人才流动规模的回归分析则显示，年代对四类学科大学高层次人才流动规模的解释率（$R^2$）为 21.5% ~ 75.1%，具体为理科 69.9%、工科 70.0%、社科 75.1%、人文 21.5%。

# 第二节　中国大学高层次人才流动频率的变迁

## 一　中国大学高层次人才流动频率的总体演变

在已有的学术流动研究中，流动频率是分析学术流动变化的重要指标。为呈现 1949~2018 年这 70 年来我国大学高层次人才流动频率的变迁，本书分析了我国七代项目人才在流动次数上的变化，即出生年份在1920～1986年（年龄最小的有流动经历的项目人才出生年份为1986年）的3079位①项目人才流动次数变动情况，并依据1920～1986年出生的大学高层次人才历年流动次数均值绘制了散点图，如图4－4所示。从中可以发现，这七代大学高层次人才的历年流动次数均值分布大致呈递减趋势。其中1970～1986年的散点更为集中，表明这一时间段内出生的大学高层次人才流动频率变化趋势更接近于斜线中的流动次数均值；1920～1950年的散点更为分散，则表明这一时间段内出生的大学高层次人才流动频率变化趋势更偏离斜线中的流动次数均值。

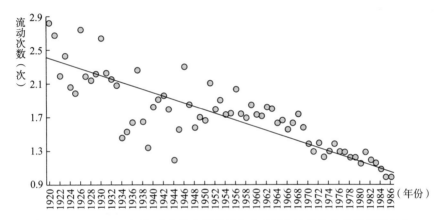

**图4－4  1920～1986年出生的大学高层次人才历年流动次数均值变迁散点**

为验证我国大学高层次人才流动频率的变化是否与这些变革相关，本书对年代与大学高层次人才历年流动次数均值进行相关性分析，结果显示，大学高层次人才历年流动次数均值与年代显著负相关（$p = 0.000 < 0.05$）。以年代为自变量，以大学高层次人才历年流动次数均值为因变量的回归分析则显示，年代的解释率（$R^2$）为66.2%。这表明散点图中所描绘的变化趋势是显著的。

为了更清晰地了解70年来我国大学高层次人才流动频率的具体变化，本书以10年为间隔，将1920～1986年出生的大学高层次人才划分为七代，即1920～1929年出生的20后，1930～1939年出生的30后，1940～1949

---

① 在3236份获知具体流动年份的样本中，有31份出生时间在1920年之前，有126份出生时间无法获知，故此处统计了3079份样本的信息。

年出生的 40 后，1950～1959 年出生的 50 后，1960～1969 年出生的 60 后，1970～1979 年出生的 70 后，1980～1986 年出生的 80 后，分析不同年代的大学高层次人才平均流动次数变动情况，统计结果详见表 4-11，从中有以下三点发现。

第一，从 20 后到 80 后的大学高层次人才平均流动次数整体呈依次递减的分布趋势，即 20 后的大学高层次人才平均流动次数最高，为 2.36 次，80 后的大学高层次人才平均流动次数最低，为 1.13 次。值得注意的是，40 后大学高层次人才的平均流动次数低于 50 后大学高层次人才的平均流动次数。如果将大学高层次人才的工作年龄认定为 30 岁，那么这两代人的入职时间大致为 20 世纪 70 年代和 20 世纪 80 年代，是否可以认为，我国自 20 世纪 80 年代开始的高等教育管理体制改革可能极大地提高了 50 后大学高层次人才的流动性，从而使其流动频率超过了 40 后大学高层次人才。

第二，从流动次数分布比例来看，拥有 1 次流动经历（先后有 2 个任职机构）的大学高层次人才自 20 后到 80 后总体递增，拥有 4 次及以上流动经历的大学高层次人才自 20 后到 80 后总体递减，拥有 2 次和 3 次流动经历的大学高层次人才在七代人之间的变动不太明显。

表 4-11　七代大学高层次人才平均流动次数变迁分布

| 年龄段 | 出生年份 | 均值（次） | 样本量（人） | 1 次流动占比（%） | 2 次流动占比（%） | 3 次流动占比（%） | 4 次流动占比（%） | 5 次流动占比（%） | 6 次流动占比（%） | 7 次流动占比（%） |
|---|---|---|---|---|---|---|---|---|---|---|
| 20 后 | 1920～1929 | 2.36 | 102 | 37.93 | 25.86 | 20.69 | 9.48 | 3.45 | 2.59 | — |
| 30 后 | 1930～1939 | 1.91 | 218 | 49.59 | 29.27 | 11.79 | 5.69 | 2.44 | 0.81 | 0.41 |
| 40 后 | 1940～1949 | 1.78 | 146 | 52.53 | 25.95 | 12.66 | 5.06 | 1.27 | 2.53 | — |
| 50 后 | 1950～1959 | 1.83 | 391 | 51.17 | 26.53 | 13.85 | 5.87 | 1.88 | 0.47 | 0.23 |
| 60 后 | 1960～1969 | 1.70 | 1230 | 55.95 | 25.84 | 12.04 | 4.12 | 1.68 | 0.29 | 0.08 |
| 70 后 | 1970～1979 | 1.31 | 787 | 75.03 | 20.05 | 4.32 | 0.60 | — | — | — |
| 80 后 | 1980～1986 | 1.13 | 205 | 84.40 | 13.30 | 1.38 | 0.46 | 0.46 | — | — |

注：流动次数占比指在某时间段内，如 1920～1929 年，某个流动次数人数占该时间段内拥有流动经历总人数的比例，余同。

第三，为有 1～4 次流动经历的大学高层次人才绘制折线图（有 5～7 次流动经历的人数较少故没有绘制），如图 4-5 所示，1960～1969 年出生和

1970~1979 年出生的 60 后和 70 后带来了拥有 1~2 次流动人数变化的高峰；拥有 3 次流动经历和 4 次流动经历的人数相对较少，但也有一个小峰值，由约在 1961~1965 年出生的 60 后大学高层次人才构成，表明 1965 年前出生的 60 后大学高层次人才带来了拥有 3~4 次流动经历人数变动的高峰。

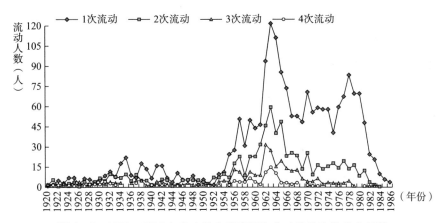

图 4-5　1920~1986 年出生的大学高层次人才流动次数分布折线

## 二　中国大学高层次人才流动频率演变的层级差异

为呈现 1949~2018 年我国大学高层次人才流动频率演变的层级差异，本书进而统计了六类项目人才平均流动次数（此时交叠样本进入统计范围）在七代人中的变化情况，并依据前节的层级划分进行详细分析。

### （一）第一层级高层次人才的流动频率在六代人中逐渐减弱

由表 4-12 可见，拥有流动经历的院士经历了六代人。这六代院士的平均流动次数整体呈递减的分布趋势，其中 20 后的院士平均流动次数最高，为 2.30 次；其次，30 后、40 后和 50 后的院士平均流动次数呈略微递减的趋势，分别为 1.89 次、1.84 次和 1.82 次；60 后的院士平均流动次数降至 1.70 次；到了 70 后，院士的平均流动次数仅为 1.00 次。

从流动次数分布比例来看，拥有 1 次流动经历的院士在六代人中占比整体增多，拥有 3 次及以上流动经历的院士在六代人中占比整体减少，而拥有 2 次流动经历的院士在六代人中占比变化不大。具体而言，拥有 1 次流动经历的院士由 20 后的 0.88% 增至 70 后的 100%（70 后拥有流动经历的院士仅 2 人，都发生了 1 次流动）；拥有 2 次流动经历的院士在六代人中的占比变化范围在 25.00% ~ 29.03% ，比较平稳；拥有 3 次流动经历的院士由 20 后的 21.24% 降至 60 后的 11.46% ，下降过程比较波折，但总体有明显的降低趋势；拥有 4 次流动经历的院士由 20 后的 7.96% 逐渐降至 60 后的 1.91% ；拥有 5 次流动经历的院士由 20 后的 3.54% 逐渐降至 40 后的最低值 1.32% 后又在 50 后中缓慢上升；拥有 6 次流动经历的院士由 20 后的 4.42% 逐渐降至 50 后的 0.65% ；拥有 7 次流动经历的院士仅出现在 30 后、40 后和 60 后三代人中，占比均不高。

表 4 – 12    六代院士平均流动次数变迁分布

| 年龄段 | 出生年份 | 均值(次) | 样本量(人) | 1 次流动占比(%) | 2 次流动占比(%) | 3 次流动占比(%) | 4 次流动占比(%) | 5 次流动占比(%) | 6 次流动占比(%) | 7 次流动占比(%) |
|---|---|---|---|---|---|---|---|---|---|---|
| 20 后 | 1920 ~ 1929 | 2.30 | 113 | 0.88 | 27.43 | 21.24 | 7.96 | 3.54 | 4.42 | — |
| 30 后 | 1930 ~ 1939 | 1.89 | 248 | 49.19 | 29.03 | 11.69 | 5.65 | 3.23 | 0.81 | 0.40 |
| 40 后 | 1940 ~ 1949 | 1.84 | 152 | 53.29 | 25.00 | 12.50 | 5.26 | 1.32 | 0.47 | 2.63 |
| 50 后 | 1950 ~ 1959 | 1.82 | 153 | 52.29 | 26.80 | 12.42 | 4.58 | 3.27 | 0.65 | — |
| 60 后 | 1960 ~ 1969 | 1.70 | 157 | 56.05 | 27.39 | 11.46 | 1.91 | 2.55 | — | 0.64 |
| 70 后 | 1970 ~ 1979 | 1.00 | 2 | 100 | — | — | — | — | — | — |

## （二）制度变革带来了五代"长江学者奖励计划"特聘教授流动频率的强化

第一，"长江学者奖励计划"特聘教授的流动频率变化情况。由表 4 – 13 可见，拥有流动经历的"长江学者奖励计划"特聘教授经历了从 40 后到 80 后的五代人。这五代"长江学者奖励计划"特聘教授的平均流动次数经历了先增多后减少的变化过程。40 后的"长江学者奖励计划"特聘教授平均流动次数为 1.83 次，50 后的"长江学者奖励计划"特聘教授平均流动次数增至 1.90 次，60 后的"长江学者奖励计划"特聘教授平均流动次数与 50 后的基本持平，为 1.89 次，而 70 后"长江学者奖励计划"特聘教授的平均流动次数出现了较大幅度的下降，为 1.26 次，至 80 后，"长江学者奖励计划"特聘教授平均流动次数降至 1.20 次。

从流动次数分布比例来看，拥有 1 次流动经历的"长江学者奖励计划"特聘教授在五代人中占比总体增多，拥有 2 次及以上流动经历的"长江学者奖励计划"特聘教授在五代人中占比的变化存在差异。具体而言，拥有 1 次流动经历的"长江学者奖励计划"特聘教授由 40 后的 33.33% 逐渐增至 80 后的 80.00%；拥有 2 次流动经历的"长江学者奖励计划"特聘教授在五代人中的占比大致经历了下降的过程，由 40 后的 50.00% 渐次降至 70 后的 17.65%，虽在 80 后中略有上升，但幅度很小，仅增长了 2.35 个百分点；拥有 3 次流动经历的"长江学者奖励计划"特聘教授由 40 后的 16.67% 增至 50 后的 19.08% 后在 60 后和 70 后中依次降低，分别低至 13.99% 和 4.41%；拥有 4 次流动经历的"长江学者奖励计划"特聘教授仅出现在 50 后和 60 后两代人中，占比分别为 3.05% 和 6.12%；拥有 5 次流动经历的"长江学者奖励计划"特聘教授在 50 后和 60 后两代人中的占比都为 2.29%；拥有 6 次流动经历的"长江学者奖励计划"特聘教授和拥有 7 次流动经历的"长江学者奖励计划"特聘教授仅出现在一代人中，占比不高。

表 4－13 五代"长江学者奖励计划"特聘教授平均流动次数变迁分布

| 年龄段 | 出生年份 | 均值（次） | 样本量（人） | 1 次流动占比（%） | 2 次流动占比（%） | 3 次流动占比（%） | 4 次流动占比（%） | 5 次流动占比（%） | 6 次流动占比（%） | 7 次流动占比（%） |
|---|---|---|---|---|---|---|---|---|---|---|
| 40 后 | 1940～1949 | 1.83 | 6 | 33.33 | 50.00 | 16.67 | — | — | — | — |
| 50 后 | 1950～1959 | 1.90 | 131 | 45.80 | 29.01 | 19.08 | 3.05 | 2.29 | — | 0.77 |
| 60 后 | 1960～1969 | 1.89 | 343 | 49.27 | 26.82 | 13.99 | 6.12 | 2.29 | 0.88 | — |
| 70 后 | 1970～1979 | 1.26 | 68 | 77.94 | 17.65 | 4.41 | — | — | — | — |
| 80 后 | 1980～1986 | 1.20 | 5 | 80.00 | 20.00 | — | — | — | — | — |

第二，"国家杰出青年科学基金"获得者的流动频率变化情况。由表 4－14 可见，拥有流动经历的"国家杰出青年科学基金"获得者经历了从 50 后到 80 后的四代人。这四代"国家杰出青年科学基金"获得者的平均流动次数经历了逐渐减少的变化过程。50 后的"国家杰出青年科学基金"获得者平均流动次数最高，为 1.78 次；60 后的"国家杰出青年科学基金"获得者平均流动次数降至 1.64 次；70 后的"国家杰出青年科学基金"获得者平均流动次数继续下降，为 1.36 次；80 后"国家杰出青年科学基金"获得者的平均流动次数降至 1.27 次。

从流动次数分布比例来看，拥有 1 次流动经历的"国家杰出青年科学基金"获得者在四代人中占比依次提升，拥有 2 次及以上流动经历的"国家杰出青年科学基金"获得者在四代人中占比的变化依然存在差异。具体而言，拥有 1 次流动经历的"国家杰出青年科学基金"获得者由 50 后的 55.32% 逐渐增至 80 后的 81.82%；拥有 2 次流动经历的"国家杰出青年科学基金"获得者在四代人中的占比大致经历了下降的过程，50 后占 23.40%，在 60 后中有所增长，为 24.20%，随后在 70 后中降至 21.78%，在 80 后中低至 9.09%；拥有 3 次流动经历的"国家杰出青年科学基金"获得者在四代人中的占比比较平稳，除 70 后为 5.45% 外，其他几代人都在 10% 上下的水平；拥有 4 次流动经历的"国家杰出青年科学基金"获得者占比逐渐降低，由 50 后的 9.93% 降至 70 后的 0.99%；拥有 5 次流动经历的"国家杰出青年科学基金"获得者和拥有 6 次流动经历的"国家杰出青年科学基金"获得者占比都不高。

表 4 - 14　四代"国家杰出青年科学基金"获得者平均流动次数变迁分布

| 年龄段 | 出生年份 | 均值（次） | 样本量（人） | 1 次流动占比（%） | 2 次流动占比（%） | 3 次流动占比（%） | 4 次流动占比（%） | 5 次流动占比（%） | 6 次流动占比（%） |
|---|---|---|---|---|---|---|---|---|---|
| 50 后 | 1950 ~ 1959 | 1.78 | 141 | 55.32 | 23.40 | 10.64 | 9.93 | — | 0.71 |
| 60 后 | 1960 ~ 1969 | 1.64 | 591 | 59.22 | 24.20 | 11.68 | 3.72 | 1.02 | 0.17 |
| 70 后 | 1970 ~ 1979 | 1.36 | 404 | 71.78 | 21.78 | 5.45 | 0.99 | — | — |
| 80 后 | 1980 ~ 1986 | 1.27 | 11 | 81.82 | 9.09 | 9.09 | — | — | — |

### （三）制度变革增强了四代青年人才的流动频率

由表 4 - 15、表 4 - 16、表 4 - 17 可见，具有流动经历的"青年长江学者"、"青年拔尖人才支持计划"入选者、"优秀青年科学基金"获得者三类青年项目人才主要在 1950 年之后出生，即三类青年项目人才主要经历了四代人。

第一，"青年长江学者"的流动频率变化情况。从 60 后到 80 后的"青年长江学者"平均流动次数整体呈依次递增的分布趋势，即 60 后的"青年长江学者"平均流动次数最低，为 1 次；70 后的"青年长江学者"平均流动次数居中，为 1.28 次；80 后的"青年长江学者"平均流动次数最高，为 1.31 次。如果同样将大学高层次人才的工作年龄认定为 30 岁，那么这三代"青年长江学者"的入职时间大致在20世纪90年代和21世纪第一个10年，这一时期我国由单位制转向聘任制的人事制度改革和重点学科建设（"211"工程）、重点大学建设（"985"工程）相继启动，这很可能不断提升新一代尤其是70后和80后"青年长江学者"的流动性，使其不再受制于资历的限制。

从流动次数分布比例来看，在60后"青年长江学者"中只有1人，且只拥有1次流动经历，70后和80后的"青年长江学者"样本量较充分。其中拥有1次流动经历的80后占比相对较高，80后的"青年长江学者"拥有1次流动经历者占80后拥有流动经历总人数的82.05%，70后的"青年长江学者"拥有1次流动经历者占同代拥有流动经历总人数的78.16%；拥有2次及以上流动经历的"青年长江学者"占比依次递减，其中70后拥有2次流动经历者占同代拥有流动经历总人数的17.24%，70后拥有3次流动经历者占同代拥有流动经历总人数的3.44%，70后拥有4次流动经历者占同代拥有流动经历总人数的1.16%，在80后这一代人中，拥有2次流动经历者占同代拥有流动经历总人数的12.82%，拥有4次流动经历者占同代拥有流动经历总人数的2.56%，拥有5次流动经历者占同代拥有流动经历总人数的比例与拥有4次流动经历者占同代拥有流动经历总人数的比例基本持平，为2.57%。

表4-15　三代"青年长江学者"平均流动次数变迁分布

| 年龄段 | 出生年份 | 均值（次） | 样本量（人） | 1次流动占比（%） | 2次流动占比（%） | 3次流动占比（%） | 4次流动占比（%） | 5次流动占比（%） |
|---|---|---|---|---|---|---|---|---|
| 60后 | 1960～1969 | 1.00 | 1 | 100.00 | — | — | — | — |
| 70后 | 1970～1979 | 1.28 | 87 | 78.16 | 17.24 | 3.44 | 1.16 | — |
| 80后 | 1980～1986 | 1.31 | 39 | 82.05 | 12.82 | — | 2.56 | 2.57 |

第二，"青年拔尖人才支持计划"入选者的流动频率变化情况。由表4-16可见，拥有流动经历的"青年拔尖人才支持计划"入选者经历了50后、70后和80后三代人。这三代人的平均流动次数整体呈递减的分布趋势，50后的"青年拔尖人才支持计划"入选者平均流动次数最高，为2次；70后和80后的"青年拔尖人才支持计划"入选者平均流

动次数都为 1. 13 次。

从流动次数分布比例来看，50 后的"青年拔尖人才支持计划"入选者中有 2 人拥有流动经历，且都拥有 2 次流动经历，70 后的"青年拔尖人才支持计划"入选者样本量较多，其中拥有 1 次流动经历者占 70 后拥有流动经历总人数的 86. 67%，拥有 2 次流动经历者占 70 后拥有流动经历总人数的 13. 33%。80 后的"青年拔尖人才支持计划"入选者样本量较少，但流动次数分布比例与 70 后类似，其中拥有 1 次流动经历者占 80 后拥有流动经历总人数的 87. 50%，拥有 2 次流动经历者占 80 后拥有流动经历总人数的 12. 50%。

表 4 – 16　三代"青年拔尖人才支持计划"入选者平均流动次数变迁分布

| 年龄段 | 出生年份 | 均值（次） | 样本量（人） | 1 次流动占比（%） | 2 次流动占比（%） |
|---|---|---|---|---|---|
| 50 后 | 1950 ~ 1959 | 2. 00 | 1 | — | 100. 00 |
| 70 后 | 1970 ~ 1979 | 1. 13 | 30 | 86. 67 | 13. 33 |
| 80 后 | 1980 ~ 1986 | 1. 13 | 8 | 87. 50 | 12. 50 |

第三，"优秀青年科学基金"获得者的流动频率变化情况。由表 4 – 17 可见，拥有流动经历的"优秀青年科学基金"获得者经历了 70 后和 80 后两代人。这两代人的平均流动次数整体呈递减的分布趋势，70 后的"优秀青年科学基金"获得者平均流动次数较高，为 1. 27 次；80 后的"优秀青年科学基金"获得者平均流动次数较低，为 1. 16 次。

从流动次数分布比例来看，"优秀青年科学基金"获得者随着流动次数的增多流动人数依次降低。其中 70 后的"优秀青年科学基金"获得者拥有 1 次流动经历者占 70 后拥有流动经历总人数的 77. 08%，拥有 2 次流动经历者占 70 后拥有流动经历总人数的 19. 58%，拥有 3 次流动经历者占 70 后拥有流动经历总人数的 2. 92%，拥有 4 次流动经历者占 70 后拥有流动经历总人数的 0. 42%；80 后的"优秀青年科学基金"获得者拥有 1 次流动经历者占 80 后拥有流动经历总人数的 85. 16%，拥有 2 次流动经历者占 80 后拥有流动经历总人数的 13. 55%，拥有 3 次流动经历者占 80 后拥有流动经历总人数的 1. 29%。

表 4 - 17　两代"优秀青年科学基金"获得者平均流动次数变迁分布

| 年龄段 | 出生年份 | 均值（次） | 样本量（人） | 1次流动占比（%） | 2次流动占比（%） | 3次流动占比（%） | 4次流动占比（%） |
| --- | --- | --- | --- | --- | --- | --- | --- |
| 70后 | 1970～1979 | 1.27 | 240 | 77.08 | 19.58 | 2.92 | 0.42 |
| 80后 | 1980～1986 | 1.16 | 155 | 85.16 | 13.55 | 1.29 | — |

### 三　中国大学高层次人才流动频率演变的学科差异

为呈现 1949～2018 年我国大学高层次人才流动频率演变的学科差异，本书进而统计了人文、社科、理科和工科四类学科（军事学未纳入统计范畴）大学高层次人才历年流动次数。

#### （一）七代大学理科高层次人才的流动频率变化

根据 1920～1986 年出生的大学理科高层次人才历年流动次数均值绘制散点图，如图 4 - 6 所示。从中可以发现，大学理科高层次人才历年流动次数均值在近 70 年内呈下降趋势，从下降幅度（斜线的倾斜度）来看，大学理科高层次人才的平均流动次数在七代大学高层次人才中下降幅度比较大。其中 1965～1986 年的散点更为集中，表明这一时间段内出生的大学理科高层次人才流动频率变化趋势更接近于斜线中的流动次数均值；1920～1950 年的散点更为分散，则表明这一时间段内出生的大学理科高层次人才

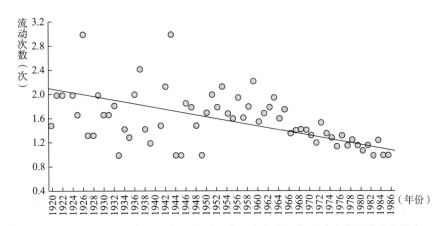

图 4 - 6　1920～1986 年出生的大学理科高层次人才历年流动次数均值分布散点

流动频率变化趋势更偏离斜线中的流动次数均值。

为了更清晰地了解 70 年来我国大学理科高层次人才流动频率的具体变化，本书也同样以 10 年为间隔，将 1920～1986 年出生的大学理科高层次人才划分为七代人，分析不同年龄段的大学理科高层次人才平均流动次数变动情况，统计结果详见表 4 - 18，从中有以下两点发现。

第一，从 20 后到 80 后的大学理科高层次人才平均流动次数的变化趋势较为复杂。具体而言，20 后的大学理科高层次人才平均流动次数最高，为 2 次；到 30 后的大学理科高层次人才平均流动次数降至 1.63 次；在 40 后和 50 后的两代大学理科高层次人才中，平均流动次数逐渐上升，分别为 1.78 次和 1.84 次；在随后的 60 后、70 后、80 后三代大学理科高层次人才中又经历了逐渐下降的过程，平均流动次数依次为 1.65 次、1.28 次和 1.13 次。也就是说，出生较晚的 40 后、50 后和 60 后大学理科高层次人才的平均流动次数高于出生较早的 30 后大学理科高层次人才的平均流动次数。如果依据上述入职年龄做类似的推测，则 40 后、50 后和 60 后三代大学理科高层次人才的入职时间大致在 20 世纪 70 年代至 20 世纪 90 年代，这一时期，尤其是 70 年代中后期，随着改革开放政策的出台，教育领域也进行了相应的政策调整，在随后的 80 年代、90 年代，诸多学术制度都做了相应的变革，这或许与三代人流动频率提高存在某种关联。

第二，从流动次数分布比例来看，拥有 1 次流动经历的大学理科高层次人才自 20 后到 80 后经历了螺旋式上升的过程，拥有 2 次及以上流动经历的大学理科高层次人才自 20 后到 80 后经历了螺旋式下降的过程。具体而言，拥有 1 次流动经历的 20 后大学理科高层次人才占 40.63%，在经历了 30 后和 40 后两代人的上升后，在 50 后的大学理科高层次人才中占比开始下降，由上一代的 56.00% 降至 52.69%，随后又在 60 后、70 后和 80 后的三代大学理科高层次人才中经历了逐渐上升的过程，占比依次为 56.98%、76.28% 和 88.31%；拥有 2 次流动经历的 20 后大学理科高层次人才占 37.50%，在经历了 30 后和 40 后两代人的下降后，在 50 后和 60 后的大学理科高层次人才中占比开始上升，由上一代的 20.00% 升至 23.12% 和 26.60%，随后又在 70 后和 80 后的两代大学理科高层次人才中经历了逐渐下降的过程，占比依次为 20.07% 和 10.39%；拥有 3 次流动经历的 20 后大学理科高层次人才占 12.50%，在 30 后的大学理科高层次人才中降为

9.38%，又在 40 后的大学理科高层次人才中上升至 16.00%，随后在 50 后至 80 后的四代人中经历了依次下降的过程；拥有 4 次流动经历的大学理科高层次人才也经历了下降、上升又下降的过程，在 20 后和 30 后的大学理科高层次人才中表现为下降的过程，占比由 3.13% 降为 1.56%，在 40 后和 50 后的两代人中表现为上升的过程，占比上升至 7.53%，在随后的 60 后、70 后两代人中经历了下降的过程，最后降至 0.36%；拥有 5 次流动经历的大学理科高层次人才也经历了与拥有 4 次流动经历的大学理科高层次人才类似的变化过程。拥有 6 次和 7 次流动经历的大学理科高层次人才仅存在于一代或两代人中，难以探寻某种变化规律。

表 4-18　大学理科高层次人才出生在 1920~1986 年的流动频率

| 年龄段 | 出生年份 | 均值（次） | 样本量（人） | 1 次流动占比（%） | 2 次流动占比（%） | 3 次流动占比（%） | 4 次流动占比（%） | 5 次流动占比（%） | 6 次流动占比（%） | 7 次流动占比（%） |
|---|---|---|---|---|---|---|---|---|---|---|
| 20 后 | 1920~1929 | 2.00 | 32 | 40.63 | 37.50 | 12.50 | 3.13 | 3.13 | 3.13 | — |
| 30 后 | 1930~1939 | 1.63 | 64 | 54.69 | 32.81 | 9.38 | 1.56 | 1.56 | — | — |
| 40 后 | 1940~1949 | 1.78 | 50 | 56.00 | 20.00 | 16.00 | 4.00 | 4.00 | — | — |
| 50 后 | 1950~1959 | 1.84 | 186 | 52.69 | 23.12 | 14.52 | 7.53 | 1.61 | — | 0.54 |
| 60 后 | 1960~1969 | 1.65 | 609 | 56.98 | 26.60 | 11.99 | 3.28 | 0.82 | 0.33 | — |
| 70 后 | 1970~1979 | 1.28 | 274 | 76.28 | 20.07 | 3.28 | 0.36 | — | — | — |
| 80 后 | 1980~1986 | 1.13 | 77 | 88.31 | 10.39 | 1.30 | — | — | — | — |

## （二）七代大学工科高层次人才的流动频率变化

根据 1920~1986 年出生的大学工科高层次人才历年流动次数均值绘制散点图，如图 4-7 所示。从中可以发现，大学工科高层次人才历年流动次数均值在近 70 年内也呈下降趋势，从下降幅度来看，大学工科高层次人才的平均流动次数在七代大学高层次人才中下降幅度相较于大学理科高层次人才而言更大。其中 1950~1986 年的散点更为集中，表明这一时间段内出生的大学工科高层次人才流动频率变化趋势更接近于斜线中的流动次数均值；1920~1945 年的散点更为分散，则表明这一时间段内出生的大学工科高层次人才流动频率变化趋势更偏离斜线中的流动次数均值。

为了更清晰地了解 70 年来我国大学工科高层次人才流动频率的具体变

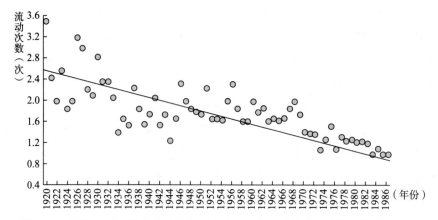

**图 4 - 7    1920 ~ 1986 年出生的大学工科高层次人才历年流动次数均值分布散点**

化，本书也同样以 10 年为间隔，将 1920 ~ 1986 年出生的大学工科高层次人才划分为七代人，分析不同年龄段的大学工科高层次人才平均流动次数变动情况，统计结果详见表 4 - 19，从中也得到两点发现。

第一，从 20 后到 80 后的大学工科高层次人才平均流动次数整体呈依次递减的分布趋势。20 后的大学工科高层次人才平均流动次数最高，为 2.42 次，80 后的大学工科高层次人才平均流动次数最低，为 1.22 次。具体而言，30 后的大学工科高层次人才平均流动次数由 20 后的 2.42 次降至 1.98 次，40 后的大学工科高层次人才平均流动次数又降至 1.89 次，至 50 后的大学工科高层次人才平均流动次数又降至 1.83 次，在 60 后的大学工科高层次人才中平均流动次数又降至 1.76 次，在 70 后和 80 后的大学工科高层次人才中又分别降至 1.31 次和 1.22 次。

第二，从流动次数分布比例来看，拥有 1 次流动经历的大学工科高层次人才自 20 后到 80 后经历了渐次上升的过程，拥有 2 次流动经历的大学工科高层次人才自 20 后到 80 后经历了先上升后下降的过程，拥有 3 次及以上流动经历的大学工科高层次人才自 20 后到 80 后经历了逐渐下降的过程。具体而言，拥有 1 次流动经历的 20 后大学工科高层次人才占 33.33%，80 后的大学工科高层次人才占比升至 82.64%，每代人平均增幅 7% 左右；拥有 2 次流动经历的 20 后大学工科高层次人才占 23.46%，在经历了 30 后和 40 后两代人的上升后增至 29.25%，在随后的 50 后、60 后、70 后和 80 后四代人中经历了下降的过程，至 80 后，占比降至

14.88%；拥有 3 次流动经历的 20 后大学工科高层次人才占 24.69%，在 30 后的大学工科高层次人才中降为 12.50%，在经历了几代人的下降后，在 80 后大学工科高层次人才中占比降至 0.83%，降幅较大；拥有 4 次流动经历的大学工科高层次人才占比由 20 后的 9.88%降至 80 后的 0.83%；拥有 5 次流动经历的大学工科高层次人才占比由 20 后的 3.70%降至 80 后的 0.83%；拥有 6 次流动经历的大学工科高层次人才占比由 20 后的 4.94%降至 60 后的 0.35%；拥有 7 次流动经历的大学工科高层次人才仅存在于两代人中，难以探寻某种变化规律。

表 4-19　大学工科高层次人才出生在 1920~1986 年的流动频率

| 年龄段 | 出生年份 | 均值（次） | 样本量（人） | 1次流动占比（%） | 2次流动占比（%） | 3次流动占比（%） | 4次流动占比（%） | 5次流动占比（%） | 6次流动占比（%） | 7次流动占比（%） |
|---|---|---|---|---|---|---|---|---|---|---|
| 20 后 | 1920~1929 | 2.42 | 81 | 33.33 | 23.46 | 24.69 | 9.88 | 3.70 | 4.94 | — |
| 30 后 | 1930~1939 | 1.98 | 184 | 47.28 | 27.72 | 12.50 | 7.07 | 3.80 | 1.09 | 0.54 |
| 40 后 | 1940~1949 | 1.89 | 105 | 49.52 | 29.52 | 11.43 | 5.71 | — | 3.81 | |
| 50 后 | 1950~1959 | 1.83 | 175 | 50.29 | 28.57 | 13.14 | 5.14 | 1.71 | 1.14 | |
| 60 后 | 1960~1969 | 1.76 | 570 | 55.26 | 24.91 | 11.93 | 5.09 | 2.28 | 0.35 | 0.18 |
| 70 后 | 1970~1979 | 1.31 | 468 | 74.57 | 20.09 | 4.70 | 0.64 | — | — | — |
| 80 后 | 1980~1986 | 1.22 | 121 | 82.64 | 14.88 | 0.83 | 0.83 | 0.83 | — | — |

### （三）四代大学社科高层次人才的流动频率变化

大学社科高层次人才出生于 1950~1986 年，即经历了四代人。根据 1950~1986 年出生的大学社科高层次人才历年流动次数均值绘制散点图，如图 4-8 所示。从中可以发现，如果进行同代人的比较，那么大学社科高层次人才平均流动次数降幅并不低于同代的大学理科和工科高层次人才。总体来看，大学社科高层次人才的散点分布都较为分散，表明大学社科高层次人才流动频率变化趋势总体上都偏离斜线中的流动次数均值。

为了更清晰地了解近 40 年大学社科高层次人才流动频率的具体变化，本书也同样以 10 年为间隔，将 1950~1986 年出生的大学社科高层次人才划分为四代人，分析不同年龄段的大学社科高层次人才平均流动次数变动情况，统计结果详见表 4-20，从中有两点发现。

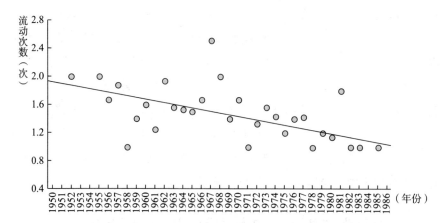

**图 4 - 8　1950 ~ 1986 年出生的大学社科高层次人才历年流动次数均值分布散点**

第一，从 50 后到 80 后的大学社科高层次人才平均流动次数的变化经历了先上升后下降的过程。具体而言，50 后的大学社科高层次人才平均流动次数为 1.63 次；60 后的大学社科高层次人才平均流动次数升至 1.68 次；在 70 后和 80 后的两代大学社科高层次人才中，平均流动次数逐渐下降，分别降为 1.38 次和 1.29 次。也就是说，出生较晚的 60 后大学社科高层次人才的平均流动次数高于出生较早的 50 后大学社科高层次人才。如果依据上述入职年龄做类似的推测，则 60 后大学社科高层次人才的入职时间大致在 20 世纪 90 年代，正好与我国学术制度变革全面开展相契合，即学术制度变革极大地提高了 60 后大学社科高层次人才的流动性，从而使其流动频率超过了 50 后大学社科高层次人才。

第二，从流动次数分布比例来看，拥有 1 次流动经历的大学社科高层次人才自 50 后到 80 后经历了逐渐上升的过程，拥有 2 次及以上流动经历的大学社科高层次人才自 50 后到 80 后经历了逐渐下降的过程。具体而言，拥有 1 次流动经历的 50 后大学社科高层次人才占 54.17%，在经历了 30 后和 40 后两代人的上升后，在 80 后的大学社科高层次人才中升至 76.47%，增长了 22.3 个百分点；拥有 2 次流动经历的 50 后大学社科高层次人才占 37.50%，在经历了 60 后和 70 后两代人的下降后，在 80 后的大学社科高层次人才中占比降至 17.65%，降低了 19.85 个百分点；拥有 3 次流动经历的 60 后大学社科高层次人才占 12.94%，在 70 后的大学社科高层次人才中降至 4.23%，在 80 后大学社科高层次人才中占比有了略微的增长，增至 5.88%；拥有 4 次流动经历的大学社科高

层次人才也经历了下降的过程，50 后大学社科高层次人才占 8.33%，在 60 后
和 70 后的两代人中降至 2.35% 和 2.81%。

表 4-20　大学社科高层次人才出生在 1950~1986 年的流动频率

| 年龄段 | 出生年份 | 均值（次） | 样本量（人） | 1 次流动占比（%） | 2 次流动占比（%） | 3 次流动占比（%） | 4 次流动占比（%） | 5 次流动占比（%） |
|---|---|---|---|---|---|---|---|---|
| 50 后 | 1950~1959 | 1.63 | 24 | 54.17 | 37.50 | — | 8.33 | — |
| 60 后 | 1960~1969 | 1.68 | 85 | 56.47 | 25.88 | 12.94 | 2.35 | 2.36 |
| 70 后 | 1970~1979 | 1.38 | 71 | 71.83 | 21.13 | 4.23 | 2.81 | — |
| 80 后 | 1980~1986 | 1.29 | 17 | 76.47 | 17.65 | 5.88 | — | — |

### （四）五代大学人文高层次人才的流动频率变化

大学人文高层次人才分布在 1943~1986 年出生，即经历了五代人。根据
1943~1986 年出生的大学人文高层次人才历年流动次数均值绘制散点图，如
图 4-9 所示。从中可以发现，大学人文高层次人才的平均流动次数在五代
大学高层次人才中并无明显的规律可循，分布态势呈无规则的曲线状。

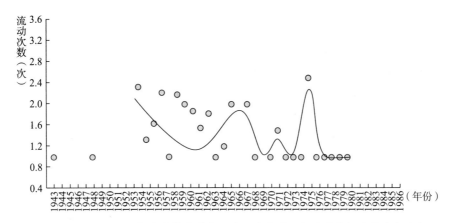

图 4-9　1943~1986 年出生的大学人文高层次人才历年流动次数均值分布散点

本研究也同样以 10 年为间隔，将 1943~1986 年出生的大学人文高层
次人才划分为五代人，试图分析不同年龄段的大学人文高层次人才平均流
动次数变动情况，统计结果详见表 4-21。尽管大学人文高层次人才的总
体样本较少，但从表 4-21 中也能够发现大学人文高层次人才流动频率变
化中的某些规律性特征。

第一，从40后到80后的大学人文高层次人才平均流动次数的变化特征。具体而言，40后的大学人文高层次人才平均流动次数为1次；50后的大学人文高层次人才平均流动次数升至1.93次；在60后、70后和80后的三代大学人文高层次人才中，平均流动次数逐渐下降，分别降为1.85次、1.25次和1次。出生较晚的50后的大学人文高层次人才平均流动次数高于出生较早的40后大学人文高层次人才平均流动次数。如果依据上述入职年龄做类似的推测，则50后大学人文高层次人才的入职时间大致在20世纪80年代，正好处于我国学术制度变革探索的阶段，这种探索亦有效地提升了50后大学人文高层次人才的流动性，从而使其流动频率超过了40后大学人文高层次人才。

第二，从流动次数分布比例来看，拥有1次流动经历的大学人文高层次人才自40后到80后的变化无明显规律可循，拥有2次及以上流动经历的大学人文高层次人才自40后到80后经历了逐渐下降的过程。具体而言，拥有1次流动经历的40后大学人文高层次人才因为只有2人发生了流动，故占100%，在50后和70后这两代人中则经历了逐渐上升的过程，占比由50后的45.00%增至70后的80.00%，在80后的大学人文高层次人才中由于只有3人发生了流动，且都具有1次流动经历，故占比也是100%；拥有2次流动经历的50后大学人文高层次人才占27.50%，在经历了60后和70后两代人的下降后，占比降至15.00%，降低了12.50个百分点；拥有3次流动经历的50后大学人文高层次人才占22.50%，在60后和70后两代大学人文高层次人才中经历了逐渐下降的过程，占比降至5.00%；拥有4次流动经历和拥有5次流动经历的大学人文高层次人才仅存在于一代或两代人中，难以探寻某种变化规律。

表4-21 大学人文高层次人才出生在1943~1986年的流动频率

| 年龄段 | 出生年份 | 均值<br>（次） | 样本量<br>（人） | 1次流动<br>占比<br>（%） | 2次流动<br>占比<br>（%） | 3次流动<br>占比<br>（%） | 4次流动<br>占比<br>（%） | 5次流动<br>占比<br>（%） |
|---|---|---|---|---|---|---|---|---|
| 40后 | 1943~1949 | 1.00 | 2 | 100.00 | — | — | — | — |
| 50后 | 1950~1959 | 1.93 | 40 | 45.00 | 27.50 | 22.50 | — | 5.00 |

续表

| 年龄段 | 出生年份 | 均值（次） | 样本量（人） | 1 次流动占比（%） | 2 次流动占比（%） | 3 次流动占比（%） | 4 次流动占比（%） | 5 次流动占比（%） |
|---|---|---|---|---|---|---|---|---|
| 60 后 | 1960~1969 | 1.85 | 48 | 52.08 | 25.00 | 12.50 | 6.25 | 4.17 |
| 70 后 | 1970~1979 | 1.25 | 20 | 80.00 | 15.00 | 5.00 | — | — |
| 80 后 | 1980~1986 | 1.00 | 3 | 100.00 | — | — | — | — |

### （五）不同学科高层次人才的流动频率与年代之间的相关性分析

为进一步验证上述散点图中的分布趋势是否显著，本书将年代分别与四类学科大学高层次人才的历年流动次数均值进行了相关性分析。结果显示，年代与四类学科大学高层次人才的历年流动次数均值均呈负相关，在显著性上只有大学人文高层次人才的历年流动次数均值与年代之间的相关关系不显著（$p = 0.154 > 0.05$），理科（$p = 0.000 < 0.05$）、工科（$p = 0.000 < 0.05$）和社科（$p = 0.002 < 0.05$）大学高层次人才的历年流动次数均值与年代之间的相关关系显著。本书进而以年代为自变量，分别以四类学科大学高层次人才的历年流动次数均值为因变量进行了回归分析。结果发现，在控制样本量的情况下，年代与大学人文高层次人才的历年流动次数均值的相关关系依然不显著，年代对四类学科大学高层次人才的历年流动次数均值的解释率（$R^2$）为 7.7%~56.5%，具体为理科 20.5%、工科 56.5%、社科 28.1%、人文 7.7%。由此可以认为，理科、工科和社科的大学高层次人才流动频率在近 70 年中呈下降的变迁趋势，人文的大学高层次人才流动频率随着年代的变迁变化趋势不明显。

# 第三节　中国大学高层次人才流动周期的变迁

## 一　中国大学高层次人才流动周期的总体演变

为呈现 1949~2018 年这 70 年来我国大学高层次人才流动周期的变迁，本书分析了我国七代项目人才在流动时间上的变化。本书中流动周期的计算方式为：个体的流动周期 $C = (y_2 - y_1)/t$，其中 $y_1$ 为项目人才的首次任职年份，$y_2$ 为项目人才在当前工作机构的任职年份，$t$ 为项目人才的流动次数。

本部分分析了 1920~1986 年出生的六类项目人才历年流动周期均值的变化，以此来呈现 1949~2018 年我国大学高层次人才流动周期的演变情况。

依据 1920~1986 年出生的大学高层次人才历年流动周期均值绘制了散点图，如图 4-10 所示。从中可以发现，历年流动周期均值在我国七代大学高层次人才中的变化呈"左偏形金字塔"分布，拐点为 1940 年出生的大学高层次人才，这意味着，流动周期先在 20 后和 30 后大学高层次人才中逐渐延长，随后又在 40 后、50 后、60 后、70 后和 80 后大学高层次人才中逐渐缩短。

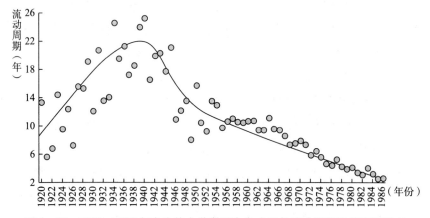

**图 4-10 1920~1986 年出生的大学高层次人才历年流动周期均值变迁散点**

从图 4-10 中还可以发现，1920~1950 年的散点更为分散，表明 20 后、30 后和 40 后大学高层次人才历年流动周期均值的离散度较大，这一时间段内出生的大学高层次人才流动周期变化趋势更偏离曲线的流动周期均值；1955~1986 年的散点更为集中，则表明，50 后、60 后、70 后和 80 后大学高层次人才历年流动周期均值的离散度较小，更趋近于同代人的平均流动周期，这一时间段内出生的大学高层次人才流动周期变化趋势更趋近曲线的流动周期均值。具体而言，20 后的大学高层次人才历年流动周期均值分布范围约在 6~19 年、30 后约在 12~25 年、40 后约在 8~25 年、50 后约在 9~16 年、60 后约在 8~11 年、70 后约在 4~8 年、80 后约在 3~4 年。

本书也计算了七代大学高层次人才的平均流动周期以清晰呈现这一变迁轨迹，自 20 后到 80 后，我国大学高层次人才的平均流动周期依次为 12 年、19 年、17 年、11 年、10 年、6 年和 4 年，即 20 后大学高层次人才平均约 12 年流动一次，到 30 后平均流动一次的时间迅速增长了 7 年，而自 40 后起平均流动周期开始缩短至 17 年，50 后进一步将平均流动周期缩短了 6 年，60 后的平均流动周期变动较小，仅缩短 1 年，70 后又进一步将平均流动周期缩短至 6 年，最后到目前年龄最小的 80 后平均流动周期为 4 年。

将年代与大学高层次人才历年流动周期均值进行相关性分析以验证散点图中的分布趋势是否显著。结果表明，大学高层次人才历年流动周期均值与年代显著负相关（$p = 0.000 < 0.05$）。以年代为自变量，以大学高层次人才历年流动周期均值为因变量的回归分析结果显示，大学高层次人才历年流动周期均值与年代的关系依然显著，年代对大学高层次人才历年流动周期均值的解释率（$R^2$）为 46.7%。

## 二 中国大学高层次人才流动周期演变的层级差异

为呈现 1949～2018 年我国大学高层次人才流动周期演变的层级差异，本书进而以 10 年为间隔统计了六类项目人才平均流动周期（此时交叠样本进入统计范围）在七代人中的变化情况，并依据前文的层级划分进行详细分析。

### （一）六代第一层级高层次人才的流动周期呈逐渐缩短的趋势

表 4-22 呈现了近 60 年我国院士的流动周期在六代人中的具体变化，由表 4-22 可见，20 后、30 后和 40 后院士的流动周期分布范围最广，70 后院士的流动周期分布范围最小。从每一代院士的流动时段划分来看，也大致呈现出短时段流动占比较高、长时段流动占比较低的特征。具体而言，20 后院士的流动周期在 5 年内的占比最高，为 39.64%；从流动周期在 5～10 年到流动周期在 20～25 年的占比依次下降，由 23.42% 降至 1.80%；流动周期在 25～30 年的占比略有上升，为 3.60%；随后流动周期在 30～35 年、35～40 年的占比又降为 2.70% 和 1.80%；流动周期在 40 年以上的院士占比略有回升，为 5.41%。30 后院士的流动周期从在 5 年内到 30～35 年的占比经历了依次下降的过程，由 23.55% 降至 2.89%；流动周期在 35～40 年和 40 年以上的院士占比有小幅上升，依次增至 6.20% 和

9.11%。40后院士的流动周期占比随着时间的延长先呈渐次下降之势后有小幅上升，从流动周期在5年内的占19.46%逐渐降至流动周期在35~40年的占4.03%；流动周期40年以上的院士占比增至5.37%。50后院士的流动周期占比最高的是5~10年的，为34.46%；其次是流动周期在10~15年的，占比为20.95%；居于第三位的是流动周期在5年内的，占比为18.92%；从流动周期在15~20年到流动周期在35~40年的占比依次降低，由9.46%降至2.02%。60后院士的流动周期大都集中于5年内和5~10年，占比分别为23.08%和32.05%；从流动周期在15~20年到流动周期在30~35年的占比也依次降低，由19.87%降至4.49%。70后院士的流动周期则分布在5年内和30~35年，占比都为50.00%。

从具体每个时间段内流动周期在六代院士中的演变来看，各个时段的变化都较为复杂。六代院士的流动周期在5年内的占比经历了螺旋式上升的过程，由20后的39.64%降至30后的23.55%、40后的19.46%和50后的18.92%，随后在60后和70后中又经历了渐次上升的过程，至50.00%。六代院士的流动周期在5~10年的占比经历先小幅下降后又小幅上升的过程，从20后的23.42%降至30后的18.18%，随后经40后、50后和60后三代人的上升达至32.05%。六代院士的流动周期在10~15年的占比大致经历了缓慢上升的过程，由20后的15.32%逐渐上升至50后和60后的20.95%和19.87%。六代院士的流动周期在15~20年的占比虽有波动但变化不大，虽从20后的6.31%逐渐升至40后的12.75%，但又经50后、60后两代人的下降，降为7.69%，基本与20后的水平持平。六代院士的流动周期在20~25年的占比经历了螺旋式上升的过程，先由20后的1.80%增至30后的8.26%，又经40后和50后两代降至5.41%，随后又在60后中增至7.05%。六代院士的流动周期在25~30年的占比大致经历了与流动周期在20~25年的占比相反的变化趋势，由20后的3.60%降至30后的2.89%，随后又在40后和50后中增至6.71%和6.08%，进而在60后中降至5.77%。六代院士的流动周期在30~35年的占比则经历了螺旋式上升的过程，由20后的2.70%缓慢升至40后的4.70%，又在50后中回落至20后2.70%的水平，随之经60后小幅上涨至4.49%后在70后中暴增至50.00%。六代院士的流动周期在35~40年的占比虽有波动但变化不大，在20后、30后、40后和50后四代人中，虽从20后至30后略有上升，但经 40 后和 50 后两代又基本降至 20 后的水平。流动周期在 40 年以上的占比也大致在三代人中经历了与流动周期在 35 ~ 40 年的类似过程。

表 4 - 22　六代院士平均流动周期变迁分布

单位：%

| 年龄段 | 出生年份 | 5 年内占比 | 5 ~ 10 年占比 | 10 ~ 15 年占比 | 15 ~ 20 年占比 | 20 ~ 25 年占比 | 25 ~ 30 年占比 | 30 ~ 35 年占比 | 35 ~ 40 年占比 | 40 年以上占比 |
|---|---|---|---|---|---|---|---|---|---|---|
| 20 后 | 1920 ~ 1929 | 39.64 | 23.42 | 15.32 | 6.31 | 1.80 | 3.60 | 2.70 | 1.80 | 5.41 |
| 30 后 | 1930 ~ 1939 | 23.55 | 18.18 | 16.94 | 11.98 | 8.26 | 2.89 | 2.89 | 6.20 | 9.11 |
| 40 后 | 1940 ~ 1949 | 19.46 | 22.82 | 17.45 | 12.75 | 6.71 | 6.71 | 4.70 | 4.03 | 5.37 |
| 50 后 | 1950 ~ 1959 | 18.92 | 34.46 | 20.95 | 9.46 | 5.41 | 6.08 | 2.70 | 2.02 | — |
| 60 后 | 1960 ~ 1969 | 23.08 | 32.05 | 19.87 | 7.69 | 7.05 | 5.77 | 4.49 | — | — |
| 70 后 | 1970 ~ 1979 | 50.00 | — | — | — | — | — | 50.00 | — | — |

注：界线上的年份划归到前一时段中，如 5 年划归到 5 年，10 年划归到 5 ~ 10 年，15 年划归到 10 ~ 15 年，以此类推。余同。

### （二）五代第二层级高层次人才的流动周期有向 10 年以内集中的趋势

第一，"长江学者奖励计划"特聘教授的流动周期变化情况。表 4 - 23 呈现了"长江学者奖励计划"特聘教授的流动周期在五代人中的具体变化，由表 4 - 23 可见，"长江学者奖励计划"特聘教授的流动周期在 35 年之内。从每一代"长江学者奖励计划"特聘教授的流动时段划分来看，也大致呈现出短时段流动占比较高、长时段流动占比较低的特征。具体而言，40 后"长江学者奖励计划"特聘教授的流动周期在 5 年内的占比最高，为 40.00%，流动周期在 5 ~ 10 年、10 ~ 15 年和 15 ~ 20 年的占比都为 20.00%。50 后"长江学者奖励计划"特聘教授的流动周期占比最高的是 5 ~ 10 年，为 37.96%；其次是流动周期在 10 ~ 15 年的，为 28.70%；流动周期在 5 年内的占比居于第三位，为 18.52%；流动周期在 15 ~ 20 年的占比居于第四位，为 9.26%；流动周期在 20 ~ 25 年、25 ~ 30 年和 30 ~ 35 年的占比都较小，且差别不大。60 后"长江学者奖励计划"特聘教授的流动周期占比最高的也是 5 ~ 10 年，为 43.67%；其次是流动周期 5 年内的，占 24.00%；从流动周期在 10 ~ 15 年一直到 30 ~ 35 年的占比依次降低，分别为 18.00%、8.33%、4.00%、1.67%、0.33%。70 后"长江学者奖励计划"特聘教授的流动周期随着时间的延长占比依次降低,从5年内的45.90%,降至5~10年的39.34%,10~15年又降为13.11%,至15~20年则仅有1.65%。80后"长江学者奖励计划"特聘教授的流动周期大都集中于5年内,占比为66.67%;流动周期在5~10年的占比为33.33%。

从具体每个时间段内流动周期在五代"长江学者奖励计划"特聘教授中的演变来看,各个时段的变化依然较为复杂。五代"长江学者奖励计划"特聘教授的流动周期在5年内的占比经历了螺旋式上升的过程,由40后的40.00%降至50后的18.52%,又经60后、70后和80后三代人升至66.67%。流动周期在5~10年的"长江学者奖励计划"特聘教授占比经历先上升后又下降的过程,从40后的20.00%升至50后的37.96%和60后的43.67%,随后经70后、80后两代降至33.33%。流动周期在10~15年的"长江学者奖励计划"特聘教授占比大致经历了类似的变化过程,由40后的20.00%上升至50后的28.70%,随后又经60后和70后两代分别降至18.00%和13.11%。流动周期在15~20年的"长江学者奖励计划"特聘教授占比经历了逐渐下降的过程,从40后的20.00%逐渐降至70后的1.65%。流动周期在20~25年、25~30年和30~35年的占比只经历了两代人,其中流动周期在20~25年的"长江学者奖励计划"特聘教授占比在50后和60后两代人中经历了小幅上升,流动周期在25~30年和30~35年的"长江学者奖励计划"特聘教授占比在50后和60后两代人中经历了小幅下降。

表4-23 五代"长江学者奖励计划"特聘教授平均流动周期变迁分布

单位:%

| 年龄段 | 出生年份 | 5年内占比 | 5~10年占比 | 10~15年占比 | 15~20年占比 | 20~25年占比 | 25~30年占比 | 30~35年占比 |
|---|---|---|---|---|---|---|---|---|
| 40后 | 1940~1949 | 40.00 | 20.00 | 20.00 | 20.00 | — | — | — |
| 50后 | 1950~1959 | 18.52 | 37.96 | 28.70 | 9.26 | 1.85 | 2.78 | 0.93 |
| 60后 | 1960~1969 | 24.00 | 43.67 | 18.00 | 8.33 | 4.00 | 1.67 | 0.33 |
| 70后 | 1970~1979 | 45.90 | 39.34 | 13.11 | 1.65 | — | — | — |
| 80后 | 1980~1986 | 66.67 | 33.33 | — | — | — | — | — |

第二,"国家杰出青年科学基金"获得者的流动周期变化情况。表4-24

呈现了"国家杰出青年科学基金"获得者的流动周期在四代人中的具体变化，由表 4-24 可见，"国家杰出青年科学基金"获得者的流动周期也是在 35 年之内。从每一代"国家杰出青年科学基金"获得者的流动时段划分来看，也呈现出短时段流动占比较高、长时段流动占比较低的特征。具体而言，50 后"国家杰出青年科学基金"获得者的流动周期占比最高的是 5~10 年，为 37.21%；其次是流动周期在 5 年内的，为 24.81%；流动周期在 10~15 年的占比居于第三位，为 20.93%；流动周期在 15~20 年的占比居于第四位，为 13.18%；流动周期在 20~25 年和 25~30 年的占比都较小，且差别不大。60 后"国家杰出青年科学基金"获得者的流动周期占比最高的也是 5~10 年，为 34.75%；其次是流动周期 5 年内的，占 31.27%；从流动周期在 10~15 年一直到 30~35 年的占比也是依次降低，分别为 17.50%、10.30%、3.35%、2.32%、0.51%。70 后"国家杰出青年科学基金"获得者的流动周期随着时间的延长占比依次降低，从 5 年内的 52.44%，降至 5~10 年的 32.65%，10~15 年又降为 10.54%，至 15~20 年则仅有 3.86%，20~25 年的占比仅为 0.51%。80 后"国家杰出青年科学基金"获得者的流动周期也大都集中于 5 年内，占比为 80.00%；流动周期在 5~10 年的占比为 20.00%。

从具体每个时间段内流动周期在四代"国家杰出青年科学基金"获得者中的演变来看，大致呈现出流动周期在 5 年内的"国家杰出青年科学基金"获得者占比在四代人中逐渐提高，流动周期在 5 年以上的"国家杰出青年科学基金"获得者占比在四代人中逐渐降低的趋势。四代"国家杰出青年科学基金"获得者的流动周期在 5 年内的占比经历了逐渐上升的过程，由 50 后的 24.81% 经 60 后、70 后、80 后三代逐渐上升至 80.00%。流动周期在 5~10 年的"国家杰出青年科学基金"获得者占比则经历逐渐下降的过程，从 50 后的 37.21% 经 60 后、70 后、80 后三代逐渐下降至 20.00%。流动周期在 10~15 年、15~20 年和 20~25 年的"国家杰出青年科学基金"获得者都经历了三代人，占比大致经历了逐渐下降的过程，其中流动周期在 10~15 年的占比由 50 后的 20.93% 逐渐降至 70 后的 10.54%，降幅最大。流动周期在 15~20 年的占比由 50 后的 13.18% 逐渐降至 70 后的 3.86%，降幅居中。流动周期在 20~25 年的占比由 50 后的 3.10% 逐渐降至 70 后的 0.51%，降幅最小。流动周期在 25~30 年的"国家杰出青年科学基金"获得者只经历了两代人，由50后的0.77%小幅增长至60后的2.32%。流动周期在30~35年的"国家杰出青年科学基金"获得者只经历了一代人故无法分析变化趋势。

**表4-24　四代"国家杰出青年科学基金"获得者平均流动周期变迁分布**

单位：%

| 年龄段 | 出生年份 | 5年内占比 | 5~10年占比 | 10~15年占比 | 15~20年占比 | 20~25年占比 | 25~30年占比 | 30~35年占比 | 35~40年占比 | 40年以上占比 |
|---|---|---|---|---|---|---|---|---|---|---|
| 50后 | 1950~1959 | 24.81 | 37.21 | 20.93 | 13.18 | 3.10 | 0.77 | — | — | — |
| 60后 | 1960~1969 | 31.27 | 34.75 | 17.50 | 10.30 | 3.35 | 2.32 | 0.51 | — | — |
| 70后 | 1970~1979 | 52.44 | 32.65 | 10.54 | 3.86 | 0.51 | — | — | — | — |
| 80后 | 1980~1986 | 80.00 | 20.00 | — | — | — | — | — | — | — |

### （三）四代第三层级高层次人才的流动周期呈现出向5年内集中的趋势

由表4-25、表4-26和表4-27可见，具有流动经历的"青年长江学者"、"青年拔尖人才支持计划"入选者、"优秀青年科学基金"获得者三类青年项目人才的流动周期为1~20年，相对较为集中。

第一，"青年长江学者"的流动周期变化情况。由表4-25可见，"青年长江学者"的流动周期为1~20年，但60后、70后和80后的具体流动时段分布存在差异。

从每一代人的流动时段划分来看，60后"青年长江学者"的流动周期都分布在5~10年。70后和80后的"青年长江学者"随着流动周期的延长占比逐渐降低，其中70后"青年长江学者"流动周期在5年内的占58.23%，流动周期在5~10年的占31.65%，流动周期在10~15年的占8.86%，流动周期在15~20年的占1.26%；80后"青年长江学者"流动周期在5年内的占88.24%，流动周期在5~10年的占11.76%。

从具体每个时间段内流动周期在三代人中的演变来看，流动周期在5年内的"青年长江学者"占比在70后和80后中呈逐渐提高的趋势，在两代人中增长了30多个百分点；流动周期在5~10年的"青年长江学者"占比在60后、70后和80后三代人中呈明显降低的趋势，由60后的100%至70后大幅降至31.65%，在80后又降至11.76%。

表 4 - 25   三代"青年长江学者"平均流动周期变迁分布

单位：%

| 年龄段 | 出生年份 | 5 年内占比 | 5~10 年占比 | 10~15 年占比 | 15~20 年占比 |
|---|---|---|---|---|---|
| 60 后 | 1960~1969 | —— | 100.00 | —— | —— |
| 70 后 | 1970~1979 | 58.23 | 31.65 | 8.86 | 1.26 |
| 80 后 | 1980~1986 | 88.24 | 11.76 | —— | —— |

第二，"青年拔尖人才支持计划"入选者的流动周期变化情况。由表 4 - 26 可见，"青年拔尖人才支持计划"入选者的流动周期分布为 1~15 年，主要分布于 50 后、70 后和 80 后三代人中。

从每一代人的流动时段划分来看，50 后"青年拔尖人才支持计划"入选者的流动周期都分布在 10~15 年。70 后的"青年拔尖人才支持计划"入选者流动周期在 5 年内和 5~10 年的占比持平，均占 46.15%，流动周期在 10~15 年的占 7.70%。80 后"青年拔尖人才支持计划"入选者随着流动周期的延长占比逐渐降低，流动周期在 5 年内的占 50.00%，流动周期在 5~10 年和 10~15 年的占比均为 25.00%。

从具体每个时间段内流动周期在三代人中的演变来看，流动周期在 5 年内的"青年拔尖人才支持计划"入选者占比在 70 后和 80 后中呈略微提高的趋势，由 70 后的 46.15% 增长到 80 后的 50.00%；流动周期在 5~10 年的"青年拔尖人才支持计划"入选者占比在 70 后和 80 后两代人中呈明显降低的趋势，由 70 后的 46.15% 降至 80 后的 25.00%；流动周期在 10~15 年的"青年拔尖人才支持计划"入选者占比由 50 后的 100% 降至 70 后的 7.70%，随后又在 80 后中上升至 25.00%。

表 4 - 26   三代"青年拔尖人才支持计划"入选者平均流动周期变迁分布

单位：%

| 年龄段 | 出生年份 | 5 年内占比 | 5~10 年占比 | 10~15 年占比 |
|---|---|---|---|---|
| 50 后 | 1950~1959 | —— | —— | 100.00 |
| 70 后 | 1970~1979 | 46.15 | 46.15 | 7.70 |
| 80 后 | 1980~1986 | 50.00 | 25.00 | 25.00 |

第三，"优秀青年科学基金"获得者的流动周期变化情况。由表 4 - 27 可见，"优秀青年科学基金"获得者的流动周期分布为 1~15 年，主

要分布于 70 后和 80 后两代人中。

从每一代人的流动时段划分来看，70 后和 80 后的"优秀青年科学基金"获得者随着流动周期的延长占比都逐渐降低，其中 70 后"优秀青年科学基金"获得者流动周期在 5 年内的占 66.22%，流动周期在 5～10 年的占 29.33%，流动周期在 10～15 年的占 4.45%；80 后"优秀青年科学基金"获得者流动周期在 5 年内的占 69.86%，流动周期在 5～10 年的占 26.03%，流动周期在 10～15 年的占 4.11%。

从具体每个时间段内流动周期在两代人中的演变来看，流动周期在 5 年内的"优秀青年科学基金"获得者占比在 70 后和 80 后中呈略微提高的趋势，由 70 后的 66.22% 增长到 80 后的 69.86%；流动周期在 5～10 年的"优秀青年科学基金"获得者占比在 70 后和 80 后两代人中呈略微降低的趋势，由 70 后的 29.33% 降至 80 后的 26.03%；流动周期在 10～15 年的"优秀青年科学基金"获得者占比由 70 后的 4.45% 降至 80 后的 4.11%。

表 4-27　两代"优秀青年科学基金"获得者平均流动周期变迁分布

单位：%

| 年龄段 | 出生年份 | 5 年内占比 | 5～10 年占比 | 10～15 年占比 |
|---|---|---|---|---|
| 70 后 | 1970～1979 | 66.22 | 29.33 | 4.45 |
| 80 后 | 1980～1986 | 69.86 | 26.03 | 4.11 |

## 三　中国大学高层次人才流动周期演变的学科差异

为呈现 1949～2018 年我国大学高层次人才流动周期演变的学科差异，本书进而统计了人文、社科、理科和工科四类学科（军事学未纳入统计范畴）大学高层次人才历年平均流动周期，以分析各学科大学高层次人才流动周期的变迁趋势。

### （一）七代大学理科高层次人才的流动周期主要集中在 10 年以内

根据 1920～1986 年出生的大学理科高层次人才历年流动周期均值绘制散点图，如图 4-11 所示。从中可以发现，大学理科高层次人才分布在 1920～1986 年出生，历年流动周期均值在近 70 年内呈明显的下降趋势。从下降幅度（斜线的倾斜度）来看，大学理科高层次人才的平均流动次数在七代大学高层次人才中下降幅度比较大。其中1955～1985年的散点更为集中，表明这一时间段内出生的大学理科高层次人才流动周期变化趋势更接近斜线中的流动周期均值；1920～1950年的散点更为分散，则表明这一时间段内出生的大学理科高层次人才流动周期变化趋势更偏离斜线中的流动周期均值。

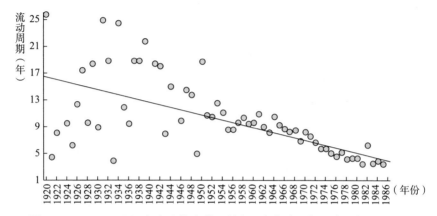

图4-11　1920～1986年出生的大学理科高层次人才历年流动周期均值散点

为了更清晰地了解近70年我国大学理科高层次人才流动周期的具体变化，本书以10年为间隔，将1920～1986年出生的大学理科高层次人才划分为七代人，分析不同年龄段的大学理科高层次人才平均流动周期变动情况，统计结果详见表4-28。

由表4-28可见，30后和40后大学理科高层次人才的流动周期分布范围最广，80后大学理科高层次人才的流动周期分布范围最小。从每一代大学理科高层次人才的流动时段划分来看，占比也大致随着流动周期的延长而呈逐渐降低之势。具体而言，20后大学理科高层次人才流动周期在5年内的占36.67%，流动周期在30～35年的占3.33%；30后大学理科高层次人才流动周期在5年内的占比为19.35%，流动周期在5～10年的占比有略微提高之势为22.58%，随后从流动周期在10～15年到流动周期在30～35年的占比依次降低，由14.52%降至1.61%，流动周期在35～40年的占比开始有提高的趋势，由4.84%增长至流动周期在40年以上的9.68%；40后大学理科高层次人才流动周期在5年内的占16.33%，流动周期在5～10年的占比也有明显提高之势为30.61%，随后从流动周期在10～

15 年到流动周期在 40 年以上的占比依次降低, 由 14.29% 降至 4.08%; 50 后大学理科高层次人才流动周期在 5 年内的占 22.22%, 流动周期在 5~10 年的占比为 42.10%, 同样呈现出明显提高之势, 随后从流动周期在 10~15 年到流动周期在 25~30 年的占比依次降低, 由 17.54% 降至 0.47%, 流动周期在 30~35 年的占比开始有提高的趋势增到 4.22%, 到流动周期在 35~40 年的占比又降至 0.58%; 60 后大学理科高层次人才的流动周期分布在 5 年内的占 29.53%, 流动周期在 5~10 年的占比也呈提高之势为 38.51%, 随后从流动周期在 10~15 年到流动周期在 30~35 年的占比依次降低; 70 后大学理科高层次人才则随着流动周期的延长占比依次降低, 由流动周期在 5 年内的占 60.42% 降至流动周期在 20~25 年的占 2.50%; 在 80 后大学理科高层次人才中, 随着流动周期的延长占比依次降低的趋势表现得尤为明显, 流动周期在 5 年内的占比为 75.00%, 流动周期在 5~10 年的占比大幅降至 23.53%, 流动周期在 10~15 年的占比仅为 1.47%。

从具体每个时间段内流动周期在七代人中的演变来看, 流动周期在 5 年内和流动周期在 5~10 年的大学理科高层次人才变化较为复杂, 其他时间段内的大学理科高层次人才在七代人中经历了逐渐下降的过程。七代大学理科高层次人才的流动周期在 5 年内的占比经历了螺旋式上升的过程, 由 20 后的 36.67% 降至 30 后的 19.35% 和 40 后的 16.33%, 随后在 50 后至 80 后的四代人中又经历了渐次上升的过程, 由 22.22% 依次上升至 75.00%; 七代大学理科高层次人才的流动周期在 5~10 年的占比虽有波折但变化不大, 由 20 后的 23.33% 和 30 后的 22.58% 增至 40 后的 30.61% 和 50 后的 42.10%, 又在 60 后、70 后和 80 后三代人中经历了渐次下降的过程, 至 80 后的占比与 20 后基本持平, 为 23.53%; 七代大学理科高层次人才的流动周期在 10~15 年的占比经历了螺旋式下降的过程, 由 20 后的 15.82% 降至 30 后和 40 后的 14.52% 和 14.29%, 在 50 后和 60 后中又增至 17.54% 和 18.13%, 随后在 70 后和 80 后两代人中又经历了渐次下降的过程, 由 8.33% 下降至 1.47%; 七代大学理科高层次人才的流动周期在 15~20 年的占比经历了逐渐下降的过程, 由 20 后的 12.67% 逐渐降至 70 后的 2.92%; 七代大学理科高层次人才的流动周期在 20~25 年的占比经历了先上升后下降的过程, 由 20 后的 4.18% 经历了 30 后和 40 后两代的上升, 增至 10.20%, 又在 50 后、60 后和 70 后三代人中逐渐下降至

2.50%；七代大学理科高层次人才的流动周期在 25~30 年的占比经历了与流动周期在 20~25 年的占比类似的变化趋势，由 30 后的 4.84% 增至 40 后的 10.20%，随之在 50 后中降至 0.47%，进而在 60 后中略有提高至 2.07%；七代大学理科高层次人才的流动周期在 30~35 年的占比则经历了螺旋式下降的过程，由 20 后的 3.33% 降至 30 后的 1.61%，又在 40 后中升至 6.13%，进而在 50 后和 60 后两代人中逐渐下降至 0.52%；七代大学理科高层次人才的流动周期在 35~40 年和 40 年以上的占比经历了两代人，呈现出下降的趋势。

表 4-28　七代大学理科高层次人才平均流动周期变迁分布

单位：%

| 年龄段 | 出生年份 | 5 年内占比 | 5~10 年占比 | 10~15 年占比 | 15~20 年占比 | 20~25 年占比 | 25~30 年占比 | 30~35 年占比 | 35~40 年占比 | 40 年以上占比 |
|---|---|---|---|---|---|---|---|---|---|---|
| 20 后 | 1920~1929 | 36.67 | 23.33 | 15.82 | 12.67 | 4.18 | — | 3.33 | — | — |
| 30 后 | 1930~1939 | 19.35 | 22.58 | 14.52 | 12.90 | 9.68 | 4.84 | 1.61 | 4.84 | 9.68 |
| 40 后 | 1940~1949 | 16.33 | 30.61 | 14.29 | 8.16 | 10.20 | 10.20 | 6.13 | — | 4.08 |
| 50 后 | 1950~1959 | 22.22 | 42.10 | 17.54 | 9.36 | 3.51 | 0.47 | 4.22 | 0.58 | — |
| 60 后 | 1960~1969 | 29.53 | 38.51 | 18.13 | 7.97 | 3.45 | 2.07 | 0.52 | — | — |
| 70 后 | 1970~1979 | 60.42 | 25.83 | 8.33 | 2.92 | 2.50 | — | — | — | — |
| 80 后 | 1980~1986 | 75.00 | 23.53 | 1.47 | — | — | — | — | — | — |

### （二）七代大学工科高层次人才的流动周期主要集中在 15 年以内

根据 1920~1986 年出生的大学工科高层次人才历年流动周期均值绘制散点图，如图 4-12 所示。从中可以发现，大学工科高层次人才的历年流动周期均值经历了先上升后下降的趋势，拐点出现在 1940 年前后。也就是说，大学工科高层次人才流动周期均值在 20 后和 30 后之间不断提高后，在自 40 后起的五代人中日益降低。其中 1955~1986 年的散点更为集中，表明这一时间段内出生的大学工科高层次人才流动周期变化趋势更接近曲线中的流动周期均值；1920~1950 年的散点更为分散，则表明这一时间段内出生的大学工科高层次人才流动周期变化趋势更偏离曲线中的流动周期均值。

为了更清晰地了解近 70 年我国大学工科高层次人才流动周期的具体变化，本书同样以 10 年为间隔，将 1920~1986 年出生的大学工科高层次人

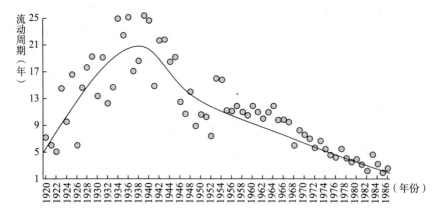

流
动
周
期
（
年
）

（年份）

**图 4 – 12　1920～1986 年出生的大学工科高层次人才历年流动周期均值分布散点**

才划分为七代人，分析不同年龄段的大学工科高层次人才平均流动周期变动情况，统计结果详见表 4 – 29。

由表 4 – 29 可见，在大学工科高层次人才中，30 后和 40 后这两代人的流动周期分布范围最广，80 后的流动周期分布范围最小。从每一代大学工科高层次人才的流动时段划分来看，占比也大致呈现出随着流动周期的延长而逐渐降低之势，只是在各代人中的表现存在差异。具体而言，20 后大学工科高层次人才流动周期呈现出随着时间延长占比先大幅下降后缓慢上升的过程，从流动周期在 5 年内，到流动周期在 5～10 年，再到流动周期在 10～15 年，再到流动周期在 15～20 年的占比依次为 40.74%、23.46%、17.28%、2.47%，随后在流动周期 25～30 年的占比略微增至4.94%，而流动周期 30～35 年、35～40 年的占比略微降至 1.23% 和2.47%，流动周期在 40 年以上的占比又增至 7.41%；30 后大学工科高层次人才流动周期的演变与 20 后类似，从流动周期在 5 年内的占比一直到流动周期在 25～30 年的占比经历了依次下降的过程，由 25.00% 降至2.22%，从流动周期在 30～35 年的占比到流动周期在 40 年以上的占比则经历了小幅上升的过程，由 3.33% 增至 9.44%；40 后大学工科高层次人才流动周期在 5 年内的占 22.55%，流动周期在 5～10 年、10～15 年和 15～20 年的占比依次降至 5.06%，流动周期在 20～25 年的占比又增至 13.73%，随后流动周期在 25～30 年的占比降至 2.53%，流动周期在 30～35 年、35～40 年、40 年以上的占比又逐渐上升，分别为 4.90%、5.82%、6.19%；

50 后大学工科高层次人才流动周期随着时间的延长占比经历先增长后下降的过程，占比最高的流动周期为 5～10 年，为 30.86%，其次是流动周期在 10～15 年的占比为 25.93%，流动周期在 5 年内的占比居于第三位，为 22.22%，从流动周期在 15～20 年一直到流动周期在 30～35 年的占比依次降低，虽然在流动周期 35～40 年的占比略有上升，但幅度很小；60 后大学工科高层次人才的流动周期随着时间的延长占比逐渐降低，从流动周期在 5 年内一直到流动周期在 30～35 年的占比从 29.51% 依次降至 0.08%，流动周期 35～40 年的占比也是略有上升，但上升幅度依然很小；70 后大学工科高层次人才则随着流动周期的延长占比依次降低，由流动周期在 5 年内的占 58.82% 依次降至流动周期在 20～25 年的占 0.23%；在 80 后大学工科高层次人才中，随着流动周期的延长占比依次降低的趋势表现得更为明显，流动周期在 5 年内的占比为 82.46%，流动周期在 5～10 年的占比大幅降至 14.91%，至流动周期在 10～15 年占比仅为 2.63%。

从具体每个时间段内流动周期在七代人中的演变来看，流动周期在不同时间段内的变化较为复杂。流动周期在 5 年内的大学工科高层次人才占比经历了先下降后上升的过程，从 20 后的 40.74% 经过 30 后、40 后、50 后三代人后降至 22.22%，随后在 60 后至 80 后的三代人中又经历了渐次上升的过程，由 29.51% 依次上升至 82.46%；流动周期在 5～10 年的占比经历了螺旋式下降的过程，从 20 后的 23.46% 降至 30 后的 16.67%，又在 40 后、50 后和 60 后三代人中逐渐上升，占比由 19.61% 增至 34.02%，又经 70 后和 80 后两代人降至 14.91%；流动周期在 10～15 年的占比在七代大学工科高层次人才中经历了先上升后大幅下降的过程，从 20 后的 17.28% 经过 30 后、40 后和 50 后三代人的增长后达到 25.93%，随后在 60 后、70 后和 80 后三代人中又从 16.92% 降至 2.63%；流动周期在 15～20 年的七代大学工科高层次人才经历了较为复杂的演变过程，从 20 后的 2.47% 逐渐增至 30 后的 11.67%，在 40 后又降至 5.06%，随后在 50 后和 60 后两代人中达到最高值 10% 左右，又在 70 后中降至 1.81%；流动周期在 20～25 年的七代大学工科高层次人才占比经历了先上升后下降的过程，由 30 后的 7.78% 增至 40 后的 13.73%，又在 50 后、60 后两代人的 4.32% 降至 70 后的 0.23%；流动周期在 25～30 年、30～35 年、35～40 年和 40 年以上的占比在几代大学工科高层次人才中的变化不大，即几代人的演变虽有波折但占比无明显变化，如流动周期在 25～30 年的 20 后占比为 4.94%、60 后占比为 3.20%，流动周期在 30～35 年的 20 后占比为 1.23%、60 后占比为 0.08%，流动周期在 35～40 年的 20 后占比为 2.47%、60 后占比为 1.61%，流动周期在 40 年以上的 20 后占比为 7.41%、40 后占比为 6.19%。

表 4 – 29　七代大学工科高层次人才平均流动周期变迁分布

单位：%

| 年龄段 | 出生年份 | 5 年内占比 | 5～10 年占比 | 10～15 年占比 | 15～20 年占比 | 20～25 年占比 | 25～30 年占比 | 30～35 年占比 | 35～40 年占比 | 40 年以上占比 |
|---|---|---|---|---|---|---|---|---|---|---|
| 20 后 | 1920～1929 | 40.74 | 23.46 | 17.28 | 2.47 | — | 4.94 | 1.23 | 2.47 | 7.41 |
| 30 后 | 1930～1939 | 25.00 | 16.67 | 17.78 | 11.67 | 7.78 | 2.22 | 3.33 | 6.11 | 9.44 |
| 40 后 | 1940～1949 | 22.55 | 19.61 | 19.61 | 5.06 | 13.73 | 2.53 | 4.90 | 5.82 | 6.19 |
| 50 后 | 1950～1959 | 22.22 | 30.86 | 25.93 | 10.49 | 4.32 | 4.32 | 0.62 | 1.24 | — |
| 60 后 | 1960～1969 | 29.51 | 34.02 | 16.92 | 10.34 | 4.32 | 3.20 | 0.08 | 1.61 | — |
| 70 后 | 1970～1979 | 58.82 | 30.09 | 9.05 | 1.81 | 0.23 | — | — | — | — |
| 80 后 | 1980～1986 | 82.46 | 14.91 | 2.63 | — | — | — | — | — | — |

### （三）四代大学社科高层次人才的流动周期呈现出由 15 年聚集转向 10 年聚集的趋势

大学社科高层次人才流动周期变化经历了四代人。根据四代大学社科高层次人才历年流动周期均值绘制散点图，如图 4 – 13 所示。从中可以发现，大学社科高层次人才平均流动周期降幅并不低于同代的大学理科和工科高层次人才平均流动周期降幅。总体来看，大学社科高层次人才的散点分布较为均匀，表明大学社科高层次人才流动周期变化偏离斜线中流动周期均值的幅度无太大差异。

为了更清晰地了解近 40 年我国大学社科高层次人才流动周期的具体变化，本书同样以 10 年为间隔，将大学社科高层次人才划分为四代人，分析不同年龄段的大学社科高层次人才平均流动周期变动情况，统计结果详见表 4 – 30。

由表 4 – 30 可见，大学社科高层次人才的流动周期在 30 年以内。从每一代大学社科高层次人才的流动时段划分来看，50 后和 60 后的流动周期分布特征相似，70 后和 80 后的流动周期分布特征相似。具体而言，50 后

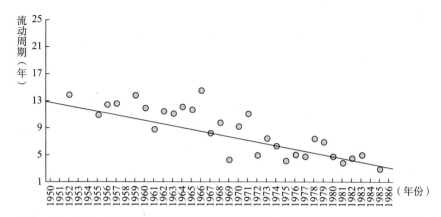

**图 4 - 13　1950～1986 年出生的大学社科高层次人才历年流动周期均值分布散点**

大学社科高层次人才流动周期呈现出随着时间延长占比先大幅上升后缓慢下降的过程，流动周期在 5 年内的 50 后大学社科高层次人才占 4.55%，流动周期在 5～10 年的 50 后大学社科高层次人才占比又迅速升至 50.00%，随后开始下降，流动周期在 15～20 年、20～25 年、25～30 年的 50 后大学社科高层次人才占比顺次降为 9.09%、4.55%、4.54%；60 后大学社科高层次人才流动周期呈现出与 50 后大学社科高层次人才流动周期大致相同的变动态势，流动周期在 5 年内的 60 后大学社科高层次人才占 18.75%，流动周期在 5～10 年的大学社科高层次人才占比又升至 35.00%，随后开始下降，流动周期在 10～15 年、15～20 年、20～25 年、25～30 年的占比顺次降为 21.25%、17.50%、3.75%、3.75%；70 后大学社科高层次人才的流动周期随着时间的延长占比逐渐降低，从流动周期在 5 年内一直到流动周期在 25～30 年的占比从 44.44% 依次降至 3.18%，降幅较大；在 80 后大学社科高层次人才中，随着流动周期的延长占比依次降低的趋势表现得更为明显，流动周期在 5 年内的占比为 80.00%，流动周期在 5～10 年的占比大幅降至 13.33%，至流动周期在 10～15 年占比仅为 6.67%，降低了 70 余个百分点。

从具体每个时间段内流动周期在四代大学社科高层次人才中的演变来看，流动周期在不同时间段内的变化也较为复杂。流动周期在 5 年内的大学社科高层次人才占比经历了逐渐上升的过程，从 50 后的 4.55% 经过 60 后、70 后、80 后三代人升至 80.00%；流动周期在 5～10 年的占比经历了螺旋式下降的过程，从 50 后的 27.27% 升至 60 后的 35.00% 和 70 后的 42.86%，随后又在 80 后中降至 13.33%；流动周期在 10～15 年的占比在四代大学社科高层次人才中经历了逐渐下降的过程，从 50 后的 50.00% 经过 60 后、70 后和 80 后三代人降至 6.67%；流动周期在 15～20 年的三代大学社科高层次人才占比则先从 50 后的 9.09% 逐渐升至 60 后的 17.50%，又在 70 后中降至 3.18%；流动周期在 20～25 年和 25～30 年的大学社科高层次人才占比在 50 后和 60 后两代中的变化不大。

表4-30　四代大学社科高层次人才平均流动周期变迁分布

单位：%

| 年龄段 | 出生年份 | 5 年内占比 | 5～10 年占比 | 10～15 年占比 | 15～20 年占比 | 20～25 年占比 | 25～30 年占比 |
|---|---|---|---|---|---|---|---|
| 50 后 | 1950～1959 | 4.55 | 27.27 | 50.00 | 9.09 | 4.55 | 4.54 |
| 60 后 | 1960～1969 | 18.75 | 35.00 | 21.25 | 17.50 | 3.75 | 3.75 |
| 70 后 | 1970～1979 | 44.44 | 42.86 | 9.52 | 3.18 | — | — |
| 80 后 | 1980～1986 | 80.00 | 13.33 | 6.67 | — | — | — |

**（四）五代大学人文高层次人才的流动周期呈现出向 10 年内集聚的趋势**

大学人文高层次人才流动周期变化经历了五代人。根据这五代大学人文高层次人才历年流动周期均值绘制散点图，如图 4-14 所示。从中可以发现，大学人文高层次人才平均流动周期降幅也较大。从散点的分布来看，大学人文高层次人才的散点分布较为分散，表明大学人文高层次人才流动周期变化多偏离斜线中流动周期的均值。

对我国五代大学人文高层次人才流动周期的统计结果详见表 4-31，由表 4-31 可见，大学人文高层次人才的流动周期也分布在 30 年以内。从每一代大学人文高层次人才的流动时段划分来看，40 后发生流动的大学人文高层次人才仅有 1 人，流动周期在 15～20 年，在其他四代人中，流动周期占比最高的为 5～10 年。具体而言，在 50 后大学人文高层次人才中，流动周期在 5～10 年的占比为 41.37%，流动周期在 10～15 年和 15～20 年的占比次之，都为 20.69%，流动周期 5 年内的占比居于第四位，为 10.34%，流动周期在 20～25 年和 25～30 年的占比最低，为 3.45% 和

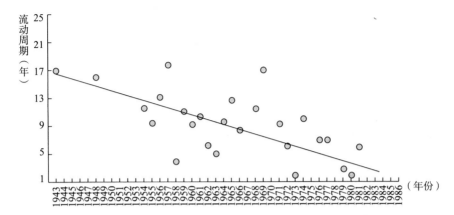

**图 4 – 14　1943 ~ 1986 年出生的大学人文高层次人才历年流动周期均值分布散点**

3.46%；在 60 后大学人文高层次人才中，流动周期在 5 ~ 10 年的占比为 52.78%，流动周期在 10 ~ 15 年的占比次之，为 22.22%，流动周期 5 年内的占比居于第三位，为 16.67%，流动周期在 15 ~ 20 年的占比最低，为 8.33%；在 70 后大学人文高层次人才中，流动周期在 5 ~ 10 年的占比为 61.54%，流动周期在 5 年内的占比次之，为 30.77%，流动周期 10 ~ 15 年的占比居于第三位，为 7.69%；在 80 后大学人文高层次人才中，流动周期在 5 年内和 5 ~ 10 年的占比都为 50.00%。

从具体每个时间段内流动周期在几代大学人文高层次人才中的演变来看，短时段流动在几代人中的占比逐渐提高，长时段流动在几代人中的占比逐渐降低。流动周期在 5 年内的大学人文高层次人才占比经历了逐渐提高的过程，从 50 后的 10.34% 经过 60 后、70 后、80 后三代人升至 50.00%，增长了近 40 个百分点；流动周期在 5 ~ 10 年的占比经历了螺旋式上升的过程，从 50 后的 41.37% 经 60 后、70 后升至 61.54%，随后又在 80 后中降至 50.00%；流动周期在 10 ~ 15 年的占比在三代大学人文高层次人才中经历了先缓慢上升后快速下降的过程，从 50 后的 20.69% 升至 60 后的 22.22%，又在 70 后中大幅降至 7.69%；流动周期在 15 ~ 20 年的三代大学人文高层次人才占比则从 40 后的 100% 逐渐降至 60 后的 8.33%；流动周期在 20 ~ 25 年和流动周期在 25 ~ 30 年的大学人文高层次人才仅出现在 50 后这一代人中，无法判断其变化规律。

表 4 – 31 五代大学人文高层次人才平均流动周期变迁分布

单位：%

| 年龄段 | 出生年份 | 5 年内占比 | 5~10 年占比 | 10~15 年占比 | 15~20 年占比 | 20~25 年占比 | 25~30 年占比 |
|---|---|---|---|---|---|---|---|
| 40 后 | 1943~1949 | — | — | — | 100.00 | — | — |
| 50 后 | 1950~1959 | 10.34 | 41.37 | 20.69 | 20.69 | 3.45 | 3.46 |
| 60 后 | 1960~1969 | 16.67 | 52.78 | 22.22 | 8.33 | — | — |
| 70 后 | 1970~1979 | 30.77 | 61.54 | 7.69 | — | — | — |
| 80 后 | 1980~1986 | 50.00 | 50.00 | — | — | — | — |

**（五）不同学科大学高层次人才的流动周期与年代之间的相关性分析**

本书将年代分别与四类学科的大学高层次人才历年流动周期均值进行统计分析以验证上述流动周期的变化趋势和年代之间的关联程度。结果显示，无论是相关性分析还是控制样本量的回归分析，四类学科大学高层次人才的历年流动周期均值与年代之间的相关关系均显著负相关，年代对四类学科大学高层次人才的历年流动次数均值的解释率（$R^2$）为 24.3%~72.6%，具体为理科 24.3%、工科 41.0%、社科 72.6%、人文 40.5%。这表明，我国各学科大学高层次人才流动周期的变化趋势与年代之间的相关性显著。

# 第四节 中国大学高层次人才流动路径的变迁

## 一 中国大学高层次人才流动路径的总体演变

为呈现 1949~2018 年这 70 年来我国大学高层次人才流动路径的变迁轨迹，本书将我国的人才流动地划分为东部、中部、西部、东北和海外五大部分，分析了七代项目人才流动路径的变化。统计结果如表 4 – 32 所示。

第一，每代人的流动路径以东部内部的流动为主，但这在七代人中呈逐渐下降的趋势。其中在 20 后的项目人才中，东部内部的流动占了所有流动路径的一半以上，占比高达 51.33%；在 30 后的项目人才中，东部内部的流动正好占了所有流动路径的一半，与 20 后的项目人才的流动路径情况基本持平；在 40 后的项目人才中，东部内部的流动尽管依然居于流动路径的首位，但占比有所下降，为 37.97%；在 50 后至 80 后的四代项目人才中，东部内部的流动占比经历了依次下降的过程，分别为 35.60%、32.40%、32.08% 和 32.42%，甚至在 80 后的项目人才中，由海外向东部的流动占比超越了东部内部流动的占比。

第二，七代项目人才的流动路径呈现出从东北、西部和海外向东部集中的发展趋势。在 20 后的项目人才中，由西部向东部的流动居于第二位，占比为 11.50%；由东北向东部的流动居于第三位，占比为 7.96%。在 30 后的项目人才中，由东北向东部的流动居于第二位，占比为 9.27%。在 40 后的项目人才中，由西部向东部的流动还是居于第二位，占比为 15.19%；由中部向东部的流动居于第三位，占比为 6.96%；此外，由海外向东部的流动与之基本持平，为 6.33%。在 50 后的项目人才中，由海外向东部的流动居于第二位，占比为 13.35%；由中部向东部的流动占比依然居于第三位，为 10.07%；由西部向东部的流动和由东北向东部的流动居于第四位，都为 7.49%。在 60 后的项目人才中，由海外向东部的流动居于第二位，占比为 18.91%；由中部向东部的流动占比依然居于第三位，为 9.04%；此外，由西部向东部的流动居于第四位，占比为 6.93%。在 70 后的项目人才中，由海外向东部的流动居于第二位，占比为 31.01%；由海外向中部的流动占比依然居于第三位，为 5.54%。在 80 后的项目人才中，由海外向东部的流动占比最高，为 32.88%；由西部向东部的流动占比居于第三位，为 5.48%。

第三，由海外向中国的流动占比在七代项目人才中呈提高的趋势。在 20 后的项目人才中，由海外流入的占比仅为 2.65%，且都流向了东部。在 30 后的项目人才中，由海外流入的占比略有上升，为 3.22%，且流入地呈多元化趋势。尽管由海外流入东部的较多，但也出现了由海外流入西部和中部的情况。在 40 后的项目人才中，由海外流入东部的占比提高到 6.33%，由海外流入西部的占比也略有提高，为 1.27%。在 50 后的项目人才中，由海外流入东部的占比进一步上升至 13.35%，由海外流入西部和中部的占比也依次上升至 1.41% 和 1.87%。在 60 后的项目人才中，由海外流入东部的占比持续上升至 18.91%，由海外流入西部和中部的占比也依次上升至 1.51% 和 3.39%。在 70 后的项目人才中，由海外流入东部的占比猛增至 31.01%，由海外流入西部和中部的占比也依次上升至 2.59% 和

5.54%。在80后的项目人才中，由海外流入的项目人才均没有再流向海外，且由海外流入东部的占比增至80后流动路径的首位，由海外流入西部和中部的占比也维持在与前一代类似的水平上，为3.65%和5.02%。

表4-32 七代大学高层次人才流动路径百分比分布

单位：%

| 流动路径 | 20后 | 30后 | 40后 | 50后 | 60后 | 70后 | 80后 |
|---|---|---|---|---|---|---|---|
| 东北→东北 | 5.31 | 3.63 | 4.43 | 2.58 | 3.17 | 1.18 | 0.91 |
| 东北→东部 | 7.96 | 9.27 | 2.53 | 7.49 | 5.20 | 2.83 | 1.83 |
| 东北→西部 | — | 1.61 | — | — | 0.30 | 0.24 | — |
| 东北→中部 | 2.65 | 1.21 | — | 0.47 | 0.38 | 0.59 | — |
| 东部→东北 | — | 1.61 | 0.63 | 0.47 | 0.53 | 0.59 | 1.37 |
| 东部→东部 | 51.33 | 50.00 | 37.97 | 35.60 | 32.40 | 32.08 | 32.42 |
| 东部→海外 | — | — | — | 0.47 | 0.45 | 0.59 | 0.91 |
| 东部→西部 | 1.77 | 6.85 | 1.90 | 1.41 | 2.64 | 2.71 | 2.28 |
| 东部→中部 | 3.54 | 4.03 | 5.06 | 2.34 | 2.79 | 4.13 | 3.65 |
| 海外→东北 | — | — | — | 0.23 | 0.98 | 2.00 | 1.83 |
| 海外→东部 | 2.65 | 2.42 | 6.33 | 13.35 | 18.91 | 31.01 | 32.88 |
| 海外→海外 | — | 0.81 | 3.16 | 2.11 | 1.06 | 0.24 | — |
| 海外→西部 | — | 0.40 | 1.27 | 1.41 | 1.51 | 2.59 | 3.65 |
| 海外→中部 | — | 0.40 | — | 1.87 | 3.39 | 5.54 | 5.02 |
| 西部→东北 | 0.88 | — | — | — | 0.23 | 0.24 | — |
| 西部→东部 | 11.50 | 6.05 | 15.19 | 7.49 | 6.93 | 3.54 | 5.48 |
| 西部→西部 | 0.88 | 3.63 | 5.70 | 5.62 | 3.54 | 2.00 | 1.83 |
| 西部→中部 | 0.88 | 0.40 | 2.53 | 0.70 | 0.83 | 0.24 | — |
| 中部→东北 | 0.88 | — | 1.27 | 0.23 | 0.45 | — | — |
| 中部→东部 | 4.42 | 4.84 | 6.96 | 10.07 | 9.04 | 4.01 | 3.20 |
| 中部→海外 | — | — | — | — | 0.23 | — | — |
| 中部→西部 | 0.88 | — | — | 0.47 | 0.53 | 0.35 | — |
| 中部→中部 | 4.47 | 2.84 | 5.07 | 5.62 | 4.51 | 3.30 | 2.74 |

## 二　中国大学高层次人才流动路径演变的层级差异

为呈现1949~2018年我国大学高层次人才流动路径演变的层级差异，

本书进而分别统计了六类项目人才的流动路径在七代人中的变化情况。

### （一） 第一层级高层次人才的流动路径在五代人中的变化

本书首先统计了院士每代人的流动路径，由于 2 位有流动经历的 70 后院士都是由中部流向东部的，表 4－33 只呈现了 20 后至 60 后的流动路径分布情况。从中可以得到以下几点发现。

第一，五代院士的流动路径仍以东部内部的流动为主，但这一流动路径占比也呈逐渐下降的趋势。其中 20 后和 30 后的院士东部内部的流动占了所有流动路径的一半左右，占比分别高达 51.32% 和 50.00%。这一占比在 40 后、50 后和 60 后的院士中大幅下降但仍占据首位，分别占 38.83%、37.01% 和 36.30%。

第二，五代院士的流动路径从东北、西部、中部或海外流向东部的占比居于前列，但并没有在几代人中表现出强化的趋势。在 20 后的院士中，由西部向东部的流动居于第二位，占比为 11.57%；由东北向东部的流动居于第三位，占比为 7.96%。在 30 后的院士中，由东北向东部的流动居于第二位，占比为 9.27%，由西部流向东部和由中部流向东部的占比分列第四位、第五位，依次为 6.05%、4.84%。在 40 后的院士中，由西部向东部的流动还是居于第二位，占比为 15.78%；由中部向东部的流动占比居于第三位，为 7.24%。在 50 后的院士中，由中部向东部的流动居于第二位，占比为 10.39%；此外，由海外向东部的流动居于第四位，为 8.44%。在 60 后的院士中，由海外向东部的流动居于第二位，占比为 10.83%；由西部向东部的流动和由中部向东部的流动占比居于第三位，都为 10.19%。也就是说，由其他地区向东部流动的路径占比在五代人中并没有发生太大变化。

第三，由海外向中国的流动占比在五代院士中也呈提高的趋势。在 20 后的院士中，由海外流入的占比仅为 2.65%，且都流向了东部。在 30 后的院士中，由海外流入的占比略有上升，为 3.22%，且流入地开始呈多元化趋势。其中仍以由海外流入东部的占比最高，为 2.42%。在 40 后的院士中，由海外流入东部的占比提高到 5.26%，且由海外流入西部的占比也略有增加，为 1.32%。在 50 后的院士中，由海外流入东部的占比进一步上升至 8.44%，由海外流入西部的占比却降至 0.65%。在 60 后的院士中，由海外流入东部的占比持续上升至 10.83%，由海外流入中部的占比也上升至 4.46%，且在这一代人中首次出现由海外流入东北的情况，占比为 1.27%。

表 4 - 33　五代院士流动路径百分比分布

单位：%

| 流动路径 | 20 后 | 30 后 | 40 后 | 50 后 | 60 后 |
|---|---|---|---|---|---|
| 东北→东北 | 5.31 | 3.63 | 1.97 | 0.65 | 1.91 |
| 东北→东部 | 7.96 | 9.27 | 2.63 | 7.14 | 3.82 |
| 东北→西部 | — | 1.61 | — | — | 0.64 |
| 东北→中部 | 2.65 | 1.21 | — | 0.65 | — |
| 东部→东北 | — | 1.61 | 0.66 | 0.65 | — |
| 东部→东部 | 51.32 | 50.00 | 38.83 | 37.01 | 36.30 |
| 东部→海外 | — | — | — | — | 0.64 |
| 东部→西部 | 1.76 | 6.85 | 1.97 | 1.94 | 2.55 |
| 东部→中部 | 3.54 | 4.03 | 5.26 | 1.94 | 3.82 |
| 海外→东北 | — | — | — | — | 1.27 |
| 海外→东部 | 2.65 | 2.42 | 5.26 | 8.44 | 10.83 |
| 海外→海外 | — | 0.81 | 2.63 | 4.55 | 0.64 |
| 海外→西部 | — | 0.40 | 1.32 | 0.65 | — |
| 海外→中部 | — | 0.40 | — | 1.30 | 4.46 |
| 西部→东北 | 0.88 | — | — | — | 0.64 |
| 西部→东部 | 11.57 | 6.05 | 15.78 | 6.49 | 10.19 |
| 西部→西部 | 0.88 | 3.63 | 5.92 | 9.09 | 3.82 |
| 西部→中部 | 0.88 | 0.40 | 2.63 | — | 0.64 |
| 中部→东北 | 0.88 | — | 1.32 | 0.65 | 0.64 |
| 中部→东部 | 4.42 | 4.84 | 7.24 | 10.39 | 10.19 |
| 中部→西部 | 0.88 | — | — | 0.65 | — |
| 中部→中部 | 4.42 | 2.84 | 6.58 | 7.81 | 7.00 |

## （二）第二层级高层次人才的流动路径在五代人中的变化

1. 五代"长江学者奖励计划"特聘教授流动路径分布较为多元

本书首先统计了 40 后到 80 后五代"长江学者奖励计划"特聘教授的流动路径，统计结果如表 4 - 34 所示。

第一，东部内部的流动不再是五代"长江学者奖励计划"特聘教授一直占据主导地位的流动路径。尽管东部内部的流动仍然是50后、60后和70后"长江学者奖励计划"特聘教授居于首位的流动路径，但是其占比在这三代人中大幅下降。在50后的"长江学者奖励计划"特聘教授中，东部内部的流动占这一代人总流动路径的41.22%，与居于第二位的海外流入东部的占比相差24.43个百分点；东部内部的流动占比在60后的"长江学者奖励计划"特聘教授中降至26.86%，与居于第二位的海外流入东部的占比差缩小到10个百分点；直至70后的"长江学者奖励计划"特聘教授，东部内部的流动占比再次降至23.94%，与居于第二位的海外流入东部的占比仅差2个百分点左右。除此之外，在40后和80后的"长江学者奖励计划"特聘教授中，东部内部的流动均不是占比最高的流动路径，其中在40后中，这一流动路径仅居于所有流动路径占比的第三位，而在80后中，这一流动路径并没有出现。

第二，五代"长江学者奖励计划"特聘教授的流动路径从东北、西部、中部或海外流向东部的路径占比居于前列，但在五代人中呈弱化趋势。在40后的"长江学者奖励计划"特聘教授中，由海外流向东部的占33.33%。在50后的"长江学者奖励计划"特聘教授中，由海外向东部的流动居于第二位，占比为16.79%，由中部流向东部的居于第三位，占比为8.39%，由东北流入东部的居于第四位，占比为6.87%；此外，由西部流入东部的占比为4.58%。在60后的"长江学者奖励计划"特聘教授中，由海外向东部的流动还是居于第二位，占比为16.86%；由中部向东部的流动居于第三位，占比为8.57%，由东北向东部的流动居于第五位，占比为5.43%。但在80后的"长江学者奖励计划"特聘教授中，流入东部的只有海外这一地区，占比在20%。

第三，"长江学者奖励计划"特聘教授的流动路径逐渐呈现出由海外或东部向其他区域反哺的现象。在40后的"长江学者奖励计划"特聘教授中，海外的人才仅流入了东部，且没有出现由东部向西部、中部或东北流动者。在50后的"长江学者奖励计划"特聘教授中，除了拥有占比较高的海外流入东部的情况外，海外人才开始选择西部、中部和东北，即海外流入西部、中部和东北的占比依次为3.05%、3.05%和0.76%；此外，还出现了东部流入东北和中部的情况，占比都为0.76%。在60后的"长江学者奖励计划"特聘教授中，由海外流入中部、西部和东北的占比略有增长，分别为4.00%、2.57%和1.14%；由东部流入西部、中部和东北的占比也略有增加，分别为4.86%、2.57%、0.85%。在70后的"长江学者奖励计划"特聘教授中，由海外流入西部、中部和东北的占比进一步上升至8.45%、5.63%、1.41%，由东部流入西部、东北和中部的占比增至7.04%、2.82%、2.82%。在80后的"长江学者奖励计划"特聘教授中，由海外流入西部和中部地区的占比持续上升至20%，达到与海外流入东部同等水平。

表4-34 五代"长江学者奖励计划"特聘教授流动路径百分比分布

单位：%

| 流动路径 | 40后 | 50后 | 60后 | 70后 | 80后 |
|---|---|---|---|---|---|
| 东北→东北 | 33.33 | 3.05 | 2.57 | 2.82 | — |
| 东北→东部 | — | 6.87 | 5.43 | 1.41 | — |
| 东北→西部 | — | — | 0.57 | 1.41 | — |
| 东北→中部 | — | 0.76 | 0.29 | — | — |
| 东部→东北 | — | 0.76 | 0.85 | 2.82 | — |
| 东部→东部 | 16.67 | 41.22 | 26.86 | 23.94 | — |
| 东部→海外 | — | 0.76 | 0.85 | 4.23 | 20.00 |
| 东部→西部 | — | 0.76 | 4.86 | 7.04 | — |
| 东部→中部 | — | 0.76 | 2.57 | 2.82 | — |
| 海外→东北 | — | 0.76 | 1.14 | 1.41 | — |
| 海外→东部 | 33.33 | 16.79 | 16.86 | 21.12 | 20.00 |
| 海外→海外 | 16.67 | 0.76 | 3.14 | 1.41 | — |
| 海外→西部 | — | 3.05 | 2.57 | 8.45 | 20.00 |
| 海外→中部 | — | 3.05 | 4.00 | 5.63 | 20.00 |
| 西部→东部 | — | 4.58 | 5.43 | — | — |
| 西部→西部 | — | 2.29 | 4.86 | 4.23 | — |
| 西部→中部 | — | 0.76 | 0.57 | — | — |
| 中部→东北 | — | — | 0.57 | — | — |
| 中部→东部 | — | 8.39 | 8.57 | 4.23 | — |
| 中部→海外 | — | — | 0.29 | — | — |
| 中部→西部 | — | — | 1.43 | — | — |
| 中部→中部 | — | 5.39 | 5.72 | 7.03 | 20.00 |

2. 四代"国家杰出青年科学基金"获得者流动路径主要集中于东部内部

由表4-35可见，50后到80后拥有流动经历的"国家杰出青年科学基金"获得者的流动路径呈现出如下特征。

第一，东部内部的流动一直是四代"国家杰出青年科学基金"获得者的主导性流动路径，但在80后中表现出弱化趋势。在50后的"国家杰出青年科学基金"获得者中，东部内部的流动占这一代人总流动路径的28.87%，与居于第二位的海外流入东部的占比相差13.38个百分点。东部内部的流动在60后的"国家杰出青年科学基金"获得者中升至34.07%，与居于第二位的海外流入东部的占比相差12.7个百分点，变动不大。在70后的"国家杰出青年科学基金"获得者中，东部内部的流动占比略微降至32.69%，但与居于第二位的海外流入东部的占比持平。在80后的"国家杰出青年科学基金"获得者中，东部内部的流动占比降至27.27%，尽管也维持在较高的水平上，但这已不是80后居于首位的流动路径了。

第二，四代"国家杰出青年科学基金"获得者从东北、西部、中部或海外流向东部的路径占比一直维持在较高的水平上。在50后的"国家杰出青年科学基金"获得者中，由海外流向东部、由西部流入东部、由中部流入东部和由东北流入东部的占比居于这一代人流动路径的第二至第五位，依次为15.49%、11.27%、11.27%、8.45%，总占比为46.48%。在60后的"国家杰出青年科学基金"获得者中，由海外流向东部、由西部流入东部、由中部流入东部和由东北流入东部的占比依然居于这一代人流动路径的第二至第五位，依次为21.37%、6.96%、9.04%、5.37%，总占比为42.74%。在70后的"国家杰出青年科学基金"获得者中，由海外向东部的流动还是居于第二位，占比增至32.69%；由西部向东部的流动、由中部向东部的流动、由东北向东部的流动分别居于第四、第五、第七位，依次为4.33%、3.85%、2.88%，总占比为11.06%。在80后的"国家杰出青年科学基金"获得者中，由海外向东部的流动占比猛增至45.45%。

第三，"国家杰出青年科学基金"获得者的流动并没有对中部、西部和东北地区的人才流动形成有效的反哺。在50后的"国家杰出青年科学基金"获得者中，由东部流入中部、东部流入西部的占比居于流动路径占比的第八位和第十位，占比分别为4.23%和1.41%；由海外流入这三个区域的占比更低，其中海外流入中部的占比为1.41%、海外流入西部的占比为 0.70%。在 60 后的"国家杰出青年科学基金"获得者中，由海外流入中部、西部和东北的占比也不高，依次为 2.93%、1.34%、0.85%；由东部流入西部、东北的占比依次为 1.71%、0.49%。在 70 后的"国家杰出青年科学基金"获得者中，由东部流入中部、西部和东北的占比依次为 3.85%、1.44% 和 0.24%，无明显增长。在 80 后的"国家杰出青年科学基金"获得者中，有由海外流入西部的情况，占比为 9.09%。

表 4-35　四代"国家杰出青年科学基金"获得者流动路径百分比分布

单位：%

| 流动路径 | 50 后 | 60 后 | 70 后 | 80 后 |
|---|---|---|---|---|
| 东北→东北 | 3.52 | 3.54 | 1.20 | — |
| 东北→东部 | 8.45 | 5.37 | 2.88 | — |
| 东北→西部 | — | 0.12 | | |
| 东北→中部 | — | 0.49 | 0.72 | — |
| 东部→东北 | — | 0.49 | 0.24 | |
| 东部→东部 | 28.87 | 34.07 | 32.69 | 27.27 |
| 东部→海外 | 0.70 | 0.24 | 0.24 | 9.09 |
| 东部→西部 | 1.41 | 1.71 | 1.44 | — |
| 东部→中部 | 4.23 | 2.69 | 3.85 | |
| 海外→东北 | — | 0.85 | 2.16 | — |
| 海外→东部 | 15.49 | 21.37 | 32.69 | 45.45 |
| 海外→海外 | 0.70 | 0.24 | — | |
| 海外→西部 | 0.70 | 1.34 | 2.16 | 9.09 |
| 海外→中部 | 1.41 | 2.93 | 6.25 | |
| 西部→东北 | — | 0.24 | 0.24 | |
| 西部→东部 | 11.27 | 6.96 | 4.33 | |
| 西部→西部 | 4.93 | 2.93 | 1.20 | |
| 西部→中部 | 1.41 | 0.98 | 0.24 | |
| 中部→东北 | — | 0.37 | — | |
| 中部→东部 | 11.27 | 9.04 | 3.85 | |
| 中部→海外 | — | 0.24 | — | |
| 中部→西部 | 0.70 | 0.24 | 0.48 | |
| 中部→中部 | 4.94 | 3.55 | 3.14 | 9.10 |

### （三）第三层级高层次人才的流动路径在五代人中的变化

表 4-36 呈现了具有流动经历的 50 后至 80 后"青年长江学者"、"青年拔尖人才支持计划"入选者、"优秀青年科学基金"获得者的流动路径分布情况。

1. 从 60 后到 80 后的"青年长江学者"流动路径变化情况

在"青年长江学者"中，拥有流动经历的唯一一位 60 后的流动路径是在东北内部的流动，除此之外，在 70 后和 80 后两代人中的流动路径呈现出如下变化特征。

第一，东部内部的流动是两代"青年长江学者"的主导性流动路径。在 70 后的"青年长江学者"中，东部内部的流动占这一代人总流动路径的 39.08%，居于第一位。80 后的"青年长江学者"东部内部流动占比与之基本持平，为 38.46%。此外，70 后和 80 后东部内部的流动与居于第二位的海外流入东部的占比差都维持在 15 个百分点左右的水平。

第二，两代"青年长江学者"从东北、西部、中部或海外流向东部的路径占比一直维持在较高的水平上。在 70 后的"青年长江学者"中，由海外流向东部的占比居于第二位，为 24.14%；由中部流入东部、由西部流入东部和由东北流入东部的占比居于这一代人流动路径的第三、第五和第八位，依次为 8.05%、4.60%、2.30%。在 80 后的"青年长江学者"中，由海外流向东部的占比也居于第二位，为 20.51%；由西部流入东部、由中部流入东部和由东北流入东部的占比居于这一代人流动路径的第三、第七和第八位，依次为 10.26%、5.12%、2.56%。

第三，"青年长江学者"的流动对中部、西部和东北地区的人才流失形成一定的反哺。在 70 后的"青年长江学者"中，由东部流入西部、东部流入中部的占比分别为 5.75% 和 1.51%，由海外流入东北和中部的占比分别为 3.45% 和 2.30%，由海外和东部流入其他区域的占比为 13.01%。在 80 后的"青年长江学者"中，由东部流入西部、东部流入中部的占比分别为 5.13% 和 2.56%，由海外流入中部、东北和西部的占比依次为 5.12%、2.56% 和 2.56%，由海外和东部流入其他区域的占比为 17.93%，略有增加。

2. 三代"青年拔尖人才支持计划"入选者流动路径变化情况

在"青年拔尖人才支持计划"入选者中，2 位拥有流动经历的 50 后的流动路径是在东北内部的流动，除此之外，在 70 后和 80 后两代人中的流动路径呈现出如下变化特征。

第一，两代"青年拔尖人才支持计划"入选者的流动路径趋于多元。在 70 后的"青年拔尖人才支持计划"入选者中，东部内部的流动占这一代人总流动路径的 40.00%，依然居于第一位。然而在 80 后的"青年拔尖人才支持计划"入选者中已无东部内部的流动，居于第一位的流动路径是西部内部的流动。

第二，从东北、西部、中部或海外流向东部在两代"青年拔尖人才支持计划"入选者中呈弱化趋势。在 70 后的"青年拔尖人才支持计划"入选者中，由海外流向东部的占比居于第二位，为 30.00%，由西部流入东部、由中部流入东部和由东北流入东部的占比居于这一代人流动路径的第三、第四和第六位，依次为 6.67%、6.67%、3.33%，总占比为 16.67%。在 80 后的"青年拔尖人才支持计划"入选者中，由东北流向东部、由西部流入东部和由海外流入东部的占比都为 12.50%，总占比有所下降。

第三，"青年拔尖人才支持计划"入选者的流动并未形成对中部、西部和东北地区的人才反哺。在 70 后的"青年拔尖人才支持计划"入选者中，由东部流入西部、东部流入中部的占比都仅为 3.33%。在 80 后的"青年拔尖人才支持计划"入选者中，西部地区仅有来自海外的人才输送占比为 12.50%。

**3. 两代"优秀青年科学基金"获得者的流动路径变化情况**

第一，东部内部的流动居于两代"优秀青年科学基金"获得者流动路径占比的第二位，居于首位的是海外流入东部。在 70 后的"优秀青年科学基金"获得者中，东部内部的流动占这一代人总流动路径的 30.17%，而海外流入东部占这一代人总流动路径的 33.88%。在 80 后的"优秀青年科学基金"获得者中，海外流入东部占这一代人总流动路径的首位，为 36.54%，东部内部的流动占这一代人总流动路径的 33.97%，居于第二位。

第二，来自东北、西部、中部或海外的"优秀青年科学基金"获得者并无明显地向东部集中发展的态势。在 70 后的"优秀青年科学基金"获得者中，除由海外流向东部的外，由西部流入东部、中部流入东部和东北流入东部的占比一直不高，依次为 2.48%、1.65%、3.31%。80 后的"优秀青年科学基金"获得者的情况也是如此，除由海外流向东部的外，由西部流入东部、中部流入东部和东北流入东部的占比依次为 4.49%、3.21%、1.28%。

第三，"优秀青年科学基金"获得者的流动在两代人中形成了对中部、西部和东北地区的人才反哺。在 70 后的"优秀青年科学基金"获得者中，由东部流入中部、东部流入东北的占比分别为 6.20%、0.83%；由海外流入中部、由海外流入西部和由海外流入东北的占比依次为 6.20%、2.89%、1.65%。在 80 后的"优秀青年科学基金"获得者中，由东部流入中部、东部流入东北、东部流入西部的占比依次为 4.49%、1.92%、1.92%。

**表 4 - 36  四代青年项目人才流动路径百分比分布**

单位：%

| 流动路径 | "青年长江学者" | | | "青年拔尖人才支持计划"入选者 | | | "优秀青年科学基金"获得者 | |
|---|---|---|---|---|---|---|---|---|
| | 60 后 | 70 后 | 80 后 | 50 后 | 70 后 | 80 后 | 70 后 | 80 后 |
| 东北→东北 | 100 | 1.15 | — | 100 | — | 12.50 | 0.83 | 0.64 |
| 东北→东部 | — | 2.30 | 2.56 | — | 3.33 | 12.50 | 3.31 | 1.28 |
| 东北→西部 | — | — | — | — | — | — | 0.4 | — |
| 东北→中部 | — | 1.15 | — | — | — | — | 0.41 | — |
| 东部→东北 | — | — | — | — | — | — | 0.83 | 1.92 |
| 东部→东部 | — | 39.08 | 38.46 | — | 40.00 | — | 30.17 | 33.97 |
| 东部→海外 | — | — | — | — | 3.33 | — | — | — |
| 东部→西部 | — | 5.75 | 5.13 | — | 3.33 | — | 2.48 | 1.92 |
| 东部→中部 | — | 1.15 | 2.56 | — | 3.33 | — | 6.20 | 4.49 |
| 海外→东北 | — | 3.45 | 2.56 | — | — | — | 1.65 | 1.92 |
| 海外→东部 | — | 24.14 | 20.51 | — | 30.00 | 12.50 | 33.88 | 36.54 |
| 海外→海外 | — | — | — | — | — | — | 0.41 | — |
| 海外→西部 | — | — | 2.56 | — | — | 12.50 | 2.89 | 2.56 |
| 海外→中部 | — | 2.30 | 5.12 | — | — | — | 6.20 | 5.13 |
| 西部→东北 | — | — | — | — | — | — | 0.41 | — |
| 西部→东部 | — | 4.60 | 10.26 | — | 6.67 | 12.50 | 2.48 | 4.49 |
| 西部→西部 | — | 2.30 | — | — | — | 25.00 | 2.89 | 1.28 |
| 西部→中部 | — | — | — | — | — | — | 0.41 | — |
| 中部→东北 | — | — | — | — | — | — | — | — |

续表

| 流动路径 | "青年长江学者" | | | "青年拔尖人才支持计划"入选者 | | | "优秀青年科学基金"获得者 | |
|---|---|---|---|---|---|---|---|---|
| | 60后 | 70后 | 80后 | 50后 | 70后 | 80后 | 70后 | 80后 |
| 中部→东部 | — | 8.05 | 5.12 | — | 6.67 | — | 1.65 | 3.21 |
| 中部→海外 | — | — | — | — | — | — | — | — |
| 中部→西部 | — | 4.58 | — | — | — | — | 0.41 | — |
| 中部→中部 | — | — | 5.16 | — | 3.34 | 12.50 | 2.08 | 0.65 |

## 三 中国大学高层次人才流动路径演变的学科差异

为呈现 1949~2018 年我国大学高层次人才流动路径演变的学科差异，本书进而统计了人文、社科、理科和工科四类学科（军事学未纳入统计范畴）高层次人才历年流动路径分布情况。

### （一）七代大学理科高层次人才的流动路径变化

本书首先统计了 20 后到 80 后七代大学理科高层次人才的流动路径，统计结果如表 4-37 所示。

第一，东部内部的流动一直是七代大学理科高层次人才占据主导地位的流动路径，但在七代人中呈弱化趋势。在 20 后的大学理科高层次人才中，东部内部的流动占比高达 68.75%。至 30 后，这一比例有了明显下降，为 53.13%。在 40 后的大学理科高层次人才中，东部内部的流动占比持续降至 40.00%。在 50 后和 60 后的大学理科高层次人才中逐渐降至最低点，为 30% 左右。东部内部的流动在 70 后的大学理科高层人才中开始升温，增至 37.72%。在 80 后的大学理科高层次人才则又降至 32.47%。也就是说，东部内部的流动在七代大学理科高层次人才中的占比尽管经历了较为复杂的变化，但一直保持在相对较高的水平上。

第二，七代大学理科高层次人才的流动路径也表现出明显的从东北、中部、西部或海外流向东部的趋势。在 20 后的大学理科高层次人才中，由东北、中部、西部向东部的流动占比分别居于第二位、第三位和第六位，占比依次为 12.50%、6.25%、3.13%。在 30 后的大学理科高层次人才中，由东北、中部、西部向东部的流动占比分别居于第二位、第五位和第六位，占比依次为 10.94%、4.69%、4.69%；由海外向东部流动的占比为 1.56%。在 40 后的大学理科高层次人才中，由西部、中部向东部流动的占比分别居于第二位、第四位，占比依次为 18.00%、8.00%；由海外向东部流动的占比为 8.00%。在 50 后的大学理科高层次人才中，由海外向东部的流动居于第二位，占比为 20.97%，由东北流向东部的居于第三位，占比为 9.14%，由中部流入东部的居于第四位，占比为 8.60%；此外，由西部流入东部的占比为 7.53%。在 60 后的大学理科高层次人才中，由海外向东部的流动还是居于第二位，占比为 22.24%；由中部向东部的流动居于第三位，为 8.93%，由西部向东部的流动居于第四位，占比为 6.82%，由东北向东部的流动居于第六位，占比为 4.22%。在 70 后的大学理科高层次人才中，由海外向东部的流动还是居于第二位，占比为 29.18%；由西部向东部的流动居于第五位，为 3.20%，由东北向东的流动居于第六位，占比为 2.85%，由中部向东部的流动居于第九位，占比为 2.14%。在 80 后的大学理科高层次人才中，由海外向东部的流动与东部内部的流动占比持平，都居于流动路径的第一位；由西部向东部的流动居于第四位，为 6.49%，由东北向东部的流动居于第六位，占比为 2.60%，由中部向东部的流动居于第十四位，占比为 1.30%。

第三，大学理科高层次人才的流动路径并没有明显呈现出由海外或东部地区向其他三大区域反哺的现象。在 20 后的大学理科高层次人才中，由东部流入中部的占比仅为 3.13%，且没有出现由东部向西部、东北流动的人才。在 30 后的大学理科高层次人才中，东部人才开始选择流入西部、中部，两种流动路径的占比都为 6.25%；海外人才开始选择流入西部，占比为 1.56%。在 40 后的大学理科高层次人才中，东部人才开始流入西部、中部，海外人才开始西部，三种流动路径的占比都为 4.00%。在 50 后的大学理科高层次人才中，东部人才流入中部、西部的占比依次为 2.15%、1.61%；海外人才流入中部、西部的占比依次为 2.15%、1.08%。在 60 后的大学理科高层次人才中，由海外流入中部、西部和东北的占比上升至 4.87%、1.62%、1.14%，由东部流入中部、西部和东北的占比相对较小，分别为 3.08%、2.44%、0.32%。在 70 后的大学理科高层次人才中，由海外流入中部、西部的占比进一步上升至 6.76%、2.49%，由东部流入中部、西部和东北的占比依次为 4.63%、1.78%、0.36%。在 80 后的大学理科高层次人才中，由海外流入中部、东北和西部的占比依次

为 6.49% 、2.60% 、2.60% ，由东部流入中部、东北和西部的占比依次
为 3.90% 、1.30% 、1.30% 。

表4-37　七代大学理科高层次人才流动路径百分比分布

单位：%

| 流动路径 | 20后 | 30后 | 40后 | 50后 | 60后 | 70后 | 80后 |
|---|---|---|---|---|---|---|---|
| 东北→东北 | 3.13 | 3.13 | 4.00 | 1.08 | 1.79 | 1.42 | — |
| 东北→东部 | 12.50 | 10.94 | — | 9.14 | 4.22 | 2.85 | 2.60 |
| 东北→西部 | — | 1.56 | — | — | 0.32 | 0.36 | — |
| 东北→中部 | — | — | — | 0.54 | 0.81 | 1.07 | — |
| 东部→东北 | — | — | — | — | 0.32 | 0.36 | 1.30 |
| 东部→东部 | 68.75 | 53.13 | 40.00 | 30.11 | 30.36 | 37.72 | 32.47 |
| 东部→海外 | — | — | — | 0.54 | 0.49 | 0.71 | 1.30 |
| 东部→西部 | — | 6.25 | 4.00 | 1.61 | 2.44 | 1.78 | 1.30 |
| 东部→中部 | 3.13 | 6.25 | 4.00 | 2.15 | 3.08 | 4.63 | 3.90 |
| 海外→东北 | — | — | — | — | 1.14 | 0.71 | 2.60 |
| 海外→东部 | — | 1.56 | 8.00 | 20.97 | 22.24 | 29.18 | 32.47 |
| 海外→海外 | — | 3.13 | — | 3.23 | 0.49 | — | — |
| 海外→西部 | — | 1.56 | 4.00 | 1.08 | 1.62 | 2.49 | 2.60 |
| 海外→中部 | — | — | — | 2.15 | 4.87 | 6.76 | 6.49 |
| 西部→东北 | — | — | — | — | 0.49 | — | — |
| 西部→东部 | 3.13 | 4.69 | 18.00 | 7.53 | 6.82 | 3.20 | 6.49 |
| 西部→西部 | — | 1.56 | 6.00 | 5.91 | 3.90 | 1.78 | 2.60 |
| 西部→中部 | — | — | — | 0.54 | 0.81 | — | — |
| 中部→东北 | — | — | 2.00 | — | 0.16 | — | — |
| 中部→东部 | 6.25 | 4.69 | 8.00 | 8.60 | 8.93 | 2.14 | 1.30 |
| 中部→海外 | — | — | — | — | 0.32 | — | — |
| 中部→西部 | — | — | — | 0.54 | 0.16 | 0.36 | — |
| 中部→中部 | 3.11 | 1.55 | 2.00 | 4.28 | 4.22 | 2.48 | 2.58 |

## （二）七代大学工科高层次人才的流动路径变化

表4-38呈现了20后到80后七代大学工科高层次人才的流动路径分
布情况。

第一，东部内部流动路径的主导地位在七代大学工科高层次人才中呈弱化趋势。在 20 后的大学工科高层次人才中，东部内部的流动占比为44.44%，是居于首位的流动路径。至 30 后，这一占比略有上升，为48.91%，依然是居于首位的流动路径。而这一流动路径在 40 后和 50 后的两代人中逐渐下降，分别降至 36.19% 和 31.25%。至 60 后，东部内部的流动逐渐升温，增至 32.99%。而至 70 后，东部内部的流动占比不仅降至26.32%，而且不再是这一代大学工科高层次人才居于首位的流动路径，而是居于第二位的。在 80 后的大学工科高层次人才中，东部内部的流动占比虽升至 34.43%，但也依然是第二位的流动路径。

第二，七代大学工科高层次人才的流动路径表现出明显的从东北、中部、西部或海外流向东部的趋势。在 20 后的大学工科高层次人才中，由西部、东北、海外和中部向东部流动的占比分别居于第二位、第四位、第八位、第九位，占比依次为 14.81%、6.17%、3.70%、3.70%。在 30 后的大学工科高层次人才中，由东北、西部、中部向东部流动的占比分别居于第二位、第四位和第五位，占比依次为 8.70%、6.52%、4.89%；由海外向东部的流动占比为 2.72%。在 40 后的大学工科高层次人才中，由西部、中部向东部流动的占比分别居于第二位、第四位，占比依次为 13.33%、6.67%；由海外向东部的流动占比为 5.71%，由东北向东部的流动占比为 3.81%。在50 后的大学工科高层次人才中，由中部、海外、西部、东北向东部的流动依次居于第二位、第三位、第四位和第五位，占比分别为 11.93%、9.09%、8.52%、7.39%。在 60 后的大学工科高层次人才中，由海外向东部的流动居于第二位，占比升至 17.36%；由中部向东部的流动居于第三位，为 8.85%，由西部向东部的流动居于第四位，占比为 6.77%，由东北向东部的流动居于第五位，占比为 6.42%。在 70 后的大学工科高层次人才中，由海外向东部的流动跃居流动路径的首位，占比高达 35.16%；由中部、东北和西部向东部的流动占比则不高。在 80 后的大学工科高层次人才中，由海外向东部的流动依然居于流动路径的首位，占比为 36.07%；由中部、东北和西部向东部的流动占比不高。这表明，东部地区的 70 后和 80 后两代大学工科高层次人才主要依赖于海外的输入。

第三，大学工科高层次人才的流动在七代人中逐渐由海外或东部地区向其他区域反哺人才。在 20 后的大学工科高层次人才中，由东部流入中部的占比仅为 3.70%，由东部流入西部的占比仅为 2.47%。在 30 后的大学工科高层次人才中，东部流向西部、中部和东北，三种流动路径的占比依次为 7.07%、3.26%、2.17%。在 40 后的大学工科高层次人才中，东部人才开始选择流入中部的占比为 5.71%，由东部流入东北和西部的占比仅为 0.95%。在 50 后的大学工科高层次人才中，东部人才流入中部、西部、东北的占比依次为 2.84%、1.70%、0.57%；在这一代人中开始出现海外人才流入中部、西部和东北的现象，三种流动路径的占比依次为 2.27%、1.70%、0.57%。在 60 后的大学工科高层次人才中，反哺其他区域的流动路径较为多元，由东部流入中部、西部和东北的占比依次为 2.60%、2.26%、0.69%；由海外流入中部、西部和东北的占比依次为 2.60%、1.74%、0.87%。在 70 后的大学工科高层次人才中，由海外流入中部、东北和西部的占比进一步分别上升至 5.47%、3.16%、3.16%，由东部流入中部、西部和东北的占比分别为 4.21%、3.58%、0.84%。在 80 后的大学工科高层次人才中，由海外流入中部、西部和东北的占比分别为 4.92%、4.10%、1.64%，由东部流入西部、中部和东北的占比分别为 3.28%、3.28%、1.64%。

表 4 - 38　七代大学工科高层次人才流动路径百分比分布

单位：%

| 流动路径 | 20 后 | 30 后 | 40 后 | 50 后 | 60 后 | 70 后 | 80 后 |
|---|---|---|---|---|---|---|---|
| 东北→东北 | 6.17 | 3.80 | 4.76 | 4.55 | 4.51 | 1.05 | 1.64 |
| 东北→东部 | 6.17 | 8.70 | 3.81 | 7.39 | 6.42 | 3.16 | 0.82 |
| 东北→西部 | — | 1.63 | — | — | 0.35 | 0.21 | — |
| 东北→中部 | 3.70 | 1.63 | — | — | — | 0.21 | — |
| 东部→东北 | — | 2.17 | 0.95 | 0.57 | 0.69 | 0.84 | 1.64 |
| 东部→东部 | 44.44 | 48.91 | 36.19 | 31.25 | 32.99 | 26.32 | 34.43 |
| 东部→海外 | — | — | — | — | 0.17 | 0.42 | — |
| 东部→西部 | 2.47 | 7.07 | 0.95 | 1.70 | 2.26 | 3.58 | 3.28 |
| 东部→中部 | 3.70 | 3.26 | 5.71 | 2.84 | 2.60 | 4.21 | 3.28 |
| 海外→东北 | — | — | — | 0.57 | 0.87 | 3.16 | 1.64 |
| 海外→东部 | 3.70 | 2.72 | 5.71 | 9.09 | 17.36 | 35.16 | 36.07 |
| 海外→海外 | — | — | 4.76 | 1.70 | 1.56 | 0.42 | — |

续表

| 流动路径 | 20 后 | 30 后 | 40 后 | 50 后 | 60 后 | 70 后 | 80 后 |
|---|---|---|---|---|---|---|---|
| 海外→西部 | — | — | — | 1.70 | 1.74 | 3.16 | 4.10 |
| 海外→中部 | — | 0.54 | — | 2.27 | 2.60 | 5.47 | 4.92 |
| 西部→东北 | 1.23 | — | — | — | — | 0.42 | — |
| 西部→东部 | 14.81 | 6.52 | 13.33 | 8.52 | 6.77 | 2.95 | 2.46 |
| 西部→西部 | 1.23 | 4.35 | 5.71 | 6.82 | 2.78 | 1.68 | 0.82 |
| 西部→中部 | 1.23 | 0.54 | 3.81 | 0.57 | 1.04 | 0.21 | — |
| 中部→东北 | 1.23 | — | 0.95 | 0.57 | 0.87 | — | — |
| 中部→东部 | 3.70 | 4.89 | 6.67 | 11.93 | 8.85 | 3.37 | 2.46 |
| 中部→海外 | — | — | — | — | 0.17 | — | — |
| 中部→西部 | 1.23 | — | — | 0.57 | 0.87 | 0.42 | — |
| 中部→中部 | 4.99 | 3.27 | 6.69 | 7.39 | 4.53 | 3.58 | 2.44 |

## （三）四代大学社科高层次人才的流动路径变化

表 4－39 呈现了 50 后到 80 后四代大学社科高层次人才的流动路径分布情况。

第一，东部内部流动路径的主导地位在四代大学社科高层次人才中呈明显的弱化趋势。在 50 后的大学社科高层次人才中，东部内部的流动占比高达 62.50%，与居于第二位的流动路径相差约 45 个百分点。至 60 后，东部内部的流动占比降至 37.65%，依然是居于首位的流动路径。而这一流动路径在 70 后的大学社科高层次人才中开始上升，增至 44.44%。至 80 后，东部内部的流动又大幅下降，降至 23.53%，与居于第二位的流动路径相差不足 6 个百分点。

第二，四代大学社科高层次人才的流动路径表现出明显的从东北、中部、西部或海外流向东部的趋势。在 50 后的大学社科高层次人才中，由中部、东北、海外和西部向东部的流动占比依次为 16.66%、8.33%、4.17%、4.17%，占比总数为 33.33%。在 60 后的大学社科高层次人才中，由海外、西部、中部和东北向东部流动的占比依次为 14.12%、9.41%、8.24%、3.53%，占比总数略升至 35.30%。在 70 后的大学社科高层次人才中，由海外、中部、西部和东北向东部流动的占比依次为 18.06%、9.72%、8.33%、1.39%，占比总数进一步小幅升至 37.50%。

在80后的大学社科高层次人才中，由海外、西部、中部向东部流动的占比都为17.65%，占比总数达到52.95%。

第三，大学社科高层次人才的流动在四代人中没有有效地反哺三大区域的人才流失。在50后的大学社科高层次人才中，仅有海外的部分人才反哺西部地区，占比为4.17%。在60后的大学社科高层次人才中，由东部流入中部、西部、东北的占比依次为2.35%、1.18%、1.18%；在这一代人中开始出现海外人才流入东北地区的现象，占比为1.18%。在70后的大学社科高层次人才中，由东部流入中部和西部的占比依次为2.78%、1.39%；由海外流入中部的占比为2.78%。在80后的大学社科高层次人才中，仅出现了两种反哺路径，即由东部流入中部和由海外流入西部，占比都为5.88%。也就是说，在四代大学社科高层次人才流动路径中，由东部或海外流入其他区域的占比并无明显提高的趋势。

表4-39　四代大学社科高层次人才流动路径百分比分布

单位：%

| 流动路径 | 50后 | 60后 | 70后 | 80后 |
|---|---|---|---|---|
| 东北→东北 | — | 5.88 | — | — |
| 东北→东部 | 8.33 | 3.53 | 1.39 | — |
| 东北→海外 | — | — | — | — |
| 东北→西部 | — | — | — | — |
| 东北→中部 | — | — | 1.39 | — |
| 东部→东北 | — | 1.18 | — | — |
| 东部→东部 | 62.50 | 37.65 | 44.44 | 23.53 |
| 东部→海外 | — | — | 1.39 | 5.88 |
| 东部→西部 | — | 1.18 | 1.39 | — |
| 东部→中部 | — | 2.35 | 2.78 | 5.88 |
| 海外→东北 | — | 1.18 | — | — |
| 海外→东部 | 4.17 | 14.12 | 18.06 | 17.65 |
| 海外→海外 | — | 2.35 | — | — |
| 海外→西部 | 4.17 | — | — | 5.88 |
| 海外→中部 | — | — | 2.78 | — |
| 西部→东北 | — | — | — | — |

| 流动路径 | 50 后 | 60 后 | 70 后 | 80 后 |
|---|---|---|---|---|
| 西部→东部 | 4.17 | 9.41 | 8.33 | 17.65 |
| 西部→西部 | — | 3.53 | 5.56 | — |
| 西部→中部 | — | — | 1.39 | — |
| 中部→东北 | | | | |
| 中部→东部 | 16.66 | 8.24 | 9.72 | 17.65 |
| 中部→海外 | — | — | | |
| 中部→西部 | — | 1.18 | — | — |
| 中部→中部 | — | 8.22 | 1.38 | 5.88 |

### （四） 五代大学人文高层次人才的流动路径变化

表 4 - 40 呈现了 40 后到 80 后五代大学人文高层次人才的流动路径分布情况。

第一，东部内部流动路径的主导地位在五代大学人文高层次人才中呈一定的弱化趋势。40 后两位拥有流动经历的大学人文高层次人才均是东部内部的流动。在 50 后的大学人文高层次人才中，东部内部的流动占比高达 62.50%，与居于第二位的流动路径相差 50 个百分点以上。至 60 后，东部内部的流动占比降至 42.00%，依然是居于首位的流动路径，与居于第二位的流动路径相差 28 个百分点。而这一流动路径在 70 后的大学人文高层次人才中略有上升，增至 45.00%，但与居于第二位的流动路径差进一步缩小至 20 个百分点。在 80 后的 3 位拥有流动经历的大学人文高层次人才中，均没有产生东部内部的流动。

第二，五代大学人文高层次人才的流动路径从东北、中部、西部或海外流向东部的趋势也较为明显。在 50 后的大学人文高层次人才中，由西部、中部、海外向东部的流动占比依次为 5.00%、5.00%、2.50%，占比总数为 12.50%。在 60 后的大学人文高层次人才中，由中部、东北、西部和海外向东部流动的占比依次为 14.00%、6.00%、6.00%、4.00%，占比总数大幅升至 30.00%。在 70 后的大学人文高层次人才中，由中部、海外和西部向东部流动的占比依次为 25.00%、5.00%、5.00%，占比总数小幅升至 35.00%。在 80 后的大学人文高层次人才中，由东北和西部向东部流动的占比都为 33.33%，也即占比总数达到 66.66%。

表 4 – 40　五代大学人文高层次人才流动路径百分比分布

单位：%

| 流动路径 | 40 后 | 50 后 | 60 后 | 70 后 | 80 后 |
|---|---|---|---|---|---|
| 东北→东北 | — | 2.50 | — | 5.00 | — |
| 东北→东部 | — | — | 6.00 | — | 33.33 |
| 东北→西部 | — | — | — | — | — |
| 东北→中部 | — | 2.50 | — | — | — |
| 东部→东北 | — | 2.50 | — | — | — |
| 东部→东部 | 100.00 | 62.50 | 42.00 | 45.00 | — |
| 东部→海外 | — | 2.50 | 4.00 | — | — |
| 东部→西部 | — | — | 12.00 | — | — |
| 东部→中部 | — | 2.50 | 2.00 | — | — |
| 海外→东北 | — | — | — | — | — |
| 海外→东部 | — | 2.50 | 4.00 | 5.00 | — |
| 海外→海外 | — | — | — | — | — |
| 海外→西部 | — | — | — | — | — |
| 海外→中部 | — | — | — | — | — |
| 西部→东部 | — | 5.00 | 6.00 | 5.00 | 33.33 |
| 西部→海外 | — | — | — | — | — |
| 西部→东北 | — | — | — | — | — |
| 西部→西部 | — | — | — | — | — |
| 西部→西部 | — | 2.50 | 8.00 | — | 33.34 |
| 西部→中部 | — | 2.50 | — | — | — |
| 中部→东部 | — | 5.00 | 14.00 | 25.00 | — |
| 中部→中部 | — | 7.50 | 2.00 | 15.00 | — |
| 中部→东北 | — | — | — | — | — |
| 中部→西部 | — | — | — | — | — |
| 中部→海外 | — | — | — | — | — |

# | 第五章 |

# 中国大学高层次人才流动的制度性变迁动力

自新中国成立以来，我国的学术制度几经更迭。相应地，人事制度及重点大学政策不断出台，影响着几十年来我国大学高层次人才的流动，并塑造出流动变迁的动力。历史制度主义为研究我国大学高层次人才流动的制度性变迁动力提供了恰切、科学的视角。从历史制度主义的视角出发，可以分析新中国成立以来我国高等教育人事制度及重点大学发展的重要政策演变情况，归纳政策演变逻辑，探寻政策演变所带来的人才流动动力。

## 第一节　基于历史制度主义分析中国大学高层次人才流动制度性变迁动力的适切性

20 世纪 80 年代，国外学者彼得·A. 霍尔（Peter A. Hall）和罗斯玛丽·C. 泰勒（Rosemary C. Taylor）将"新制度主义"分为"理性选择制度主义"、"社会学制度主义"和"历史制度主义"三个流派。[①] 其中，理性选择制度主义主要运用经济学方法来研究政治现象，认为制度会在一定程度上制约人的行为，人类行为是在进行利益博弈，当制度无法适应社会发展要求时，便会发生制度变迁。社会学制度主义则认为制度的重要组成部分是文化，制度主要通过文化背景对个体产生影响，不同群体的价值冲突造成了制度的变迁。而作为一种新的理论，历史制度主义吸收和整合了

---

① Peter A. Hall, Rosemary C. Taylor, "Political Science and the Three New Institutionalisms," *Political Studies*, 1996, 44 (5), pp. 936 – 957.

理性选择制度主义和社会学制度主义的主要观点，并形成了独特的方法论和理论体系。

## 一 历史制度主义的发展过程

西方国家是历史制度主义的诞生地，1992 年，"历史制度主义"的概念首次被正式提出，斯文·斯蒂莫（Sven Steinmo）等人在其编写的著作中首先总结了新制度主义所界定的制度，并指出制度是历史制度主义研究的核心，具有双重身份，其自变量和因变量身份主要表现在制度的形成过程中，人的行为受到制度约束以及制度对人的偏好和动机的构建等方面。除此之外，作者还分析了历史制度主义中影响制度变迁的动力，指出经济活动、政治环境以及其他相关因素均会影响制度变迁，并且制度作为自变量，也会影响政治结果。①

1996 年，霍尔等人在此基础上发表了《政治科学和三个新制度主义》，对新制度主义的三个派别进行了理论区分和总结。与此同时，他们进一步指出历史制度主义区别于其他理论的特性：一是范围较广，历史制度主义倾向于在广泛意义上谈论制度与个体行为的关系；二是权利的非对称性，历史制度主义关于非对称性的谈论主要体现在制度的产生和运行过程中；三是在制度的产生和发展过程中，具有较强的路径依赖，并且会产生意外后果；四是注重综合分析，将制度分析和其他因素进行结合。②

2000 年以后，历史制度主义得以进一步发展，主要代表人物是保罗·皮尔逊（Paul Pierson）。他发表了《增长汇报、路径依赖和制度变迁》一文，在该文中，他对路径依赖理论进行了深入分析，并将路径依赖和经济学的增长汇报与政治学联系起来，搭建了历史制度主义关于路径依赖理论的基础框架。③ 2002 年，皮尔逊和西达·斯克博（Theda Skocpol）对历史制度主义进行了进一步研究，他们指出，重大的、实质的问题是历史制度

---

① Sven Steinmo, Kathleen Thelen, Frank Longstreth, eds. *Structuring Politics：Historical Institutionalism in Comparative Analysis*, Cambridge ： Cambridge University Press, 1992, p. 6.

② Peter Hall, Roscmary C. R. Talor, " Political Science and Three Institutionalism," *Political Studies*, 1996, XLIV, pp. 936 – 957.

③ Paul Pierson, "Increasing Returns, Path Dependence, and the Study of Politics," *American Political Science Review*, 2000, 94（2）, p. 252.

主义主要讨论的内容，为了得出对重要结果的解释性观点，历史制度主义者重点关注时间问题、细分序列、变化过程以及瞬时性问题。与此同时，历史制度主义者也将宏观背景与制度和过程结合起来，分析其混合性结果，而不仅仅是考察在一个特定时间或背景下的一种制度及其发展过程。[①] 由此，对宏观问题的关注成为历史制度主义的一种研究兴趣。2004 年，皮尔逊在对前人研究成果进行总结的基础上，深刻地指出时间和历史的重要意义，并提出了四种细化的时间性的现象。一是前一个时期的制度将会对后一个时期的结果产生重要影响；二是社会变化的方向和程度会受到事件或过程的先后顺序影响；三是社会结果在缓慢地发生变化，并且在较长时间内表现出一定的稳定性和静态性；四是制度发展是解释制度结果的框架，具体内容包括时间、地域、意外后果、学习和竞争的过程以及路径依赖等。[②] 皮尔逊关于时间性的细化分析，为历史制度主义的发展开辟了一个新的空间，历史制度主义理论研究也进入了拓展和深化的阶段。

## 二 历史制度主义的主要内容

从其主要内容看，历史制度主义主要采用历史方法对制度进行研究，其研究的核心内容就是制度。根据历史制度主义的分析思路，其基本范式可分为两种：制度理论和时间理论。

制度理论包括制度变迁理论和制度效能理论。制度变迁理论指的是制度在不同事件中，比如革命、战争、政治活动、经济活动中是如何发生变化的；制度效能理论研究制度对其他相关因素以及政策后果的影响。时间理论主要通过事件发生的先后顺序、重要节点等对制度变化进行研究。历史制度主义认为制度具有双重身份，一是被建构者的身份，即历史制度主义研究哪些因素会对制度产生影响；二是建构者的身份，即历史制度主义还研究制度变迁本身会对其他因素产生何种影响，会产生什么结果等。作为影响他者的建构者，历史制度主义主要研究制度如何影响制度内的政治

---

① Paul Pierson, Theda Skocpol, "Historical Institutionalism in Contemporary Political Science," in *Political Science: The State of the Discipline*, edited by Ira Katznelson, H. V. Milner, New York: Norton: Washington, D. C.: American Political Science Association, 2002, pp. 693 – 721.

② Pual Pierson, *Politics in Time: History, Institutions, and Social Analysis*, Princeton and Oxford: Princeton Unversity Press, 2004, p. 16.

行为、政策结果、组织关系等内容；作为受影响的被建构者，历史制度主义主要研究革命、战争、政治活动、经济活动对制度变迁的影响等内容。[①]诺思将"一系列被制定出来的规则、服从程序和道德、伦理的行为规范"称为"制度安排"。[②]"所谓制度环境，是指一系列用来建立生产、交换与分配基础的政治、社会和法律基础规则"，其中，"宪法和法律结构又是至关重要的"。[③] 就两者关系而言，制度环境决定和影响制度安排，制度安排在制度环境框架里进行。

历史制度主义认为政策变迁是多个影响因素共同但又区别作用的结果。为此，其提出了"初级行为团体"和"次级行为团体"的概念。"初级行为团体"是变迁的创新者、策划者、推动者；"次级行为团体"是变迁的实施者。在制度变迁时期，历史制度主义将"历史否决点"（或称为"关键节点"）作为制度变迁的分界点。在一定意义上，"历史否决点"经常以标志性事件的方式出现，该标志性事件从发生到完成的时期就是制度变迁时期。制度变迁结束后，就进入制度持续时期，而这一时期正在彼此相邻的"历史否决点"之间。历史制度主义将制度变迁分为四类：制度微调、制度置换、制度转换和制度断裂。制度微调指在原有制度框架内对制度（含内容）做一些较小的调适；制度置换指制度及其文本、所要解决的问题序列的变化，即制度重要性的变化；制度转换指制度所服务的目标发生变化；制度断裂指完全不同的新制度的出现使得旧制度失去效力。

政策变迁必然在一定的经济、政治和文化制度下进行，其必然要在已有可接受的制度框架内进行并受其约束。从字面上很好理解这个问题——"政策变迁是在特定的政策环境中进行的"。历史制度主义将制度变迁的方式分为诱致性变迁和强制性变迁两种。诱致性变迁是一种"自下而上"的演变方式，下层组织、单位或个人受新政策获利引诱使

---

① 刘圣中：《历史制度主义：制度变迁的比较历史研究》，上海人民出版社，2010，第 6 ~ 9 页。
② 〔美〕道格拉斯·C. 诺思：《经济史中的结构与变迁》，陈郁、罗华平等译，上海三联书店，1994，第 25 页。
③ 胡建渊：《诺思与马克思关于制度变迁理论的比较》，《南京理工大学学报》（社会科学版）2005 年第 2 期。

得其成为政策演进的推动力。"强制性变迁"是"自上而下"的变迁方式，政策演变的推动力在上层机构，最常见的是政府以命令和法律的形式推进政策演变。

在分析范式方面，历史制度主义提供了两种分析范式：结构分析范式和历史分析范式。结构分析范式主要在于解释制度与结构性因素之间的关系及互动过程，历史分析范式则侧重于解释一项制度为何能够长期保持稳定，又为何发生变迁，以何种形式变迁的问题。[①] 在结构分析范式中，历史制度主义将相关因素分为宏观、中观和微观三类，并在此基础上探究三类因素之间的关系。其中宏观因素指的是宏观制度，主要指制度背后具有普遍意义的因素，以这些具有普遍意义的因素为基础，可以对制度产生的复杂现象进行分析和理解。中观因素指中观变量，即与制度相关的政治、经济、文化等因素。微观因素指行动者，包括制度的决策者、制度的作用对象以及参与者等，因为制度的执行主要依赖行动者，二者之间有着密不可分的关系。从结构观上看，国家宏观制度决定制度选择，中观政治变量制约制度安排，制度与行为者的互动则推动制度变迁。

历史制度主义的历史分析范式主要在中层制度层面来展现政策发展的过程，其核心主张主要有两点。一是路径依赖。历史制度主义认为制度具有自我强化和学习的特点，后期制定的制度是对前期制度的继承和发展，呈现出一定的路径依赖性。"路径依赖"类似于物理学中的"惯性"，制度一旦走上某一路径，就会沿着既定方向发展，并在发展过程中不断自我强化，其凸显了制度的稳定性。权利分配非对称性、协同效应、学习效应和适应性预期是影响"路径依赖"的主要要素。二是路径突破，即制度并不会完全按照路径依赖持续发展下去，当出现关键节点时，制度也有可能改变对路径的依赖，出现较大的制度变迁。路径突破是对以往制度"惯性"、理念、内容和运行规则等方面的改变或颠覆，是凸显制度变化大小的指标。从历史观上看，制度会受到自我强化机制和国家意识形态的双重约束，呈现出较强的路径依赖性，其演变的动力主要来源于民众需要与政府相关政策之间的失衡。

---

① 庄德水：《论历史制度主义对政策研究的三重意义》，《理论探讨》2008 年第 5 期。

## 三 历史制度主义的应用

在具体应用中，国外学者主要运用历史制度主义进行经济政策、福利制度、政治制度和社会变革等方面的分析。比如霍尔比较研究了英法两国的经济干预政策及其实行经济干预政策后的后果，发现在相同宏观制度下，两国经济干预政策的强度和干预的工具存在显著差异，这种差异主要受到早期工业革命的影响。他还指出，制度会通过影响政治、社会行为者等影响政策后果。[①] 凯瑟琳·斯林（Kathleen Thelen）对不同国家的对外经济政策进行了研究，发现每个国家中连接国家与社会的政策网络的不同是造成同一政策在不同国家产生效果差异的主要原因。[②] 斯蒂莫比较分析了不同国家的税收政策，指出不同的政治制度会有不同的政策选择。[③]

此外，也有学者基于历史制度主义对政策发展过程进行了模型构建和分析。比如托尼·茨福（Tony Chafer）等重点关注事件的关键节点、制度配置、分层和转换等问题，在此基础上阐述了法国军事政策的旧路径依赖性，以及经历创伤性事件后的新路径依赖性，并通过概念框架展示了新旧思想和实践的结合过程以及融合发展。[④] 也有学者以历史制度主义为分析框架，构建了包括结构、制度、参与者背景因素、政策转变路径四个标准在内的分析框架，以此来促进或限制韩国开放中学政策的转变过程。[⑤]

国内关于历史制度主义的研究，经历了理论的引入和实证研究两个阶段。薛晓源、陈家刚、张永宏、何俊志等学者最早将历史制度主义引入中国，他们主要对历史制度主义发展过程中的重要文献进行了翻译和分析，

---

① Peter A. Hall, *Governing the Economy*: *The Politics of State Intervention in Britain and France*, New York Oxford University Press, 1986, pp. 280 – 310.

② Kathleen Thelen, Sven Steinmo, *Historical Institutionslism in Comparative Politics*, *Structuring Politics*: *Historical Institutionalism in Comparative Analysis*, New York: Cambridge University Press, 1992.

③ Sven Steinmo, *Taxation and Democracy*: *Swedish*, *British and American Approaches to Financing the Welfare State*, New Haven, Conn: Yale University Press, 1993.

④ Tony Chafer, G. D. Cumming, R. van der Velde, "France's Interventions in Mali and the Sahel: A Historical Institutionalist Perspective," *Journal of Strategic Studies*, 2020, pp. 1 – 26.

⑤ Sangcheol Kim, Younghyeo Joo, "Sustainable Development for the Open Secondary School Policy in Korea: The Approach of Historical Institutionalism," *Sustainability*, 2021, pp. 1 – 17.

为历史制度主义在中国的研究与发展奠定了基础。① 其中，何俊志从政治科学的视角出发，详细介绍了历史制度主义的发展历程，并将其与旧制度主义、行为主义范式以及理性选择范式进行比较分析。② 刘圣中则系统梳理了历史制度主义产生的背景、理论基础、发展过程、主要代表人物以及研究成果，并指出历史制度主义对中国政治学研究发展具有重要意义。③

在实证研究中，国内学者关于历史制度主义的研究主要集中在公共管理领域和教育领域。比如任雪娇基于历史制度主义，对我国农村医疗合作制度的变迁过程进行分析，指出该制度的变迁既受到宏观环境变化的影响，也受到多元主体的作用，路径依赖下的渐进式变迁是适宜的选择。④ 李利文从历史制度主义的角度出发，指出外部环境、新观念、行动者是影响城市基层社会管理体制变迁的主要因素，并指出体制变迁过程的关键节点是环境转变和机构变革。⑤ 丁煌、李雪松研究了我国机关事务治理制度的变迁，认为制度的变迁受到宏观制度、中观变量以及路径依赖和关键节点的影响。⑥

在教育领域，诸多学者利用历史制度主义理论对不同阶段的教育过程进行梳理和分析。比如蒋雅俊梳理了我国学前教育政策的变迁过程，认为路径依赖、渐进式改革、断裂式变迁在政策变迁过程中同时存在。⑦ 李新翠指出我国中小学教师配置政策的变迁呈现出较强的路径依赖，并且经历了决裂式变迁和渐进式变迁两种变迁路径。⑧ 潘懋元和朱乐平分析了我国

① 薛晓源、陈家刚主编《全球化与新制度主义》，社会科学文献出版社，2004；张永宏主编《组织社会学的新制度主义学派》，上海人民出版社，2007。
② 何俊志：《结构、历史与行为——历史制度主义的分析范式》，《国外社会科学》2002年第5期。
③ 刘圣中：《历史制度主义：制度变迁的比较历史研究》，上海人民出版社，2010。
④ 任雪娇：《农村合作医疗制度的变迁逻辑与发展趋势——基于历史制度主义的分析框架》，《宏观经济管理》2019年第6期。
⑤ 李利文：《城市基层社会管理体制变迁中的公共服务供给碎片化——基于历史制度主义的分析范式》，《行政论坛》2019年第4期。
⑥ 丁煌、李雪松：《新中国70年机关事务治理的制度变迁：一项历史制度主义的考察》，《理论与改革》2020年第1期。
⑦ 蒋雅俊：《改革开放以来学前教育政策的变迁：历史制度主义视角》，《教育发展研究》2019年第8期。
⑧ 李新翠：《我国中小学教师配置标准政策变迁的制度逻辑——基于历史制度主义的分析》，《教育研究》2015年第10期。

职业教育政策的变迁，认为该政策的变迁具有路径依赖特性，会受到经济体制、管理模式等深层结构影响，并且指出产业转型、管理机制变革等是推动变迁的动力机制。[1] 朱艳、徐文娜认为研究生教育的发展变迁受到经济、政治、科技体制深层结构等多方面影响，其变迁的主要动力来源于国家的立法行为以及政府与高校之间的博弈。[2]

综上所述，国内关于历史制度主义的研究，经历了理论引入—理论分析—实证应用的发展过程。在实证应用中，主要将其应用于公共管理领域和教育领域，主要根据历史制度主义的分析框架展开，包括变迁动力、路径依赖、关键节点以及制度变迁等方面。历史制度主义逐渐成为一个公认的理论流派，历史制度主义注重将制度研究与历史过程相结合，以此来展现制度作为自变量和因变量所具有的特征，对我们分析问题具有重要意义。

## 第二节　学术制度变革初期与大学高层次人才流动的变迁动力

### 一　学术制度演变初期的政策文本梳理

1980～1997 年为学术制度变革的探索阶段，受制于计划体制下"单位人"这一身份式管理模式的束缚，此时的人事管理变革更多地基于行政任用的聘任逻辑，教师的"社会人"身份并未获得普遍认可。对 1980～1997 年的学术政策文本进行梳理，如表 5-1 所示。1980 年第五届全国人民代表大会常务委员会第十三次会议正式通过了《中华人民共和国学位条例》，标志着我国高等教育改革的大幕正式拉开。1985 年《中共中央关于教育体制改革的决定》颁布，首次提出在高校开展人事制度改革。为落实该决定所提出的任务，国家发布了一系列关于高校教师聘任制的政策，如《国务院关于实行专业技术职务聘任制度的规定》《关于高等学校继续做好教师

---

① 潘懋元、朱乐平：《高等职业教育政策变迁逻辑：历史制度主义视角》，《教育研究》2019年第 3 期。

② 朱艳、徐文娜：《建国以来我国研究生教育发展演变的制度分析——基于历史制度主义的视角》，《现代教育管理》2014 年第 12 期。

表 5－1　1980～1997 年的学术政策文本梳理

| 范畴 | 分类 | 时间 | 政策文件 | 主要内容 | 演变类型 |
|---|---|---|---|---|---|
| 人事管理 | 薪酬 | 1985 年 5 月 | 《中共中央关于教育体制改革的决定》 | 根据他们（学校思想政治工作人员、行政管理人员、后勤工作人员和其他工作人员）的劳绩和贡献给予合理的待遇和应有的鼓励 | 制度断裂 |
| | | 1986 年 2 月 | 《国务院关于实行专业技术职务聘任制度的规定》 | 聘任或被任命的专业技术人员的业务水平、工作态度和成绩，应进行定期的考核。考核成绩记入考绩档案，作为提职、调薪、奖惩和能否续聘或任命的依据 | 制度微调 |
| | | 1991 年 4 月 | 《关于高等学校职务评聘工作的意见》 | 有计划、有步骤、稳妥地进行教师职务资格评审和职务聘任分开的试点工作，并且，目前只限于在职人员的副教授这一层次上进行。任职资格不与工资挂钩，对获得任职资格，因职务岗位数额限制而不能受聘相应职务的教师，要鼓励他们到校内外其他岗位任职 | 制度转换 |
| | 岗位 | 1993 年 2 月 | 《中国教育改革和发展纲要》 | 改革过于集中统一的工资管理体制，在国家宏观调控的前提下，使地方、部门和学校享有自主权 | 制度转换 |
| | | 1986 年 2 月 | 《国务院关于实行专业技术职务聘任制度的规定》 | 实行聘任制；待聘人员应积极应聘到其他单位工作 | 制度断裂 |
| | | 1991 年 4 月 | 《关于高等学校继续做好教师职务评聘工作的意见》 | 学校主管部门应将实行评聘分开试点的学校和评审副教授授任职资格而不聘任教授职务的教师数量报国家教委和人事部备案 | 制度断裂 |

续表

| 范畴 | 分类 | 时间 | 政策文件 | 主要内容 | 演变类型 |
|---|---|---|---|---|---|
| 人事管理 | 关系 | 1991年4月 | 《关于高等学校继续做好教师职务评聘工作的意见》 | 高校主管部门和高等学校要研究和总结首次评聘工作中的聘任工作经验和办法，认真抓好教师职务的聘任工作，并不断加以完善。要坚持做好教师职务的聘任工作，择优聘任的原则，努力改变目前存在的某些忽视聘任工作的倾向 | 制度微调 |
| | | 1993年2月 | 《中国教育改革和发展纲要》 | 在合理定编的基础上，对教职工实行岗位责任制和聘任制 | 制度微调 |
| 重点大学建设 | 遴选方式 | 1995年11月 | 《"211工程"总体建设规划》 | 由中国家教委会同有关主管部门（地方），向国家计委报送项目可行性研究报告；部门、国家计委根据校目自筹资金目的具体情况，以及中央专项资金的可能、地方和院校的可能，进行综合平衡和审核，条件成熟一所，批准一所 | 制度断裂 |
| | 遴选标准 | 1995年11月 | 《"211工程"总体建设规划》 | 原则上将重点建设内容统筹考虑在拟确定的重点建设大学和要提高，改善首的大学中进行，即重点学科、教育科研计算机网，图书文献保障系统、现代化仪器设备共享系统项目，主要在拟确定建设的项目上述两类高校中统筹安排，以体现资金的有效使用和发挥高等学校的综合效益 | 制度断裂 |
| | 资助方式 | 1995年11月 | 《"211工程"总体建设规划》 | 主要由学校所属的部门和地方政府筹措安排、中央专项资金给予支持；中央专项资金（含重点大学建设专项投资）将根据各重点建设的高等学校和重点科学和重点建设任务确定安排额度 | 制度断裂 |
| | 实施时间 | 1995年11月 | 《"211工程"总体建设规划》 | "211工程"作为国家重点建设项目列入国民经济和社会发展长期规划和第九个五年计划，从1995年起实施 | 制度断裂 |

职务评聘工作的意见》等，高校教师开始由行政领导在经过评审委员会评定、符合相应条件的专业技术人员中聘任。1993 年中共中央、国务院印发《中国教育改革和发展纲要》，进一步明确围绕"编制"、"岗位"和"薪酬"三方面推进人事制度改革。1994 年，《国务院关于〈中国教育改革和发展纲要〉的实施意见》出台，提出计划以专项补助的形式重点建设一批高水平学科，即"211 工程"；经过一年多的酝酿，1995 年《"211 工程"总体建设规划》颁布，为这一工程制定了比较详细的任务与措施。

## 二　学术制度演变推动大学高层次人才流动的机制

### （一）学术制度变革的方式以强制性变迁为主导

1980～1997 年的学术制度变革以强制性变迁为主，国家教委与相关部门在高等教育领域的人事管理和重点大学制度建设过程中发挥着重要的作用，处于基层的高校与个体的主动性在政策实施过程中并没有得到有效的发挥。

历史制度主义将制度变迁的方式分为诱致性变迁和强制性变迁两种。诱致性变迁是"自下而上"进行演变的，处于下层的组织机构或个人在受到新政策利益的吸引后会主动成为该政策的支持者并促进政策的进一步推行。强制性变迁则是"自上而下"开展的，是处于上层组织的政策制定者运用自己的权力强制推行的结果。从该阶段我国学术制度的演变过程来看，那时我国的学术制度演进虽然旨在对地方、学校以及教师个人进行激励，但在政策的实际执行中，上述主体却并没有充分发挥自己的主动性与能动性，对政策的推动作用较小。以教师的聘任制改革为例，为解决高校教师职称评审的评审标准不清和受评审人员过度膨胀的问题，中央暂停了专业技术人员的职称评定工作并进行整顿。[①] 在试点工作取得了较好的成果后，1986 年国务院颁布了《关于实行专业技术职务聘任制度的规定》，标志着聘任制的正式实施。聘任制在高等教育领域从废除旧制度到筹划新制度、从试点到全面推行、从无到有的过程皆由国家高层机构推动。除了建制过程可以体现强制性变迁的特点外，底层机构和个人在制度实施过程

---

① 牛风蕊：《我国高校教师职称制度的结构与历史变迁——基于历史制度主义的分析》，《中国高教研究》2012 年第 10 期。

中的不作为在一定程度上也反映了该阶段学术制度变迁强制性的特点。同样以聘任制为例，由于高校在教师的聘任上仍然延续之前的行政任命逻辑，教师受聘在实质上仍是教师对高校内部行政领导的服从。因此在该制度建立之初，部分高校在聘任教师时仍然沿用之前的模式，较少考虑教师个人能力与岗位的适配性，违背了政策制定的初衷。

历史制度主义依据主体在政策变迁过程中的区别作用提出了"初级行为团体"和"次级行为团体"的概念，"初级行为团体"主要是指变迁的创新者、策划者、推动者，而"次级行为团体"则为变迁的实施者。在 1980 ~ 1997 年的学术制度演变过程中，中央政府作为"初级行为团体"参与其中，这种参与方式使得这一阶段的学术制度有着更高的强制力和被严格贯彻落实的可能。在中央政府的主导和力推下，高校教师的聘任制改革得以迅速推行，重点大学的恢复建设工作也在短期内快速启动。该阶段我国学术制度的强制性变迁于人才流动而言具有积极的推动意义，其主要体现在人事制度变革方面。一方面，借由中央政府的强制力，高校教师聘任制在短期内得以确立，高校教师的任职存在一定聘期，为流动行为的产生奠定了基础。对于原单位中的未受聘人员，相关政策鼓励该部分群体到其他单位任职的举措也直接推动了流动行为的产生。另一方面，薪资分配的去"平均主义"调动了教师的积极性，使得教师乐于为更好的物质待遇与学术地位而奋斗，为后续流动行为的产生提供了内在的动机。然而，即使我国学术制度的强制性变迁为学术人才流动行为的产生提供了契机，它对人才流动的影响也并非全然积极的。由于学术制度的变迁主要由政府主导，处于基层的地方政府、高校与教师个人在政策实施过程中并没有充分发挥自身的能动性，也不能够全然理解中央政府的政策意图。因此在这一时期，学术制度对教师的激励仍有较大的提升空间，教师的"社会人"地位也没有得到大众的普遍承认，高校聘任制的实施仍延续行政任用的逻辑，大部分教师仍将自己与原单位进行绑定，学术制度变迁对于人才流动的推动作用也十分有限。

**（二）制度演变的逻辑以"结果性逻辑"为主导**

历史制度主义认为制度演变所遵循的逻辑分为"结果性逻辑"与"恰当性逻辑"两种。理性选择制度主义强调"结果性逻辑"，意指制度变迁遵循自身效用最大化逻辑。规范制度主义则强调"恰当性逻辑"，意指制度变迁遵循行为恰当的最大化逻辑。1980～1997 年的学术制度演变体现了上述两种逻辑之间的博弈过程，但在整体上更倾向于"结果性逻辑"。

以具体的制度为例，国务院于 1986 年 2 月颁布的《关于实行专业技术职务聘任制度的规定》便具有明显的遵循"结果性逻辑"的倾向。为了较快地推行教师聘任制改革，中央政府在几所高校展开试点工作后便直接推行了该项制度。对于由此引起的待聘教师安置等现实问题，该规定虽有提及但未提出足够妥善详细的解决方案。未能妥善协调关系、全面笼统的推进而缺乏具体建构是该时期制度的一大特点，诚然，在"绩效考核"刚刚被应用于教师薪酬制度、聘任制与岗位责任制推行之初尚未建立稳固的基础时，国家和政府需要遵循"结果性逻辑"以保证制度改革能够顺利实施，确保通过制度变迁实现整体利益的最大化；而当制度实施取得一定的效果时，则自然又会向"恰当性逻辑"进行转变，以弥补在追寻利益最大化过程中暴露出的不足。在后续出台的《关于高等学校继续做好教师职务评聘工作的意见》《中国教育改革和发展纲要》等政策中，中央政府在坚持推行聘任制的基础上，对岗位数量不足的问题和评聘的公平性问题进行了更深层次的关注，体现了政策演进中的"恰当性逻辑"。

综合上述对 1980～1997 年学术制度演进逻辑的分析，其对大学高层次人才流动的推进作用可以归纳为以下两个方面。首先，以"结果性逻辑"为主的演进路径在短期内为学术人才流动行为的产生奠定了良好的制度基础。只有当教师聘任制度在全社会范围内得以普遍实施，面向全国范围内高校的、普遍的、广泛的学术人才流动才有可能实现。其次，该阶段政策演进过程中逐渐显现出的"恰当性逻辑"倾向也将利好学术人才流动后续的发展。历史制度主义把变迁中的制度同时看作因变量和自变量，现有的制度受先前制度的影响而建立，同时也会对后续的制度产生影响。1980～1997 年的学术制度演进存在向"恰当性逻辑"发展的趋势，在这种趋势的影响下，教师不同于"单位人"的"社会人"地位正逐渐受到重视，处于下层的地方、部门和学校的自主权也在逐渐提高。在高校人事制度与国家重点大学建设制度仍由国家行政主导的大背景下，这种倾向与趋势虽然尚未对学术人才流动产生较大影响，但将后续学术制度的发展转向了一个良好的方向，预示了学术流动现象在未来发展阶段的兴起。

### （三）制度演变的路径以"路径依赖"为特征

受宏观政策背景的影响，1980～1997年的学术制度演变在整体上呈现出"路径突破"的态势，但在具体的政策实施过程中却不能完全消除先前制度的影响，表现出路径依赖的特点。

历史制度主义将制度的演变方式分为"路径依赖"和"路径突破"两种。"路径依赖"是指制度一旦走上某一路径，便会获得保持该路径继续发展的趋势，其凸显了制度的稳定性，类似于物理学中的"惯性"。"路径突破"则是对这种"惯性"的突破，是对以往制度理念、内容和运行规则等方面的改变或颠覆，是凸显制度变化大小的指标。结合当时政策所处的环境进行分析，1978年的改革开放是对过往制度的极大的革新，而紧随改革开放步伐建立的各项学术制度也自然受宏观政策的影响表现出一定的突破性。在该阶段，国家层面的"路径依赖"条件较为脆弱，因此综观1980～1997年学术制度演进过程，无论是高校教师聘任制的建立还是重点大学的工程化建设，其"从无到有"的突破性成就都令人赞叹。然而，这并不意味着该阶段的学术制度演进能够全然摆脱对先前制度的依赖。以高等教育领域内的人事改革为例，在聘任制建立之前，我国长期以来实行教师任命制度，由教育行政主管部门直接向高校委派教师开展工作。在任命制度模式下，政府通过任命的方式直接参与高校的管理，高校中教师的工资、晋升与职称评定等都遵循政府的相关政策规定。这种有章可循的管理模式为高校的教师评聘工作提供了便利，使得部分高校管理人员不愿走出"舒适区"、不愿重新建构与聘任制相匹配的配套制度。因此在聘任制改革的初期阶段，以政府为主导的教师评聘模式仍保持了较大的惯性。高校管理部门成为政府权力下放后的学术管理的"接棒人"，形成高校对教师的支配关系，教师聘任制中教师被聘实质上成为一种间接的强制服从。① 由此可见，在基层的实施过程中，我国1980～1997年的学术制度演进仍表现出对先前制度较强的"路径依赖"。

从"路径突破"和"路径依赖"的角度进行分析，我国1980～1997年的学术制度变迁对学术人才流动的影响主要有以下两个方面。首先，在改革开放的历史背景下，国家的宏观制度建构呈现出"路径突破"的特

---

① 徐勇：《法治视角下的高校教师聘任制》，《国家教育行政学院学报》2005年第4期。

点，使得这一时期的学术制度也具备一定的颠覆性，高校教师群体通过聘任制改革迅速获得了进行流动的制度条件。与宏观建构的突破性相反，该时期的学术制度在基层实施过程中仍存在较强的依赖性，在此影响下，制度变迁对人才流动的推动作用仍受到先前制度"惯性"的限制。因此，教师的学术流动行为虽然在该阶段具备了合法性，但在实际操作过程中却存在重重阻碍，大多数高校教师仍处于原单位的支配与控制之下。

## 第三节 学术制度变革构形期与大学高层次人才流动的变迁动力

### 一 学术制度变革构形期的政策文本梳理

1998～2014 年为学术制度变革的构形期，框架式的制度体系与精细化的岗位设计在该时期得以成形，教师聘用与岗位聘任相脱离，从而打破了高校教师"单位人"的束缚使其获得一定的流动权，并进一步为两大"工程"的顺利推进创造了条件。对 1998～2014 年的学术政策文本进行梳理，如表 5－2 所示。1998 年江泽民在庆祝北京大学建校 100 周年大会上提出"为了实现现代化，我国要有若干所具有世界先进水平的一流大学"[1]，这成为学术制度变革迈入新阶段的契机。1999 年，国务院批转教育部《面向 21 世纪教育振兴行动计划》，标志着以建设世界一流大学为政策目标的"985 工程"正式启动。1999 年，教育部印发《关于新时期加强高等学校教师队伍建设的意见》和《关于当前深化高等学校人事分配制度改革的若干意见》，两大政策将引入"能进能出、能上能下、能高能低"的激励竞争机制作为改革思路。1999 年，清华大学和北京大学这两所最先被列入"985 工程"建设名单的高校率先在全国实行"岗位津贴制度"，作为建设世界一流大学的重要举措之一。2000 年，《关于深化高等学校人事制度改革的实施意见》下发，进一步提出破除职务终身制和人才单位所有制，全面推行聘用制。2007 年，《关于高等学校岗位设置管理的指导意见》发布，对高校岗位类别设置、岗位等级设置、岗位基本条件、岗位聘用等问题作

---

[1] 《江泽民文选》第 2 卷，人民出版社，2006，第 123 页。

表 5-2 1998~2014 年的学术政策文本梳理

| 范畴 | 分类 | 时间 | 政策文件 | 主要内容 | 演变类型 |
|---|---|---|---|---|---|
| 人事管理 | 薪酬 | 1999 年 8 月 | 《关于新时期加强高等学校教师队伍建设的意见》 | 学术带头人在国家政策允许的范围内享有人员聘用和经费使用的自主权；分批精选上万名青年教师，采取国家拨款与自筹经费相结合的办法增强经费支持力度；设立"高等学校优秀青年教师教学和科研奖励基金"等 | 制度转换 |
| | | 1999 年 9 月 | 《关于当前深化高等学校人事分配制度改革的若干意见》 | 进一步深化和完善高校工资总额动态包干，实行人员编制；真正建立高校特点的具有激励功能的工资分配机制，实现能上能下，能高能低 | 制度断裂 |
| | | 2000 年 6 月 | 《关于深化高等学校人事制度改革的实施意见》 | 建立重实绩、重贡献，向高层次人才和重点岗位倾斜的分配激励机制 | 制度转换 |
| | 岗位 | 1998 年 12 月 | 《面向 21 世纪教育振兴行动计划》 | 竞争上岗，优化教师队伍；设立一批特聘教授岗位，面向国内外公开招聘特别优秀的中青年学者进入岗位，设立专项奖金并鼓励地方政府和学校相应设岗奖励 | 制度断裂 |
| | | 1999 年 8 月 | 《关于新时期加强高等学校教师队伍建设的意见》 | 通过补充优秀毕业研究生，吸引优秀留学人员，向社会公开招聘高水平教师，加强培训等措施，调整和改善教师队伍的学历、职务结构，提高教师队伍的整体水平 | 制度微调 |
| | | 1999 年 9 月 | 《关于当前深化高等学校人事分配制度改革的若干意见》 | 推行高等学校教师聘任制和全员聘用合同制，由"身份管理"转向"岗位管理"；形成"能进能出、能上能下、能高能低"的激励竞争机制 | 制度断裂 |

续表

| 范畴 | 分类 | 时间 | 政策文件 | 主要内容 | 演变类型 |
|---|---|---|---|---|---|
| 人事管理 | 岗位 | 2000年6月 | 《关于深化高等学校人事制度改革的实施意见》 | 建立教学、科研、管理关键岗位制度；实行向优秀人才和关键岗位倾斜政策；对本实施意见中的落聘人员，待聘人员，采取校内转岗聘任等方法；形成人才合理流动的机制 | 制度转换 |
| | | 2007年5月 | 《关于高等学校岗位设置管理的指导意见》 | 进一步完善岗位制度，对高校岗位类别设置、岗位等级设置，岗位基本条件、岗位聘用等问题作了工具体规定 | 制度微调 |
| | | 2010年7月 2011年7月 | 《国家中长期教育改革和发展规划纲要（2010—2020年）》《国家中长期科技人才发展规划（2010—2020年）》 | 扩大教育开放；推行科研机构、高等学校等单位关键岗位和国家重大项目负责人向全球公开招聘的制度；积极引进海外高层次科技人才 | 制度断裂 |
| | 关系 | 1998年12月 | 《面向21世纪教育振兴行动计划》 | 逐步推行聘任制，减少冗员，精减高校职工队伍 | 制度微调 |
| | | 1999年8月 | 《关于新时期加强高等学校教师队伍建设的意见》 | 完善教师职务聘任办法，实行严格的定期聘任，择优上岗；加强教师聘后管理和履职考核 | 制度微调 |
| | | 1999年9月 | 《关于当前深化高等学校人事分配制度改革的若干意见》 | 学校和教职工在平等自愿的基础上通过签订聘用合同，明确双方权利、义务和责任，确立受法律保护的劳动关系 | 制度断裂 |
| | | 2000年6月 | 《关于深化高等学校人事制度改革的实施意见》 | 探索建立相对稳定的骨干人员和出人有序的流动人员相结合，以教师为主的高等学校人才资源开发机制 | 制度断裂 |
| | | 2007年5月 | 《关于高等学校岗位设置管理的指导意见》 | 明确受聘岗位职责要求、工作条件、工资福利待遇、岗位纪律、聘用合同变更、解除和终止条件以及聘用合同期限等方面的内容 | 制度微调 |

续表

| 范畴 | 分类 | 时间 | 政策文件 | 主要内容 | 演变类型 |
|---|---|---|---|---|---|
| 人事管理 | 关系 | 2010年7月<br>2011年7月 | 《国家中长期教育改革和发展规划纲要（2010—2020年）》《国家中长期科技人才发展规划（2010—2020年）》 | 确立市场在科技人才流动和配置中的基础性作用；促进高层次科技人才在公共科技机构和企业之间的流动 | 制度断裂 |
| 重点大学建设 | 资助方式 | 1998年12月 | 《面向21世纪教育振兴行动计划》 | "211工程" 二期计划建设资金仍采取国家、部门和高等学校共同筹集的方式 | 制度转换 |
| | 建设周期 | 1998年12月<br>2004年6月 | 《面向21世纪教育振兴行动计划》《关于继续实施"985工程"建设项目的意见》 | 1999年"985工程"第一期建设开展；2004～2007年，实施"985工程"第二期建设 | 制度微调 |

了具体规定。《国家中长期教育改革和发展规划纲要（2010—2020 年）》
和《国家中长期科技人才发展规划（2010—2020 年）》的颁布又明确提
出，根据市场需求促进人才有序流动。2014 年的《事业单位人事管理条
例》又进一步指出高校应逐步建立起"能上能下"的用人机制。

## 二　学术制度演变推动大学高层次人才流动的机制

### （一）延续以强制性变迁为主的制度变革方式

1998～2014 年的学术制度演变以强制性变迁为主，诱致性变迁为辅。
综观该阶段建立起的一系列学术制度，其虽然由政府主导出台，但作为政
策主要行动者的政府却并没有忽视高校、教师等次要行动者的利益诉求。
与上一阶段基层组织和个人的"不作为"不同，各高校与教师个人的积极
性在这一阶段已经得到了较好的调动，并逐渐发展成政策进一步演变的推
动力。政府的政策推进已不再是简单粗暴、一蹴而就的，高校与教师个人
的政策接受程度和反应情况在渐趋平缓的政策演变过程中得到了充分的考
虑。以高校人事管理制度为例，自 1999 年《关于当前深化高等学校人事
分配制度改革的若干意见》颁布起，中央政府就开始了对高校教师聘用合
同制的探索，力图以"岗位管理"代替原先的"身份管理"。该制度在推
行过程中不断改进完善，直到 2007 年《关于高等学校岗位设置管理的指
导意见》发布才最终形成具体明确的制度设计。在该意见发布之前，各高
校对岗位设置、岗位基本条件、聘用合同期限等具体内容仍有较大的可操
作空间。除此之外，在激励竞争机制的构建上，该时期的学术制度演进也
表现出了不同于前一阶段的"保守"倾向。《关于新时期加强高等学校教
师队伍建设的意见》和《关于当前深化高等学校人事分配制度改革的若干
意见》两大政策将引入激励竞争机制作为改革思路，并提出了加强岗位竞
争与工资分配激励作用的具体措施。但真正让高等教育面向更广袤的世界
平台、投入更激烈的市场竞争中的则要向后推至《国家中长期教育改革和
发展规划纲要（2010—2020 年）》和《国家中长期科技人才发展规划
（2010—2020 年）》的颁布。综上所述，1998～2014 年学术制度演进以强制
性变迁为主，但也表现出一定的诱致性变迁的特点。在该阶段，政策演进的
整体方向与改革思路由政府直接确定下达，体现出其演变的强制性；但在具

体的政策推进过程中，政府最初的政策文件往往是较浅层次的、灵活的、带有鼓励性质的，在对高校和教师的政策执行结果进行充分的"观望"后，更深层次的、影响力更大的制度才得以确立。从这一角度看，政策的演进方向亦与下层机构和个人的推动有关，这体现出诱致性变迁的特点。

1998～2014 年的学术制度演进对大学高层次人才的流动无疑具有推动作用。以强制性变迁为主的演进方式确保了激励竞争机制和聘用合同制得以在高等教育领域顺利实行，由此，教师的聘用与岗位聘任得以脱离，高校教师彻底打破了"单位人"的束缚获得了流动权。此外，由于该阶段的学术制度演进所表现出的诱致性变迁特点，高校教师流动权的获得不是仅停留在制度文本表面的，而是伴随着渐进的制度演变过程逐步深入人们的思想与行为当中。各高校与人才群体对制度的适应情况良好，对政策意义的理解也比较到位，这些条件同样为人才流动的发展扫清了障碍。值得注意的是，由于该阶段的制度演进仍以强制性变迁为主，政府在自上而下进行制度建构时难免出现偏颇，未能充分考虑到高校与教师群体的实际情况。这些弊端在一定程度上也对我国的大学高层次人才流动产生了消极影响。关于这部分的内容，本书将结合 1998～2014 年的学术制度演变的逻辑在下一小节中进行详细阐述。

**（二）制度变革的"结果性逻辑"依然是该阶段的主导演变逻辑**

承接上一阶段的趋势，学术制度演进的"恰当性逻辑"倾向在 1998～2014 年得到了更进一步的发展，但在本质上仍以"结果性逻辑"为主导。在该阶段，政府出台的各项学术制度已经考虑到了制度实施的现实情景，而不只是理性化的预测政策所带来的结果。例如，2000 年颁布的《关于深化高等学校人事制度改革的实施意见》，该实施意见按照"新人新办法、老人老办法"的原则，对新聘任教职工和原学校中的落聘、待聘教职工进行了区分对待，这就体现了一定的恰当性逻辑。然而，当我们以整体的视角对该阶段的学术制度进行分析时，我们会很容易地发现这些制度大多围绕一个共同的目的——为建设世界一流大学服务。历史制度主义认为政策演变是政策供给与政策需要之间的失衡导致的，社会需要是政策变迁的原动力。结合当时的历史背景，自改革开放以来我国的教育事业经过了一段时间的改革发展后已取得了一定的成就，办学条件与教育质量都有了提升，但是我国教育发展水平仍然偏低，尚不能完全适应现代化建设的需要。因此在高等教育领域，国家对大学的建设提出了更高的要求，启动了以建设世界一流大学为目标的"985工程"。1998~2014年的学术制度在很大程度上体现了政府对"建设世界一流大学"的追求，具有鲜明的"结果性逻辑"倾向。《面向21世纪教育振兴行动计划》曾明确指出"缺少具有国际领先水平的创造性人才，已经成为制约我国创新能力和竞争能力的主要因素之一"。因此，为了弥补我国在大学高层次人才方面的缺口、扫清重点大学建设过程中的这一主要制约因素，政府后续颁布的一系列政策都有意向大学高层次人才倾斜，例如，吸引国际领军人才作为学科带头人并赋予其人员聘用和经费使用的自主权，为招揽特别优秀的中青年学者设立特聘岗位，分配激励机制向高层次人才和重点岗位倾斜等。

1998~2014年，学术制度的演进依旧以"结果性逻辑"为主。基于上文的分析，在这种演进逻辑下，我国所制定的一系列学术制度明显利好大学高层次人才，从而直接推动了该部分人才流入我国的高等教育机构。然而，"结果性逻辑"在为我国的大学高层次人才流动提供巨大推力的同时，也带来了一些问题和隐患。"结果性逻辑"的假设为：政府在作出决策前已经对政策的效用进行了比较精确的评估，这种对效用的评估往往是偏向经济理性的、淡化社会影响的，忽视了非正统因素和不同因素之间关联的。在"结果性逻辑"的导向下，政府相信国际领军人才可以通过高薪资、高福利来迅速积累，而这种数量上的积累也必然会为国家的重点大学建设作出突出贡献。然而在事实上，人才的流动、培养与使用向来都是十分复杂的，不是一个通过效用计算就能够清晰界定的问题。政府所制定的一系列学术制度并没有完全达到预期，反而出现了一些"意料之外"的情况。例如，由于对所谓"国际领军人才""特别优秀的中青年学者"界定不清，此概念在具体的政策实施过程中被异化为在海外"镀过金"的人才。该阶段的人事制度具有明显的"重洋"倾向，如"安家费""科研启动费"等相较于本土人才都更为优厚，此类政策在各高校盛行，且见之于各高校的人才招聘计划中。① 在大学高层次人才流动方面，上述问题表现

---

① 肖兴安：《中国高校人事制度变迁研究——历史制度主义的视角》，华中科技大学，博士学位论文，2012。

为人才流动中的"崇洋"现象和本土人才的流失，待遇方面的不公正对待也令部分年轻学者无法专心科研，引起人才流动的混乱。需要再次强调的是，尽管该阶段的学术制度演变为大学高层次人才流动带来了些许消极影响，但在整体上，激励竞争机制和聘用合同制的推行还是为人才流动提供了良好的政策环境，起到了积极的推动作用。

### （三）制度变革的路径以"路径突破"为主导

1998～2014 年的学术制度变革表现出较强的突破性，例如：聘用合同制的推行宣扬了高校与教师地位对等的契约文化，是对过往教师对高校的行政隶属关系的破除；确立市场在科技人才流动和配置中的基础性作用，使得以单位为主导的聘用制度向以市场为主导的聘用制度转变。在学术制度的构形阶段，框架式的制度体系与精细化的岗位设计使得高校的人事管理变得有章可循，从而降低了教师聘任制这一新制度运行的成本。在全面完善的制度建构下，该阶段的学术制度演变彻底突破了对过往任命制的路径依赖。

该阶段的学术制度演进对大学高层次人才流动起到了较大的推动作用。以"路径突破"为主的演变特点使得学术人才流动具备了坚实的制度基础。此外，由于这种突破已经深入制度体系的方方面面，学术人才的流动不仅受到了教师聘用等相关制度的鼓励，部分新制度对人才流动与配置也起到了直接的推动作用。随着制度体系的完善，对旧制度的依赖和保持已不再具备可操作的空间，无论是高校还是教师群体都不得不对新的制度体系进行深入的学习与理解，人才流动在现实中已经较少会遇到阻力。

## 第四节　学术制度变革深化期与大学高层次人才流动的变迁动力

### 一　学术制度变革深化期的政策文本梳理

2015～2020 年为学术制度变革的深化期，在"双一流"建设这一新政策背景下，随着城乡养老保险制度体系的建立，该时期通过准聘与长聘相结合等形式着力打造人才的顺畅流动机制。对 2015～2020 年学术政策文本进行梳理，如表 5－3 所示。2015 年国务院印发《统筹推进世界一流大学

表 5 - 3  2015～2020 年的学术政策文本梳理

| 范畴 | 分类 | 时间 | 政策文件 | 主要内容 | 演变类型 |
|---|---|---|---|---|---|
| 人事管理 | 薪酬 | 2015 年 10 月 | 《统筹推进世界一流大学和一流学科建设总体方案》 | 建立健全绩效评价机制,积极采用第三方评价,提高科学性和公信度。动态调整支持力度,增强建设的有效性 | 制度微调 |
| | | 2016 年 3 月 | 《关于深化人才发展体制机制改革的意见》 | 构建统一、开放的人才市场体系,完善人才供求、价格和竞争机制 | 制度微调 |
| | 岗位 | 2015 年 10 月 | 《统筹推进世界一流大学和一流学科建设总体方案》 | 加快推进人事制度改革,积极完善岗位设置,分类管理、考核评价、绩效工资分配,合理流动等制度,加大对领军人才倾斜支持力度 | 制度微调 |
| | | 2018 年 1 月 | 《关于全面深化新时代教师队伍建设改革的意见》 | 推行高等学校教师职务聘任制改革,加强聘期考核,准聘与长聘相结合,做到能上能下,能进能出 | 制度微调 |
| | 关系 | 2015 年 10 月 | 《统筹推进世界一流大学和一流学科建设总体方案》 | 深入实施人才强校战略,强化高层次人才的支撑引领作用 | 制度转换 |
| | | 2016 年 3 月 | 《关于深化人才发展体制机制改革的意见》 | 充分发挥市场在人才资源配置中的决定性作用和更好发挥政府作用,加快转变政府人才管理职能,保障和落实用人主体自主权,提高人才横向和纵向流动性,健全人才评价、流动、激励机制 | 制度转换 |
| 重点大学建设 | 遴选方式 | 2015 年 10 月 | 《统筹推进世界一流大学和一流学科建设总体方案》 | 深入研究学校的建设基础、优势特色、发展潜力等,科学编制发展规划和建设方案,提出具体的建设目标、任务和周期,明确改革举措、资源配置和资金筹集等安排 | 制度断裂 |

续表

| 范畴 | 分类 | 时间 | 政策文件 | 主要内容 | 演变类型 |
|---|---|---|---|---|---|
| 重点大学建设 | 遴选标准 | 2015 年 10 月 | 《统筹推进世界一流大学和一流学科建设总体方案》 | 鼓励和支持不同类型的高水平大学和学科差别化发展 | 制度断裂 |
| | 资助方式 | 2015 年 10 月 | 《统筹推进世界一流大学和一流学科建设总体方案》 | 完善政府、社会、学校相结合的共建机制，形成多元化投入、合力支持的格局 | 制度微调 |
| | 建设周期 | 2015 年 10 月 | 《统筹推进世界一流大学和一流学科建设总体方案》 | 每 5 年一个周期，2016 年开始新一轮建设 | 制度微调 |

和一流学科建设总体方案》，标志着"双一流"建设政策的开启，也意味着我国的学术制度变革进入下一阶段。2015 年国务院印发《机关事业单位工作人员养老保险制度改革的决定》，建立城乡养老保险制度体系，从而消除了阻碍高校教师流动的最主要障碍。2016 年，中共中央印发了《关于深化人才发展体制机制改革的意见》，要求健全人才顺畅流动机制、促进人才双向流动。2017 年《关于深化高等教育领域简政放权放管结合优化服务改革的若干意见》则指出，高校应根据其岗位设置方案和管理办法自主做好人员聘后管理；2017 年出台的《关于加快直属高校高层次人才发展的指导意见》进一步指出，强化高校与高层次人才的契约关系。至 2018 年《关于全面深化新时代教师队伍建设改革的意见》出台，这是首次以中央文件的形式提出推行高等学校教师职务聘任制改革，并指出准聘与长聘相结合，做到能上能下、能进能出。由于"双一流"建设政策确立了破除身份固化的动态评选机制，越来越多的高校主动加入聘任制改革的行列，将深化人事制度改革作为争创一流的重要途径，由此聘任制改革进入深化期。

## 二 学术制度演变推动大学高层次人才流动的机制

### （一）制度变革的方式转向以诱致性变迁为主导

2015～2020 年的学术制度变迁以诱致性变迁为主，该阶段的诸多学术制度虽主要由政府制定实施，但政策的主要推动力量已经转移到了下层。以人事制度为例，2018 年《关于全面深化新时代教师队伍建设改革的意见》的出台明确了我国"准聘与长聘相结合"的高等教育人事改革方向。但在该文件出台之前，"非升即走"的机制已经出现在我国竞争压力较大的部分顶层高校，作为教师获得终身教职的前提条件。准聘与长聘相结合的模式首先是作为部分高校的个体行为在小范围内推行的，而后才被制度化并进一步推广。从我国高等教育人事制度的演变轨迹来看，我国一直致力于引入考核和激励机制，选拔优秀的人才进入高校教师队伍，但对人才的划分依据和标准却并不明晰。这使得我国相关的学术制度表述具有较大的宏观性和模糊性，这种宏观性和模糊性在给政策实施带来现实困境的同时也赋予了高校可操作的政策空间。各所高校在政策允许的范围内积极探索合理的人才引入机制，"准聘与长聘相结合"制度作为探索结果的一种，在被越来越多的高校承认、具备一定影响力之后，最终获得了政策上的合法性。在学术制度演变的深化期，政府出台的各类政策看似在宏观上为高等教育的进一步改革明确了方向，起到了提纲挈领的作用，然而在实际上，政府所作出的种种选择大多脱离不了各高校在背后的实际探索与实践，是政府对各高校的行为与成果进行长期观望后的结果。除了准聘与长聘相结合的制度之外，该时期的一些配套制度同样能体现这种变迁的诱致性特点。例如，在没有政策确认的情况下，在我国高等教育领域自然出现了一批专为高端人才流动服务的猎头组织与服务机构。2016 年中共中央发布的《关于深化人才发展体制机制改革的意见》是政府首次就人才服务业进行表态，这也是先存在再争取合法性的典型。

基于上述分析，该时期的学术制度演进无疑具有更加坚实的制度基础。以诱致性变迁为主的变迁方式使得政策在实施过程中能够较少地受到来自基层的阻力。在大学高层次人才流动方面，无论是统一、开放的人才市场体系的建立，还是人才供求、价格和竞争机制的完善，市场要素的介入并没有引起太多的质疑，人才与高校之间的契约关系已经深入人心。此外，以诱致性变迁为主的特点使得该阶段的政策演变具备更强的可操作性，例如，对人才中介服务机构进行鼓励与支持、高层次人才优先落户等。上述制度都切实为大学高层次人才的流动提供了便利、扫清了障碍，相较于先前阶段，政策对人才流动的推动作用已不仅限于一种合法性的认可和流于表面的支持。

### （二）制度变革主要遵从"恰当性逻辑"

2015～2020 年的学术制度演进主要遵循恰当性逻辑。在该阶段，政府的决策行为不再具有过强的目的性，相关政策的出台已经能够充分考虑现实的情况以保证决策行为的恰当。在上一阶段我们提到，为了尽快达成建设世界一流大学的目的，政府在人才聘任制度和薪资制度方面出现了向高层次人才和领域精英倾斜的现象。在结果性逻辑的主要导向下，这些政策方面的倾斜并没有完全实现其预期的激励效果，反而引起了评聘的公平性等问题。2015～2020 年的学术制度演进更多地遵循"恰当性逻辑"，其在政策方向上虽然保留了向高层次人才和重点学科倾斜的择优逻辑，但在具体政策的落实上却不再盲目、激进。例如，2015 年颁布的《统筹推进世界一流大学和一流学科建设总体方案》中提到了对建设的支持力度进行动态调整。只有实施有力、进展良好、能带来实际贡献的项目才会得到政策的进一步支持，实施不力的项目则会被适当减少支持力度。在这里，国家政策对世界一流大学和一流学科建设的倾斜是有条件的、注重实际效果的，呈现出宁缺毋滥的态度。相较于促成建设项目的从无到有，建设的质量与成果得到了政府更多的关注，这种态度上的转变就体现了政策演变过程中的"恰当性逻辑"。除此之外，该阶段在人事制度方面的变革也能体现出上述特点。例如，2018年《关于全面深化新时代教师队伍建设改革的意见》的出台，提出了将准聘与长聘相结合，真正做到了高校教师聘任的能上能下、能进能出。人才的引进不再遵循"进入即合理"的思路，在决定"长聘"的任职之前加入较长的"准聘"考核阶段，有效地解决了评聘的公平性问题，避免了资源的浪费，使得政策的激励能够更加行之有效而并非只是盲目地壮大教师队伍。

以"恰当性逻辑"为主的演进方式有效地解决了先前制度变动所带来的一系列问题，这其中也包括大学高层次人才流动中的各种乱象。政府在作出决策时由注重"政策结果"向注重"实施效果"的转变，同样为高校与人才个人的行为抉择作出了表率。随着学术制度的完善、人才聘任与工资激励中重数量轻质量、只进不出的态势被有效遏制，各高校对高层次人才的竞争也趋于公平合理，更多地考虑自身发展的实际情况。

### （三）制度演变的路径由"路径突破"转向"路径依赖"

2015～2020年的学术制度变迁已经进入制度"自我强化"的新阶段，呈现出路径依赖的特点。该时期学术制度演变的路径依赖可以用"适应性预期"和"协调效应"两点进行说明。历史制度主义认为随着以特定制度为基础的规则盛行，制度在运行与扩散中的不确定性会不断减少，社会个体对制度实施的信心也会随之不断增强。我国的学术制度变革便经历了上述由不信任到信任的过程：1980～1997年、1998～2014年的学术制度变革具有较强的突破性。在这两个阶段，市场要素刚刚被引入高等教育治理，高校与个人对制度的可行性尚且抱有较大怀疑，政府需要通过突破性较强的政策来确保制度变革的方向不偏，破除对过往政策的路径依赖。而到了2015～2020年，我国的学术制度变革已经取得了一定成就，市场要素为高等教育治理带来的"绩效激励""合同聘任"等概念已经深入人心。从适应性预期的角度来看，高校与个体对学术制度的更进一步变革多抱有适应与认同的态度，已经形成了自我强化的趋势。在这种趋势的影响下，政府的政策演进自然就不再表现出强烈的突破性，而是步入制度平稳发展的新阶段，表现出"路径依赖"的特点。此外，从"协调效应"的角度来看，一项制度的产生会引发与之相协调的配套制度体系。我国的学术制度作为一个复杂的系统，其中聘任制的改革必然也会引起工资福利制度、社会保障制度等相关规定的变动。正是由于这种制度之间相互嵌入、相互影响的特性，制度在演进过程中也会逐渐呈现出"牵一发而动全身"的路径依赖现象。以 2016 年颁布的《关于深化人才发展体制机制改革的意见》为例，该政策文本中提及的"加快人事档案管理服务信息化建设""完善社会保险关系转移接续办法"等举措，便是在聘任制改革的基础上对相关规定的完善，遵循明显的路径依赖的逻辑。综观 2015～2020 年学术制度演进过程，对已有制度的调整与修改、相关配套制度的制定与完善成了制度变革的主要内容，制度断裂式的演进已较少出现在这一阶段。

以路径依赖为主的制度变迁方式意味着我国的学术制度的变革发展到了自我强化的相对稳定期。因此在这一时期，学术制度变迁对大学高层次人才流动的推动作用也逐渐趋于平稳，高校的聘任制再无较大的变动，学校与人才间的契约关系也稳步加深。该阶段的学术制度变迁在整体上为大学高层次人才的流动提供了稳固、可靠的制度基础，并且随着相关配套制度的完善，大学高层次人才流动过程中实际存在的障碍正在被逐渐移除，为大学高层次人才跨地区、跨行业、跨体制流动提供了便利的条件。

# 第六章

## 中国大学高层次人才流动的优化路径

自改革开放以来致力于打造人才与大学间契约关系的人事制度变革与世界一流大学建设政策对人才的重视相互交织，经过初期的探索、中期的构形以及后期的深化，学术制度变革为市场因素发挥激发大学高层次人才流动活力的作用不断奠定制度基础。如果说单位制所塑造的刚性人事关系凸显了组织逻辑与学术逻辑的冲突，那么聘任制改革便致力于在达成两种逻辑的整合中把学术人员塑造成一种契约化的存在。[①] 我国对人才与大学间契约关系的设计与架构是大学高层次人才在学术劳动力市场中自由流动的制度前提[②]，这构成几十年来我国大学高层次人才流动性不断提升的制度性动因。也就是说，在政策引导下我国大学高层次人才流动由行政行为向市场化行为的转变是几十年来我国关于人力资源优化配置的基本经验。

然而，不可否认的是，我国大学高层次人才流动中也存在诸多问题。学界大致存有这样一种判断，我国并没有建立起有利于学术人员自由流动的规范的学术劳动力市场。在学术制度变革的初期，推动高端学术劳动力市场运行的政策设计多为务虚的方向性建议，真正需要的具有实践指导价值的政策设计很贫乏。哪怕进入制度变革的构形期后，这一问题依然存在。例如，2006 年出台的《关于贯彻落实"十一五"规划纲要，加强人才队伍建设的实施意见》《国家中长期科学和技术发展规划纲要（2006—2020 年）》都强调充分发挥供求、价格、竞争等机制在优化人才资源配置中的作用，但

---

[①] 周光礼：《委托－代理视野中的学术职业管理——中国大学教师聘任制改革的理论依据与制度设计》，《现代大学教育》2009 年第 2 期。

[②] 徐娟：《大学高层次人才竞争中的经济资本激励：多维视角的透析》，《国家教育行政学院学报》2018 年第 5 期。

如何使供求信息具有可得性，怎么确立合理的定价机制等一系列保证高端学术劳动力市场正常运行的基本规则问题并没有政策指导，为数不多的顶级高校对人才竞争的动力仅仅源自中央政府对其身份的认可。而一旦获得固有身份也就失去了人才竞争以及改革人事制度的动力与环境。故该阶段只带动起为数不多的国家重点建设高校开展高层次人才竞争，看似出台了诸多政策却因竞争主体体量的不足很多要素的推拉（Push-Pull）作用发挥不出来。在有关高端学术劳动力市场有效运行的基本规则性问题没有解决的情况下，政策设计转向通过将大学高层次人才与大学发展空间紧密结合的强激励以快速激发人才流动，这多多少少带有应急的"运动式治理"性质，一个接一个的政策，甚至由中央到地方的政策强激励使得各层级高校的人才竞争压力大增。高校越是希望在高层次人才竞争中胜出，就越可能开出比同行更高的薪酬，然而远超常规的人才定价并非持续激发人才流动活力的有效手段，如在学术制度变革的深化期，收入对我国大学高层次人才的流动周期的缩短程度已经呈现出弱化趋势。前期研究也表明，"在高校教师流动频率不断加快的同时学术精英的流动价格越来越高，人才流动价格战越来越激烈"，但"流动性黑箱阻碍了教师流动过程中的市场筛选，搜索和发现合适岗位信息、流动谈判等交易成本难以估量，高校招不到适合组织发展的教师，教师也难以获得确切的院校招聘信息，教师流动的盲目性加大"。[1] 基本可以预测，如果这种竞争态势持续演变，收入的溢价机制非但难以进一步激发人才流动的活力，反而可能因竞才价格的过度抬升扰乱正常的人才流动秩序，绩效收入的推动力、城市发达程度等社会支持性要素的正当作用更加难以显现（这些要素的影响一直不显著），不断引发人才流动的失序与混乱。全国政协常委葛剑平对这一问题的严峻性表示了担忧，他指出正常的人才流动演变成为一场靠高薪组建"雇佣军"的混战，已经对高校整体的环境和可持续发展带来了严重的影响。[2] 以人才引进催生"双一流"的"速成式"办学风气蔓延，高等教育整体的生态环境被破坏，"一旦高校人才无序流动和恶性竞争现象加剧，地方院校稍有特色的

---

[1] 廖志琼、李志峰、孙小元：《不完全学术劳动力市场与高校教师流动》，《江汉论坛》2016年第8期。

[2] 解艳华：《建设"双一流大学"不能靠"雇佣军"——全国政协常委葛剑平呼吁遏制大学高薪》，《人民政协报》2017年3月8日。

学科带头人和优势将很快不复存在，必然也就失去了和知名高校同台竞技的机会。失去了竞争的垄断，我国高等教育发展极有可能又回到之前两大工程的老路上去"①。为此，应进一步完善政策设计，推动健全、独立竞争机制的建立。一方面，从规范高端学术劳动力市场的相关设计入手；另一方面，则需要从改进相关的政策规制入手。

## 第一节　调整中国大学高层次人才流动中的市场设计

在罗斯看来，市场设计通常开始是失败的，或未能提供稠密市场，或未能缓解拥堵。② 在大学高层次人才市场的形成过程中，中央政府因拥有高等教育资源的绝对配置权而成为主导性行动者，"自上而下"地规划着其他行动者的行为逻辑，试图围绕大学高层次人才设计出与地方政府、大学之间的"委托—管理—代理"三级互动关系。然而，中央政府在市场塑造的过程中对大学高层次人才市场的配对属性认识不够，错误匹配、市场拥堵、阻塞配对纷纷出现在大学高层次人才市场的运行过程之中，从而导致市场设计的失败。罗斯认为，市场设计本身就具有不断调整已有的市场规则，从而使市场能够更好地运作的意涵。③ 我们对市场设计的主要理解来源于市场失败并找出解决失败的办法。不是所有的市场都能像杂草一样生长，一些市场就像温室里的兰花，需要精心照看。④ "市场设计师就像赶往救援的消防队员，当市场已经失效，尝试重新设计市场，或者设计一个新的市场，将市场秩序恢复。"⑤ 因而，解快大学高层次人才流动问题的首要任务就是调整已有的市场设计，将市场秩序恢复，具体思路体现在以下三个方面。

---

① 姜朝晖：《高校人才合理有序流动：理论之维与实践之径》，《高校教育管理》2017年第5期。
② 〔美〕埃尔文·E. 罗斯：《共享经济：市场设计及其应用》，傅帅雄译，机械工业出版社，2016，第11页。
③ 〔美〕埃尔文·E. 罗斯：《共享经济：市场设计及其应用》，傅帅雄译，机械工业出版社，2016，第7页。
④ 〔美〕埃尔文·E. 罗斯：《共享经济：市场设计及其应用》，傅帅雄译，机械工业出版社，2016，第13~14页。
⑤ 〔美〕埃尔文·E. 罗斯：《共享经济：市场设计及其应用》，傅帅雄译，机械工业出版社，2016，第11页。

## 一　认清大学高层次人才市场的配对属性是调整市场设计的前提

缺乏对大学高层次人才市场配对属性的认识既是初次市场设计失败的症结所在，也是调整市场设计的最大障碍。

通过中央政府主导达成大学高层次人才有效流动的完美实现意味着，中央政府必须对大学高层次人才市场进行全面了解，只有这样才有可能保证各种竞争要素达成理想的组合形式。然而，在对大学高层次人才市场的初次设计中，中央政府并没有完美地做好这一前提性事务便开始了市场的构形，从而导致"委托—管理—代理"的制度设计理想在地方政府、大学和大学高层次人才的行动逻辑中破灭。因而需要认清大学高层次人才市场的配对属性，这需要把握三个关键问题。

第一，配对市场与商品市场的区别。商品市场是客观市场，在这一市场中价格机制起主导作用，需求供给平衡所形成的均衡价格引导市场交易的完成；而配对市场是个性化市场，在配对市场中每一次交易都需要单独考虑，价格不是唯一的决定因素，甚至在某些配对市场中价格机制会引起人们的反感。[①]

第二，配对市场有效运行的条件。罗斯对配对市场的考察回到了市场交易活动的历史开端，即原始的实物交易中去，克服实物交换的限制就成为配对市场有效运行的条件，而通过人为设计促进"双重巧合"的实现可以有效克服这一限制。"你必须找到这么一个人，既有你想要的东西，同时他也想要你有的东西"，这便是"双重巧合"。[②] 需要注意的是，促进"双重巧合"的实现通常包含了一些非价格性的因素。

第三，大学高层次人才市场的配对属性。需要认清，大学高层次人才市场不是普通的商品市场，而是具有个性的配对市场，每一次交易都需要单独考虑。大学高层次人才的流动过程应是"双重巧合"实现的过程，当大学高层次人才选择流动时，市场应当能够帮助找到对他有需求也是他所需要的大学。

---

① 〔美〕埃尔文·E. 罗斯：《共享经济：市场设计及其应用》，傅帅雄译，机械工业出版社，2016，第6~9页。

② 〔美〕埃尔文·E. 罗斯：《共享经济：市场设计及其应用》，傅帅雄译，机械工业出版社，2016，第32页。

## 二 健全大学高层次人才流动中的信息匹配机制是调整市场设计的核心

在中央政府制度设计和系统规划下，地方政府是大学高层次人才流动的推动者，这一点往往被人忽视。在进入 21 世纪后的不足 20 年的时间里，中央政府（及其代理机构）先后在诸多促进人才发展的政策中明确提出将人才工作作为"政绩考核的重要内容"，从而建立起地方政府人才工作的目标责任制，详见表 6-1。这意味着中央政府试图让地方政府在大学高层次人才市场中扮演"管理方"的角色。然而，在政绩思维下，地方政府为了更好地完成任务，会在中央政府所确立的目标的基础上"层层加码"，以获得相对较好的业绩排名，并最终演绎出人才发展"行政发包制"的运作图景。于是，地方政府纷纷将建设各自区域内的"一流大学"列入政绩工程，"泰山学者"（山东）、"攀登学者"（辽宁）等省级人才项目纷纷出现，甚至还出现了诸多市级、校级人才工程。慢慢地，地方政府为了在有限的任期内获得晋升的最大利益，主动由扮演"管理方"的角色转向扮演"代理方"的角色，直接竞争大学高层次人才。于是，晋升锦标赛制下的政绩思维从根本上塑造了地方政府对大学高层次人才的过度需求。在信息匹配缺失的情况下，市场需求的太过"拥挤"引发大学高层次人才市场的"堵塞"，一场由中央政府设计的市场运作机制在地方政府的直接竞争行动逻辑下渐趋混乱与无序，人才引进中的暗箱操作、各种特聘职称（地方人才称号）的任意授予、引进程序的不透明等成为正当性流动的樊篱，合理的人才需求难以在大学高层次人才市场中得到有效、及时的回应。

在市场设计理论看来，一个成功的市场设计能够将愿意交易的市场参与者聚集起来，提高市场的稠密度，从而发现最佳的市场交易机会。[1] 而要找到最令人满意的交易双方，则需要一个信息中心输入供求两方的需求和偏好，并集中负责信息的搜寻、获取和处理。那么，保证交易者的安全就是关键一环，这可以促进人们自愿提供有关交易的真实信息。因而，调

---

① 〔美〕埃尔文·E. 罗斯：《共享经济：市场设计及其应用》，傅帅雄译，机械工业出版社，2016，第 8 页。

整大学高层次人才市场设计的核心就在于健全大学高层次人才流动的信息匹配机制，这需要处理好三个关键性步骤。第一，探索建立全国性的大学高层次人才流动信息登记中心，以提高大学高层次人才市场的稠密度，尽可能地满足所有的大学高层次人才需求。流动信息登记中心的覆盖范围越大，市场稠密度越高，"双重巧合"出现的可能性就越大，因而这一中心必须是全国性的而不应是地方性的。第二，由于信息匹配是一项极为复杂的数据计算，这就需要流动信息登记中心与现代信息技术的结合，由计算技术进行需求和偏好的匹配，可以极大地提高配对效率。因为大学和高层次人才的信息匹配不仅要看双方是否有需求，还要在匹配的过程中考虑学科背景、学科平台、大学的发展方向等，只有综合考虑这些要素，才能真正达到通过流动促进大学和高层次人才共同发展的目的，也才能真正满足中央政府通过推动大学高层次人才流动促进学术繁荣的需要。第三，格外注重信息发布的安全性。流动信息登记中心的有效运行既有赖于大学和高层次人才及时地公布信息，又依赖于大学和高层次人才共享这些信息，这里就衍生出了流动信息登记中心的安全性问题。如何令大学和高层次人才，尤其是后者可以安心地向这个平台透露自己真实的流动意愿就成为一个关键性问题。可借鉴罗斯等人基于延迟接受算法设计的电脑化集中交换所的做法，该交换所有效地保证了家长向愿意接收孩子入学的学校透露自己真实择校意向时的安全性。[1]

表 6 - 1　促进人才发展的政策对地方政府的要求

| 政策 | 相关内容 |
| --- | --- |
| 《关于加强专业技术人才队伍建设的若干意见》（2001 年中共中央办公厅、国务院办公厅印发） | 建立领导干部科技进步与人才工作目标责任制，并作为考核各级党政领导干部政绩的重要内容；重视发挥市场对人才资源配置的基础性作用 |
| 《2002—2005 年全国人才队伍建设规划纲要》（2002 年中共中央办公厅、国务院办公厅印发） | 充分发挥市场在人才资源配置中的基础性作用 |
| 《关于进一步加强人才工作的决定》（2003 年中共中央、国务院印发） | 建立和完善人才市场体系；进一步发挥市场在人才资源配置中的基础性作用 |

---

[1]　〔美〕埃尔文·E. 罗斯：《共享经济：市场设计及其应用》，傅帅雄译，机械工业出版社，2016，第 158 ~ 163 页。

续表

| 政策 | 相关内容 |
| --- | --- |
| 《关于贯彻落实"十一五"规划纲要,加强人才队伍建设的实施意见》(2006年中组部、人事部印发) | 要把人才工作情况纳入各级党政领导班子及领导干部工作目标责任制,定期进行考核;推进市场配置人才资源;充分发挥供求、价格和竞争机制在优化人才资源配置中的作用 |
| 《留学人员回国工作"十一五"规划》(2006年人事部印发) | 政策支持与市场配置相结合 |
| 《国家中长期人才发展规划纲要(2010—2020年)》(2010年中共中央、国务院印发) | 市场配置人才资源的基础性作用初步发挥 |
| 《国家中长期教育改革和发展规划纲要(2010—2020年)》(2010年中共中央、国务院印发) | 要把推进教育事业科学发展作为各级党委和政府政绩考核的重要内容引入竞争机制 |
| 《关于深化人才发展体制机制改革的意见》(2016年中共中央印发) | 实行人才工作目标责任考核;建立各级党政领导班子和领导干部人才工作目标责任制,细化考核指标,加大考核力度,将考核结果作为领导班子评优、干部评价的重要依据;突出市场导向 |

## 三 遏制畸形价格机制在大学高层次人才流动中的消极影响是调整市场设计的根本

中央政府在塑造大学高层次人才时推动了大学高层次人才竞争,但却忽视了人才流动中信息的对称和匹配问题,以致价格机制取代信息匹配在这一配对市场中大行其道。畸形的价格机制对信息匹配的弱化是调整市场设计必须注意的根本性问题。

从制度层面看,"超常规"定价机制的制度根源在于我国人才政策中附带的"政策红利",既包括充裕的经费支持,又涵盖大学优越地位的彰显。在这种人才政策的强力塑造下,大学高层次人才的身份由一种弥散在各项学术工作之中的内隐符号演变为极其外显化并附带巨额资源的人才称号,获得人才政策裹挟的利益成为高校和地方政府两大市场主体竞争大学高层次人才的重要动机,这从根本上引发了市场中的一系列非理性竞争行为。在"超常规"的定价机制下,一人一价的特殊待遇诱致大学高层次人才不再选择最需要、最适合他的大学,而是选择报酬最多的大学。目前看来,最适合与报酬最多的大学并不一致,大学高层次人才流动中的错误匹配不断发生。错误匹配引发的后果是，大学高层次人才更加频繁地流动，甚至为了再次流动忽视职业道德规范与合同契约。"职业跳槽教授"的出现就是这一问题的典型表现，这类教授因只考虑报酬而基本一个聘期换一所学校，每3~5年流动一次，在聘期结束时大抬身价，如果原来的学校不满足其薪酬暴涨的要求便立马离职。[①] "职业跳槽教授"（虽属于极端案例但并不少见，尤其是在地方院校中）的行为对大学的发展造成了极大的破坏，其所产生的负面影响也不可忽视。

　　罗斯认为，"市场有一个好的制度设计，能让它有效地运行"[②]。那么，通过重新调整人才政策的制度设计以遏制畸形价格机制的消极影响有两个关键性问题值得注意。其一，人才政策调整的思路可以借鉴英美两国院士的增选政策，使"项目人才"的评选成为一种具有象征意义的荣誉性事务[③]，逐渐剥离与"人才称号"相一致的地位认可、资源配置等各种红利，但需保留支持大学高层次人才科研的配套资金，使大学高层次人才复归学术场域，唯有如此才能从源头上消除大学高层次人才市场中畸形价格机制的消极影响。由于国家级的人才称号是对学术人员最高级别的认可，哪怕没有过多的资源负载，学术人员的职业特性仍然可以确保政策的激励效能。其二，遏制畸形价格机制的消极影响必须以提升我国大学教师整体的薪酬水平为支撑，否则具有因制度设计调整引发高层次人才再次外流的风险。客观而论，当今大学高层次人才市场正面临激烈的国际竞争，但我国大学教师的薪酬水平在世界学术劳动力市场上并无优势，在菲利普·G.－阿特巴赫等人对全球28个国家大学教师薪酬水平的调查中，我国大学教师的收入整体上处于世界最低水平（见图6－1）。[④] 因而，为保证我国大学高层次人才市场的国际竞争力，国家应逐步提升大学教师整体的收入水

---

① 新华社：《高校"挖人大战"催生"职业跳槽教授"：谋官又谋房》，腾讯网，2017年3月31日，https://news.qq.com/a/20170331/011437.htm。

② 〔美〕埃尔文·E.罗斯：《共享经济：市场设计及其应用》，傅帅雄译，机械工业出版社，2016，第12页。

③ 熊进：《大学学术发展中的"国家能力"：表现、限度与释放》，《大学教育科学》2016年第2期。

④ Philip G. Altbach, Liz Reisberg, Maria Yudkevich, Gregory Androushchak, Ivan F. Pacheco, *Paying the Professoriate: A Global Comparison of Compensation and Contract*, New York: Routledge, 2012, p. 11.

平，这是一个不可回避的现实问题。

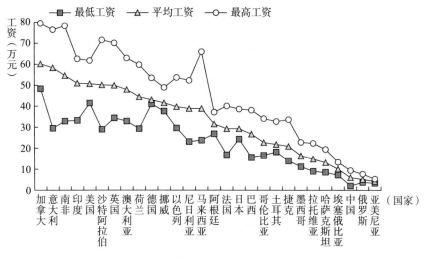

图 6-1 大学教师薪酬水平的全球比较

# 第二节 完善大学高层次人才流动中的政府规制

中央政府试图采取措施规范市场主体的竞才行为，于是教育部办公厅分别于 2013 年和 2017 年出台了《关于进一步加强和规范高校人才引进工作的若干意见》（以下简称《意见》）和《关于坚持正确导向促进高校高层次人才合理有序流动的通知》（以下简称《通知》）两项专门针对大学高层次人才流动问题的规范政策。《意见》涉及加强人才队伍建设的统筹、加大引才审核工作力度、规范招才引才行为、加强聘用合同管理、严格规范兼职兼薪行为等九条规范措施，以约束高校在人才引进工作中缺乏科学规划、片面追求数量和大学高层次人才流动频繁、到岗不足、兼职过多等现象；《通知》则提出了六条促进大学高层次人才合理有序流动的建议，包括加强学校党委对人才工作的领导、坚持正确的人才流动导向、科学合理统筹人才薪酬待遇、推进高校自律约束机制建设等。除此之外，一系列的项目人才政策和促进人才发展的政策对大学高层次人才和大学的竞争行为均提出要求。例如，在促进人才发展的政策中也制定了诸多规范措施，以 2016 年 3 月 21 日中共中央发布的《关于深化人才发展体制机制改革的意见》为例，该项政策的第五条要求健全人才顺畅流动机制。可以说，为应对大学高层次人才市场的失灵，中央政府在政策层面进行了积极尝试，也触及了大学高层次人才市场发展中的关键性问题。然而，从政府规制理论的视角来看，政府的规制措施并不完善，法律法规体系不健全、制度设计中存在漏洞、规制方法滞后于市场经济发展等引发市场经济秩序混乱的主要原因也是大学高层次人才流动中政府规制的突出问题所在，从而导致规制的效率低下。

　　成功的市场设计是引导大学高层次人才合理、有序流动的必要条件，但不是充分条件。在我国大学高层次人才流动面临市场失灵的现实背景下，完善政府规制同样是必要的，具体的思路体现在以下四个方面。

## 一　推进高层次人才流动规范的立法，强化政府规制的权威性

　　从西方国家的政府规制经验来看，其成熟的市场运作机制得益于政府长期对微观经济和市场主体所采取的强化规制活动，在此基础上逐步形成健全的法律体系，以法律规则引导市场经济的良性运作。[①] 在我国的大学高层次人才市场中，政府放松了对微观市场主体的规制，完善的法律体系缺位，从而导致规范政策对市场主体的约束力极为有限。政府规制文本通常包括法律和政策两类，法律的执行通常依赖于国家的强制力，如果违背会受到相应的惩罚和制裁；而政策的执行主要依靠宣传教育、舆论引导、组织约束等方式，对违反者的惩罚不具有直接的强制性。因而，当缺乏立法支持时，已出台的规范政策并不能对高校和大学高层次人才的失范行为构成足够的威慑力，而只能是一种软约束。在这种软约束下，高校和大学高层次人才会利用政策执行力不足的缺陷有选择性地遵守，甚至会为了更大的利益甘愿冒险。

　　因而，完善大学高层次人才流动中的政府规制首先需要具有更大权威性的立法支持，以强化政府规制活动。立法的推进过程需注意三个关键性问题。其一，立法的前提条件是引起国家特定的权力机关这一立法主体对大学高层次人才流动问题的关注。其二，立法内容的确立可以借鉴判例法在创新英美法系法律中的做法，一方面依据"遵循先例"（Stare Decisis）

---

① 王健、王红梅：《中国特色政府规制理论新探》，《中国行政管理》2009 年第 3 期。

的原则，从已出台政策中较为合理、科学的，以及在实践中获得了一定影响的规范内容的基础之上制定法律条款，避免法律条款和已有政策内容的错位和冲突，使立法成为已出台规范政策的具体化和条文化；另一方面在现有规范政策的盲区地带制定新的、具有现实针对性的法律条款。法律条款应具体、明确，不能过于笼统、模糊，以致削弱法律的执行力。其三，立法应采取渐进的推进形式，在关于人才市场法律缺位的"有限理性"条件下，立法形式的"次优选择"是在已出台的《教育法》《高等教育法》的基础上逐渐增加、补充关于大学高层次人才流动的规范性条款，以此途径不断健全和完善大学高层次人才流动的法律体系。

## 二　制定针对地方政府利益寻租的约束性政策，弥合规制制度中的漏洞

中央政府设计的锦标赛式制度激励将地方政府的利益指向与大学高层次人才紧密结合，极大地激发了地方政府在人才引进中的积极性。然而中央政府的制度激励也产生了诱导地方政府过度迷恋大学高层次人才而忽视在世界一流大学建设中同等重要但不是晋升竞赛考核指标的意外后果，如文化氛围的营造、教育质量的提升、内在制度的完善等，这是晋升锦标赛制的内在缺陷必然引发的消极后果。在晋升锦标赛制的扭曲激励下，地方政府引进大学高层次人才的行动不是基于大学发展的需要，而是出于"利益寻租"的目的，这在"行政发包制"的运作机制下逐级被放大。

制度设计的漏洞主要体现在两个方面。一是规制内容不周全，如《通知》中提出"高校之间不得片面依赖高薪酬高待遇竞价抢挖人才"，《意见》中要求大学应"根据国家有关政策和学校实际情况，合理确定引进人才薪酬标准"，但并未说明"高薪酬高待遇"以及合理的"薪酬标准"的具体所指，也缺乏对违反这一要求者具体惩罚方式的详细说明，从而使得政策的约束力大打折扣，滋生市场主体的机会主义心理，甚至破坏合理的人才流动于大学发展的积极作用。例如，东北地区的一所师范院校成功引进一名心理学专业的学科带头人，该校的心理学科作为国内首批心理学二级学科博士学位授权点能够继续为这位高层次人才提供较好的学术发展平台，而这位高层次人才也能够进一步推动该校心理学科的发展。从这一意义上看，这所师范院校是基于自身发展需要下的人才竞争，可以促进高层

次人才和大学的共同发展，因而属于合理的竞争。但大学与高层次人才的完美组合却被明令禁止的"高薪酬高待遇"拆解，当广东省一所大学开出高于原薪酬几倍的年薪以及其他诱人待遇时，这位高层次人才最终还是被挖走了。这种"依赖高薪酬高待遇竞价抢挖人才"的做法在大学高层次人才市场的运行过程中并不少见，但因政府规制内容的不周全而难以制止。二是制度设计中的盲区地带，这是更为严重的制度设计漏洞。晋升锦标赛制在给地方政府的人才工作注入强激励的同时也存在固有缺陷，"其激励政府官员的目标与政府职能的合理设计之间存在严重冲突"[1]，因而容易引发激励扭曲，地方政府对大学高层次人才这一高显示度绩效指标的过度迷恋便根源于此。当市场拥堵出现时，中央政府并没有制定"缓解拥堵"的规制措施。在《意见》和《通知》两项专门针对大学高层次人才流动的规范政策中均未提及地方政府。这根源于教育部作为中央政府的代理机构与地方政府之间并不构成上下级的隶属关系，没有约束地方政府行为的权力，从而使得地方政府处于无约束状态。这种制度设计中的盲区引发的负面效应从长期来看会损害国家利益。因为在地方政府的行动逻辑中，将大量财力用于"挖人"以达成人才工程可使其获得最大的"利润"，正如布迪厄所言，"资本通过生产权力来控制那些界定场域的普通功能的规律性和规则，并且，因此控制了在场域中产生的利润"[2]。据统计，目前我国31个省、自治区、直辖市的地方政府都已加入这场人才争夺大战，争相出台各自区域内的高层次人才引进政策，其过度竞才的行为却难以受到有效约束。

然而，如果模糊地方政府人才工作的责任，则又会将地方政府的行动逻辑引向制度激励缺失下的不作为。因而需要制定关于地方政府在人才引进中的约束性政策，以弥合政府规制中制度设计的漏洞，通过激励与约束并举引导地方政府行动的规范化是一种科学的规制思路，这需要注意五个关键性问题。其一，约束性政策需要由地方政府的直接上级出台，如国务院等。其二，约束性政策的内容主要包括围绕区域经济、大学发展的需要合理规划人才引进，科学配置人才的薪酬待遇防止竞争成本的无限抬升，

---

① 周黎安：《中国地方官员的晋升锦标赛模式研究》，《经济研究》2007 年第 7 期。
② 宫留记：《布迪厄的社会实践理论》，河南大学出版社，2009，第 106 页。

规范省市校三级人才称号以约束人才工程的行政发包，试行国家重要人才引进审批制以避免重要人才资源的浪费等几个方面，约束性政策文本的语言表述必须清晰、有具体所指且经过反复论证，同时对每一项行为约束都要列出违规后的惩罚措施、执行机构、执行时间等具体要求。其三，政策约束要合理适度，既能达到有效地约束地方政府基于利益寻租目的的竞才行动，又不至于削弱地方政府在引进大学高层次人才中的积极性，从而有效协调国家利益与地方利益。其四，政策执行要一以贯之，避免时松时紧诱发地方政府在政策执行过程中采取各种"变通"策略来达到中央政府要求的共谋行为，以及对中央政府的政策约束作出的策略性应对反应。其五，针对规制内容不周全中的制度设计漏洞，可在出台针对地方政府的约束性文本时加以修订、完善或补充，不涉及地方政府的规范性条款需要在今后其他规范政策的修订方案中加以补全。

## 三 通过人才流动中的成本补偿保护大学高层次人才市场的公平性，以更新政府规制方式

就政府规制方式而言，随着我国宏观治理模式由计划向市场的转轨，适应市场的规制方式迟迟"立"不起来，以致计划时期的规制思维渗透进市场化的治理体制中。在大学高层次人才市场的运作实践中，地方政府的竞才行动将这场人才争夺大战演绎为区域经济发展实力的较量，从而引发高层次人才市场的不公正性。当中西部与东北部地区的大学用相当高的成本培育出高层次人才时，却被东部地区的大学通过高薪酬轻而易举地挖走，并得不到任何赔偿。① 这种因先天禀赋不同所引发的结构性差异使得公平的价值追求难以在一种自由主义的竞争机制中实现。面对大学高层次人才市场中的不公正，中央政府试图通过政策性保护加以弥补，如在《通知》中提出"不鼓励东部高校从中西部、东北地区高校引进人才"。但这种保护策略不仅背离了高层次人才的成长规律（人才的成长需要合理流动），还是一种计划时期单位制式的规制方式。本质上，尽管以保护弱势地区高层次人才为目标的规制思维是我国大学高层次人才市场所需要的价

---

① 郭书剑、王建华：《"双一流"建设背景下我国大学高层次人才引进政策分析》，《现代大学教育》2017 年第 4 期。

值追求，但对弱势地区大学高层次人才的过度保护使得中央政府选择了滞后于市场发展、不能满足市场需求的规制方式，这无疑会束缚市场主体的手脚。

这种滞后于市场发展的规制方法难以从根本上保障大学高层次人才市场的顺利运行。在市场中，大学高层次人才基于学术生产力普遍承认基础之上的交换与流动具有合法性，而现行的规制方式却在背离这种合法性，故而导致市场主体的行动困境。本质上，一种束缚人才自由流动的规制方式是不合理的，它因否认高层次人才与大学之间的法律契约关系而解构了市场的本性，也不是一种能够保障弱势地区高校共同发展的有效方式。因而，从长远来看，这并不是一种达至公平的规制选择。基于此，对大学高层次人才市场公平性的追求应当更新规制方式，彻底破除计划思维的影响，让适应市场发展需要的规制方式"立"起来。

那么，通过关注人才流动中的成本补偿保护市场竞争的公平性是一种较为理性的选择，它顺应了大学高层次人才流动的市场化需求。在更新政府规制方式的过程中需要注意三个关键性问题。其一，打破短期视野，基于长远眼光，成本补偿不应仅针对中西部、东北部弱势地区的大学，而是应该面向全体，不仅东部地区需要补偿弱势地区的培养成本，当弱势地区的大学成功竞争到东部地区的大学高层次人才时同样需要偿付东部地区大学在人才培养中的成本投入。其二，设计科学的竞争成本组成结构并推动实施，竞争成本应包含大学的补偿成本与高层次人才的薪酬两部分，明确大学的补偿成本与高层次人才薪酬的比例，提倡大学补偿成本高于高层次人才薪酬的划分方式。其三，探索使竞争成本趋向合理化的配套机制，一方面可以借鉴美国政府对大学竞争成本的规制策略，设置大学高层次人才竞争价格的"最高上限"，以遏制竞价成本无限抬升的发展态势，从而将大学高层次人才的竞争成本限定在合理的区间之内。

## 四 建立高层次人才流动的信用体系，努力创设有利于高层次人才市场运行的良好环境

我国政府规制理论学者认为，社会信用体系的缺失是引发市场经济秩序混乱和失序的重要原因。在流动的过程中，大学高层次人才在高薪"引诱"下以撕毁合同的极端方式实现强行流动的行为暴露出我国大学高层次

人才流动的信用体系并未建立起来。信用体系的缺失使得社会大众习惯以一种先入为主的偏见看待大学高层次人才的流动行为，甚至一些正当的流动行为也被质疑，从而破坏了大学高层次人才市场得以良好运行的外部环境。

为避免这种消极效应的持续扩散，政府需要健全大学高层次人才流动的信用体系，努力创设并营造一种有利于大学高层次人才市场运行的良好环境和舆论氛围。对处于发展初期的大学高层次人才市场而言，需要注意四个关键性问题。其一，大学高层次人才信用体系建设应以预防违约行为出现为主旨，同时加大对已出现的违约行为的惩戒力度，应以荣誉性惩治为主、经济性惩治为辅。可以以 2014 年 6 月国务院印发的《社会信用体系建设规划纲要（2014—2020 年）》为指导，利用大数据开展信息化的大学高层次人才流动契约管理，以守信激励和违约惩罚为具体执行方式。其二，要认真明辨正当性流动和非正当性流动，切忌以一种固化的思维方式对所有的流动行为进行"一刀切"式的价值误判，谨防"劣币驱逐良币"现象的出现。其三，对非正当性流动这一失范行为要多一些理解和宽容，给大学高层次人才流动更多试错的机会，要看到失范行为的出现是大学高层次人才市场从初级阶段发展到成熟阶段必然需要付出的代价。如同不能因为市场失灵的存在而不要市场经济一样，即使在发达的市场体系中，这种情况也无法幸免。其四，保障大学高层次人才流动与国家战略需求相契合，制定大学高层次人才流动与西部大开发、振兴东北老工业基地和"一带一路"倡议等国家重大发展战略相一致的具体流动程序、流动方式与流动规则，协调好大学高层次人才个人利益与国家利益之间的关系。

# 参考文献

## 一 著作

〔美〕埃尔文·E.罗斯：《共享经济：市场设计及其应用》，傅帅雄译，机械工业出版社，2016。

〔美〕查尔斯·K.威尔伯主编《发达与不发达问题的政治经济学》，中国社会科学出版社，1984。

〔美〕查尔斯·霍默·哈斯金斯：《大学的兴起》，梅义征译，上海三联书店，2007。

〔美〕查尔斯·维特斯：《一流大学 卓越校长：麻省理工学院与研究型大学的作用》，蓝劲松主译，北京大学出版社，2008。

〔美〕菲利普·G.阿特巴赫：《高等教育变革的国际趋势》，蒋凯主译，北京大学出版社，2009。

〔美〕菲利普·G.阿特巴赫：《比较高等教育：知识、大学与发展》，人民教育出版社教育室译，人民教育出版社，2001。

〔美〕菲利普·G.阿特巴赫：《失落的精神家园：发展中与中等收入国家大学教授职业透视》，施晓光译，中国海洋大学出版社，2006。

〔美〕菲利普·阿特巴赫、利斯·瑞丝伯格、玛利亚·优德科维奇、葛雷戈利·安卓希查克、伊凡·F.帕切克主编《高校教师的薪酬：基于收入与合同的全球比较》，徐卉、王琪译校，上海交通大学出版社，2014。

〔德〕弗里德里希·包尔生：《德国大学与大学学习》，张弛、郗海霞、耿益群译，人民教育出版社，2009。

宫留记：《布迪厄的社会实践理论》，河南大学出版社，2009。

〔英〕海斯汀·拉斯达尔：《中世纪的欧洲大学——大学的起源》，崔延强、邓磊译，重庆大学出版社，2011。

黄福涛主编《外国高等教育史》，上海教育出版社，2003。

黄国辉：《劳尔·普雷维什经济思想研究》，南开大学出版社，2003。

〔英〕霍布斯：《利维坦》，黎思复、黎廷弼译，杨昌裕校，商务印书馆，1985。

〔美〕克拉克·克尔：《大学之用》（第5版），高铦、高戈、汐汐译，北京大学出版社，2008。

〔美〕罗纳德·S. 伯特：《结构洞：竞争的社会结构》，任敏、李璐、林虹译，格致出版社，2017。

〔法〕米歇尔·福柯：《安全、领土与人口》，钱翰、陈晓径译，上海人民出版社，2010。

〔法〕米歇尔·福柯：《自我技术：福柯文选Ⅲ》，汪民安编，北京大学出版社，2016。

潘奇：《知识世界的漫游者：西方大学教师国际流动的历史》，高等教育出版社，2016。

曲恒昌、曾晓东：《西方教育经济学研究》，北京师范大学出版社，2000。

施晓光：《美国大学思想论纲》，北京师范大学出版社，2001。

陶遵谦主编《国外高等学校教师聘任及晋升机制》，华东师范大学出版社，1984。

田玲编《中国高等教育对外交流现象研究》，民族出版社，2003。

〔瑞士〕瓦尔特·吕埃格：《欧洲大学史》（第2卷），贺国庆、王保星、屈书杰等译，河北大学出版社，2008。

王英杰、刘宝存：《世界一流大学的形成与发展》（上），山西教育出版社，2008。

王延芳主编《美国高等教育史》，福建教育出版社，1995。

〔德〕威廉·冯·洪堡：《论国家的作用》，林荣远、冯兴元译，中国社会科学出版社，2016。

〔比利时〕希尔德·德·里德-西蒙斯主编《欧洲大学史：近代早期的欧洲大学（1500—1800）》，贺国庆等译，河北大学出版社，2007。

〔法〕雅克·勒戈夫：《中世纪的知识分子》，张弘译，卫茂平校，商务印书馆，1996。

〔英〕约翰·穆勒:《政治经济学原理及其在社会哲学上的若干应用》（上卷），赵荣潜、桑炳彦、朱泱等译，胡企林、朱泱校，商务印书馆，1991。

〔美〕约翰·斯科特、彼得·J.卡林顿主编《社会网络分析手册》（下册），刘军、刘辉译，重庆大学出版社，2018。

张红凤:《西方规制经济学的变迁》，经济科学出版社，2005。

周雪光:《组织社会学十讲》，社会科学文献出版社，2003。

Ben Wildavsky, *The Great Brain Race: How Global Universities are Reshaping the World*, Princeton University Press, 2010.

Cao Cong, *China's Scientific Elite*, Routledge Curzon, 2004.

C. J. Russo, *Handbook of Comparative Higher Education Law*, Maryland: Rowman and Littlefield Education, 2013.

David Kirp, *Shakespeare, Einstein, and the Bottom Line: The Marketing of Higher Education*, Harvard University Press, 2003.

Eugene-Benge, John-Hickey, *Morale and Motivation: How to Measure Morale and Increase Productivity*, New York: Franklin Watts, 1984.

J. E. Caines, *Some Leading Principles of Political Economy*, New York: Harper, 1874.

J. H. Colf, S. Cole, *Social Stratification in Science*, Chicago: University of Chicago Press, 1973.

J. L. Price, *The Study of Turnover*, Ames: Iowa State University Press, 1977.

J. M. Moxley, L. T. Lenker, *The Politics and Process of Scholarship*, Greenwood Press, 1955.

Joseph-Ben-David, *Centers of Learning: Britain, France, Germany, United States*, New York: Mc Graw-Hill Book Company, 1977.

Koen-Jonkers, *Migration and the Chinese Scientific Research System*, Lon-don: Routledge, 2010.

Laurence R. Veysey, *The Emergence of the American University*, University of Chicago Press, 1965.

M. Dobbins, C. Knill, *Higher Education Governance and Policy Change in Western Europe: International Challenges to Historical Institutions*, New York:

Palgrave Macmillan, 2014.

Michele Rostan, Ester Ava Hohle, *The Internationlization of the Academy*, London: Routledge, 2013.

Norman John Greville Pounds, *An Economic History of Medieval Europe*, Langman Group Limited, 1994.

Philip G. Altbach, Liz Reisberg, Maria Yudkevich, Gregory Androushchak, Ivan F. Pacheco, *Paying the Professoriate: A Global Comparison of Compensation and Contract*, New York: Routledge, 2012.

Robert-Hoppock, *Job Satisfaction*, New York: Harper & Brothers Publishers, 1935.

Roger L. Geiger, *To Advance Knowledge: The Growth of American Research Universities*, 1900 – 1940, Transaction Publisher, 2004.

Sheldon Rothblatt, Bjorn Wittrock, *The European and American University since 1880*, Cambridge University Press, 1993.

T. Calpow, R. Mcgee, *The Academic Marketplace*, New York: Transaction Publishers, 1958.

William Clark, *Academic Charisma and the Origins of the Research University*, Chicago: University of Chicago Press, 2006.

## 二 论文

鲍雪莹、陈贡、刘木林：《基于履历信息的国际科技人才特征分析——以近十年诺贝尔物理、化学、生理或医学奖得主为例》，《现代情报》2014 年第 9 期。

陈波：《从人才流失到人才环流：一个理论模型》，《国际商务研究》2015 年第 5 期。

陈广汉、曾奕、李军：《劳动力市场分割理论的发展与辨析》，《经济理论与经济管理》2006 年第 2 期。

陈丽媛、荀渊：《学术人才国际流动如何影响科研产出——以四所"双一流"建设高校的经济学科为例》，《教育发展研究》2020 年第 21 期。

陈瑞娟：《新发展阶段海外华侨华人高层次人才回流趋势研究》，《青年探索》2021 年第 4 期。

陈晓剑、李峰、刘天卓：《基础研究拔尖人才的关键成长路径研究——基于 973 计划项目首席科学家的分析》，《科学学研究》2011 年第 1 期。

陈晓毅：《人才外流、空间外溢与人力资本积累》，《西北人口》2013 年第 4 期。

陈越、黄明东：《学术人才回流经济动因分析》，《高教发展与评估》2020 年第 6 期。

程贯平：《劳动力市场分割文献述评》，《西华大学学报》（哲学社会科学版）2005 年第 3 期。

程莹、张美云、俎媛媛：《中国重点高校国际化发展状况的数据调查与统计分析》，《高等教育研究》2014 年第 8 期。

董国辉：《经济全球化与"中心—外围"理论》，《拉丁美洲研究》2003 年第 2 期。

方陵生：《人才流动和不断更新的观念正在塑造——全球科学新格局》，《世界科学》2012 年第 12 期。

冯伯麟：《教师工作满意及其影响因素的研究》，《教育研究》1996 年第 2 期。

傅淳华、杨小兰、邵珮翔：《教师国际流动经验的域外视野》，《比较教育研究》2020 年第 1 期。

高阵雨、陈钟、王长锐、刘益宏：《我国高层次科技人才流动情况探析：以国家杰出青年科学基金获资助者为例》，《中国科学基金》2019 年第 4 期。

郭洪林、甄峰、王帆：《我国高等教育人才流动及其影响因素研究》，《清华大学教育研究》2016 年第 1 期。

郭美荣、彭洁、赵伟、屈宝强：《中国高层次科技人才成长过程及特征分析——以"国家杰出青年科学基金"获得者为例》，《科技管理研究》2011 年第 1 期。

郭书剑、王建华：《"双一流"建设背景下我国大学高层次人才引进政策分析》，《现代大学教育》2017 年第 4 期。

韩亚菲、马万华：《北京市高校教师国际流动的现状及其影响因素的实证研究》，《中国成人教育》2015 年第 13 期。

何洁、王灏晨、郑晓瑛：《高校科技人才流动意愿现况及相关因素分析》，

《人口与发展》2014年第3期。

黄海刚、连洁：《海外经历会影响大学高层次人才流动吗?》，《教育与经济》2019年第6期。

黄海刚、曲越、白华：《中国高端人才的地理流动、空间布局与组织集聚》，《科学学研究》2018年第12期。

黄海刚、曲越：《孔雀东南飞：经济转型与精英科学家流动》，《华中科技大学学报》（社会科学版）2019年第3期。

黄海刚、曲越、连洁：《中国高端人才过度流动了吗——基于国家"杰青"获得者的实证分析》，《中国高教研究》2018年第6期。

贾玲玲、刘筱敏：《科研机构高层次科技人才流动特征分析——以中科院重点支持的高层次科技人才为例》，《科技促进发展》2020年第5期。

姜朝晖：《高校人才合理有序流动：理论之维与实践之径》，《高校教育管理》2017年第5期。

姜怀宇、徐效坡、李铁立：《1990年代以来中国人才分布的空间变动分析》，《经济地理》2005年第5期。

赖德胜：《分割的劳动力市场理论评述》，《经济学动态》1996年第11期。

黎庆兴、李德显：《推拉理论视域下高校人才流动困境及其治理路径》，《江苏高教》2021年第10期。

李宝元：《人力资本国际流动与中国人才外流危机》，《财经问题研究》2009年第5期。

李峰、孙梦园：《本科出身决定论?——学术精英的职业流动和职业发展分析》，《高教探索》2019年第10期。

李峰、徐付娟、郭江江：《京津冀、长三角、粤港澳科技人才流动模式研究——基于国家科技奖励获得者的实证分析》，《科学学研究》2022年第3期。

李福华：《高等学校人才柔性流动的问题及其治理》，《江苏高教》2010年第6期。

李福华：《高校人才柔性流动中的机会主义倾向及其治理》，《教育发展研究》2009年第1期。

李广平：《教师工作士气的构成与激发》，《社会科学战线》2005年第5期。

李立国：《建立合理有序的高校教师流动机制研究》，《国家教育行政学院学报》2010 年第 1 期。

李丽萍、沈文钦、赵芳祺:《精英大学教师的学缘结构及其十年变化趋势——以化学学科为例》,《教育学术月刊》2019 年第 10 期。

李梅:《中国留美学术人才回国意向及其影响因素分析》,《复旦教育论坛》2017 年第 2 期。

李瑞、吴殿廷、鲍捷、邱研、王维:《高级科学人才集聚成长的时空格局演化及其驱动机制——基于中国科学院院士的典型分析》,《地理科学展》2013 年第 7 期。

李潇潇、左玥、沈文钦:《谁获得了精英大学的教职——基于北大、清华 2011—2017 年新任教师的履历分析》,《中国高教研究》2018 年第 8 期。

李秀珍、马万华:《来华留学生就业流向的影响因素研究——基于推拉理论的分析视角》,《教育学术月刊》2013 年第 1 期。

李志峰、谢家建:《学术职业流动的特征与学术劳动力市场的形成》,《教育评论》2008 年第 5 期。

李志峰、谢家建:《中国学术职业流动的内外部因素分析》,《大连理工大学学报》(社会科学版)2007 年第 4 期。

李志峰、易静:《美国学术职业流动的类型与特征》,《比较教育研究》2009 年第 2 期。

李志锋、魏迪:《高校教师流动的微观决策机制——基于"四力模型"的解释》,《高等教育研究》2018 年第 7 期。

梁攀科:《中心—外围理论的发展及其对中国的启示》,《科技情报开发与经济》2007 年第 29 期。

梁珊珊:《欧盟教师国家间流动的特点及相关政策研究》,《比较教育研究》2012 年第 9 期。

廖志琼、李志峰、孙小元:《不完全学术劳动力市场与高校教师流动》,《江汉论坛》2016 年第 8 期。

林杰:《中美两国大学教师"近亲繁殖"之比较》,《高等教育研究》2009 年第 12 期。

刘进、哈梦颖:《世界一流大学学术人才向中国流动的规律分析——"一带一路"视角》,《比较教育研究》2017 年第 11 期。

刘进、沈红:《大学教师流动与学术职业发展:基于对二战后的考察》,

《清华大学教育研究》2014 年第 2 期。

刘进、沈红：《大学教师流动与学术职业发展——基于对中世纪大学的考察》，《高校教育管理》2015 年第 3 期。

刘进、沈红：《论学术劳动力市场分割》，《高等工程教育研究》2015 年第 4 期。

刘进、沈红：《中国研究型大学教师流动：频率、路径与类型》，《复旦教育论坛》2014 年第 1 期。

刘进：《学术职业流动：中日对比研究——中国 M 大学与日本 N 大学的教师流动情况实证分析》，《中国高教研究》2019 年第 4 期。

刘进、闫晓敏、罗艳、刘真：《"一带一路"学术职业流动与国际化——基于对 30 个沿线国家大学教师简历的分析》，《高校教育管理》2018 年第 3 期。

柳瑛、薛新龙、苏丽锋：《中国高端人才布局与流动特征研究——以长江学者特聘教授为例》，《中国科技论坛》2021 年第 2 期。

鲁晓：《海归科学家的社会资本对职业晋升影响的实证研究》，《科学与社会》2014 年第 2 期。

吕文晶、刘进：《中国"工科类"大学教师的流动——一项大数据分析》，《技术经济》2018 年第 1 期。

孟大虎：《劳动力市场分割：理论演进及对就业问题的解释》，《天府新论》2005 年第 4 期。

孟晋宇、陈向东：《中国海归学者科研产出分析及国际合作启示——以麻省理工学院和斯坦福大学归国人员为例》，《北京航空航天大学学报》（社会科学版）2017 年第 6 期。

卿素兰：《中西部高校教师流动的现状考察与对策建议——基于中西部"一省一校"重点建设大学的分析》，《西南大学学报》（社会科学版）2021 年第 6 期。

沈红：《论学术职业的独特性》，《北京大学教育评论》2011 年第 3 期。

施云燕：《跨国流动经历对科研人员职业发展的影响分析》，《技术与创新管理》2017 年第 5 期。

宋旭璞、潘奇：《学术精英国际流动的影响因素：历史数据的实证探索》，《全球教育展望》2019 年第 5 期。

宋艳涛、李燕、黄鲁成:《海外人才回流对经济增长作用的实证研究》,《山西财经大学学报》2012 年第 S3 期。

孙敏:《关于人才流动的条件和正负面效应分析》,《社科纵横》2007 年第 2 期。

陶爱萍、刘志迎:《国外政府规制理论研究综述》,《经济纵横》2003 年第 6 期。

汪怿:《学术人才国际流动及其启示》,《教育发展研究》2006 年第 7 期。

王慧英:《我国高校教师流动政策执行中的多利益主体》,《现代教育管理》2012 年第 1 期。

王健、王红梅:《中国特色政府规制理论新探》,《中国行政管理》2009 年第 3 期。

王全纲、赵永乐:《全球高端人才流动和集聚的影响因素研究》,《科学管理研究》2017 年第 1 期。

王双、赵筱媛、潘云涛、王运红:《学术谱系视角下的科技人才成长研究——以图灵奖人工智能领域获奖者为例》,《情报学报》2018 年第 12 期。

魏浩、赵春明、申广祝:《全球人才跨国流动的动因、效应与中国的政策选择》,《世界经济与政治论坛》2009 年第 6 期。

魏立才:《海外青年理工科人才回国流向及其影响因素研究》,《高等教育研究》2019 年第 6 期。

文嫮:《全球化背景下人才跨国环流与地方产业发展研究》,《科技进步与对策》2008 年第 6 期。

吴殿廷、李东方、刘超、张若、顾淑丹、蔡春霞:《高级科技人才成长的环境因素分析——以中国两院院士为例》,《自然辩证法研究》2003 年第 9 期。

吴伟伟:《高等学校教师流动管制与师资配置效率》,《高教探索》2017 年第 6 期。

吴娴:《中日大学教师国际流动性的比较研究——基于亚洲学术职业调查的分析》,《苏州大学学报》(教育科学版) 2017 年第 2 期。

吴叶林、熊春荣:《全球化背景下学术职业流动与大学学术劳动力市场的思考》,《煤炭高等教育》2010 年第 6 期。

夏纪军:《近亲繁殖与学术退化——基于中国高校经济学院系的实证研

究》，《北京大学教育评论》2014 年第 4 期。

向丹、李华星：《教师国际流动现状及其对高校创新能力提升研究》，《西北工业大学学报》（社会科学版）2012 年第 3 期。

肖颖：《劳动力市场分割理论的文献综述》，《商场现代化》2009 年第 11 期。

谢冬平：《人才项目嵌入与高校学术劳动力市场状态审视》，《高校教育管理》2017 年第 6 期。

谢延龙、李爱华：《教师流动伦理：意蕴、困境与出路》，《现代教育管理》2014 年第 4 期。

熊进：《大学学术发展中的"国家能力"：表现、限度与释放》，《大学教育科学》2016 年第 2 期。

熊进：《科层制嵌入项目制：大学学术治理的制度审思》，《现代大学教育》2016 年第 3 期。

徐娟：《大学高层次人才竞争中的经济资本激励：多维视角的透析》，《国家教育行政学院学报》2018 年第 5 期。

徐娟、贾永堂：《大学高层次人才流动乱象及其治理——基于政府规制与市场设计理论的探析》，《高校教育管理》2019 年第 3 期。

徐娟、王建平：《中国大学高层次青年人才流动的影响因素——基于 5 类项目人才履历追踪的实证研究》，《现代大学教育》2021 年第 3 期。

徐娟、王泽东：《我国大学高层次人才流动规律研究——来自 6 类项目人才简历的实证分析》，《高校教育管理》2020 年第 2 期。

徐娟：《学术制度变革与我国大学高层次人才流动的变迁——来自我国 6 类项目人才履历的实证证据》，《中国高教研究》2020 年第 3 期。

徐倪妮、郭俊华：《科技人才流动的宏观影响因素研究》，《科学学研究》2019 年第 3 期。

许长青：《新常态下的教师流动与合理配置：基于劳动力市场的分析框架》，《现代教育管理》2016 年第 7 期。

许家云、李平、王永进：《跨国人才外流与中国人力资本积累——基于出国留学的视角》，《人口与经济》2016 年第 3 期。

许家云、李淑云、李平：《制度质量、制度距离与中国智力回流动机》，《科学学研究》2013 年第 3 期。

闫丽雯：《"双一流"视域下高校人才竞争的问题、根源与破解路径》，

《黑龙江高教研究》2020 年第 9 期。

阎光才：《学术生命周期与年龄作为政策的工具》，《北京大学教育评论》
2016 年第 4 期。

阎光才：《学术系统的分化结构与学术精英的生成机制》，《高等教育研究》
2010 年第 3 期。

阎光才：《亚努斯的隐喻——去行政化语境下的学术精英角色与权力内涵
分析》，《复旦教育论坛》2010 年第 5 期。

杨芳娟、刘云、侯媛媛、漆艳茹：《中国高被引学者的跨国流动特征和影
响——基于论文的计量分析》，《科学学与科学技术管理》2017 年第
9 期。

杨华祥、黄启兵：《美、德高校教师流动机制比较研究》，《比较教育研究》
2008 年第 5 期。

杨雪英：《高校教师工作满意度研究综述》，《现代交际》2010 年第 6 期。

杨永华：《马克思与激进学派：中心外围理论比较研究》，《孝感学院学报》
2004 年第 5 期。

姚荣：《德国大学自治公法规制的经典内涵与现代诠释》，《高等教育研究》
2017 年第 10 期。

叶晓梅、梁文艳：《海归教师真的优于本土教师吗？——来自研究型大学
教育学科的证据》，《教育与经济》2019 年第 1 期。

殷凤春：《沿海地区青年人才流动趋向规律研究》，《人民论坛》2016 年第
11 期。

俞宙明：《德国精英倡议计划和高校差异化进程》，《德国研究》2013 年第
2 期。

袁曦临、曹春和：《基于学术生命周期理论的高校人才价值评价》，《科技
管理研究》2009 年第 8 期。

张东海、袁凤凤：《高校青年"海归"教师对我国学术体制的适应》，《教
师教育研究》2014 年第 5 期。

张红凤：《西方政府规制理论变迁的内在逻辑及其启示》，《教学与研究》
2006 年第 5 期。

张会恒：《政府规制理论国内研究述评》，《经济管理》2005 年第 9 期。

张茂聪、李睿：《人力资本理论视域下高校教师的流动问题研究》，《高校

教育管理》2017 年第 5 期。

张松涛、关忠诚：《科技人才的教育经历研究——以中国科学院杰出青年为例》，《中国科技论坛》2015 年第 12 期。

张晓娜：《学者学术年龄对学术生命周期的影响分析》，《内蒙古科技与经济》2019 年第 19 期。

张再生：《中国的智力回流及其引致机制研究》，《人口学刊》2003 年第 6 期。

张昭时、钱雪亚：《劳动力市场分割理论：理论背景及其演化》，《重庆大学学报》（社会科学版）2009 年第 6 期。

赵玲、李全喜：《研究机构科技工作者职业流动成因与前景》，《科学学与科学技术管理》2009 年第 10 期。

赵世超、田建荣：《创建合理有序的高校人才流动机制》，《高等教育研究》2003 年第 4 期。

郑巧英、王辉耀、李正风：《全球科技人才流动形式、发展动态及对我国的启示》，《科技进步与对策》2014 年第 13 期。

周光礼：《委托－代理视野中的学术职业管理：中国大学教师聘任制改革的理论依据与制度设计》，《现代大学教育》2009 年第 2 期。

周亮、张亚：《中国顶尖学术型人才空间分布特征及其流动趋势——以中国科学院院士为例》，《地理研究》2019 年第 7 期。

周强：《内地高校青年教师流动状况分析——对安徽省 387 名流动青年教师的调查》，《青年研究》1998 年第 1 期。

周巧玲：《高校学术人才流失：从学术人员管理角度的思考》，《教师教育研究》2004 年第 5 期。

周志发：《南非教师国际流动探析》，《比较教育研究》2012 年第 12 期。

朱敏、高越：《智力外流对中国技术创新的影响——基于地区差异的实证研究》，《科学学与科学技术管理》2012 年第 10 期。

祝维龙、苏丽锋：《高校哲学社会科学高端人才分布及流动特点研究——基于国家社科基金重大项目首席专家的分析》，《教育经济评论》2021 年第 3 期。

宗农：《优秀拔尖人才成长规律探微——从改革开放后大学毕业的两院院士的高等教育经历说起》，《中国高等教育》2005 年第 Z2 期。

邹绍清、何春：《国际人才流动趋向与各国回流方略探析》，《重庆工业高
等专科学校学报》2004 年第 1 期。

Agnes-Bäker, "Non-tenured Post-doctoral Researchers' Job Mobility and Re-
search Output: An Analysis of the Role of Research Discipline, Depart-
ment Size, and Coauthors," *Research Policy*, 2015, 44 (3).

Alexander M. Petersen, "Multiscale Impact of Researcher Mobility," *Journal of
the Royal Society Interface*, 2018.

Allan-M. Williams, Vladimir-Baláž, "International Return Mobility, Learning
and Knowledge Transfer: A Case Study of Slovak Doctors," *Social Science &
Medicine*, 2008, 67 (11).

Ana-Delicado, "Going Abroad to do Science: Mobility Trends and Motivations
of Portuguese Eesearchers," *Science Studies*, 2010, 23 (2).

Andrew Mountford, "Can a Brain Drain be Good for Growth in the Source Econ-
omy?" *Journal of Development Economics*, 1997, 53 (2).

AnnaLee-Saxenian, "Brain Circulation: How High-Skill Immigration Makes Eve-
ryone Better Off," *The Brookings Review*, 2002, 20 (1).

Anthony R. Welch, "The Peripatetic Professor: The Internationalisation of the
Academic Profession," *Higher Education*, 1997, 34 (3).

A. -Saxenian, "From Brain Drain to Brain Circulation: Transnational Communi-
ties and Regional Upgrading in India and China," *Studies in Comparative
International Development*, 2005, 40 (2).

A. Shachar, "The Race for Talent: Highly Skilled Migrants and Competitive Im-
migration Regimes," *Social Science Electronic Publishing*, 2006, 81 (1).

Brendan Cantwell, "Transnational Mobility and International Academic Employ-
ment: Gatekeeping in an Academic Competition Arena," *Minerva*, 2011,
49 (4).

Brenda-S. A. Yeoh, Shirlena-Huang, "Introduction: Fluidity and Friction in
Talent Migration," *Journal of Ethnic and Migration Studies*, 2011, 37
(5).

Cañibano Carolina, Bozeman Barry, "Curriculum Vitae Method in Science Poli-
cy and Research Evaluation: The State-of-the-art," *Research Evaluation*,

2009, 18 (2).

Chiara-Franzoni, G. Scellato, P. Stephan, "Foreign-born Scientists: Mobility Patterns for 16 Countries," *Nature Biotechnology*, 2012, 30 (12).

Chrysovalantis Vasilakis, "Does Talent Migration Increase Inequality? A Quantitative Assessment in Football Labour Market," *Journal of Economic Dynamics and Control*, 2017, 85.

Daniel-Schiller, Javier-Revilla-Diez, "The Impact of Academic Mobility on the Creation of Localized Intangible Assets," *Regional Studies*, 2012, 46 (10).

David F. Labaree, "Understanding the Rise of American Higher Education: How Complexity Breeds Autonomy," *Peking University Education Review*, 2010, 31 (3).

David M. Hoffman, "Changing Academic Mobility Patterns and International Migration," *Journal of Studies in International Education*, 2008, 13 (3).

David Zweig, "Competing for Talent: China's Strategies to Reverse the Brain Drain," *International Labour Review*, 2006.

David-Zweig, S. F. Chung, W. Vanhonacker, "Rewards of Technology: Explaining China's Reverse Migration," *Journal of International Migration and Integration*, 2006, 7 (4).

Diana Crane, "The Academic Marketplace Revisited: A Study of Faculty Mobility Using the Cartter Ratings," *American Journal of Sociology*, 1970, 75 (6).

D. J. Bogue, "A Migrants-eye View of the Cost and Benefits of Migration to a Metropolis," *Internal Migration*, 1977.

Ernst-G. Ravenstein, "The Laws of Migration," *Journal of the Royal Statistical Society*, 1889, 52 (2).

Everett-S. -Lee, "A Theory of Migration," *Demography*, 1966, 3 (1).

F. Henk, Halevi G. Moed, "A Bibliometric Approach to Tracking International Scientific Migration," *Scientometrics*, 2014, 101 (3).

Frances-F. Fuller, "Concerns of Teachers: A Developmental Conceptualization," *American Educational Research Journal*, 1969 (2).

G. Beijer, "The Brain Drain from the Developing Countries and the Need for the

Immigration of Intellectuals and Professionals," *International Migration*, 1967, 5 (3–4).

George Stigler, "The Theory of Economic Regulation," *Journal of Economics and Management Science*, 1971, 2 (1).

Giuseppe Scellato, Chiara Franzoni, Paula Stephan, "Migrant Scientists and International Networks," *Research Policy*, 2015, 44 (1).

G. M. Sylvia, Van De Bunt-Kokhuis, "Going Places: Social and Legal Aspects of International Faculty Mobility," *Higher Education in Europe*, 2000, 25 (1).

Gordon H. Hanson, "Market Potential, Increasing Returns and Geographic Concentration," *Journal of International Economics*, 2004, 67 (1).

Hanna Hottenrott, Cornelia Lawson, "Flying the Nest: How the Home Department Shapes Researchers' Career Paths," *Studies in Higher Education*, 2017, 42 (6).

Harald Bauder, "The International Mobility of Academics: A Labor Market Perspective," *International Migration*, 2015, 53 (1).

Hugo Horta, Francisco M. Veloso, Rócio Grediaga, "Navel Gazing: Academic Inbreeding and Scientific Productivity," *Management Science*, 2010, 56 (3).

Jack H. Schuster, "Emigration, Internationalization, and 'Brain Drain': Propensities among British Academics," *Higher Education*, 1994, 28 (4).

Jagdish-Bhagwati, K. Hamada, "The Brain Drain, International Integration of Markets for Professionals and Unemployment," *Journal of Development Economics*, 1974, 1 (1).

J. B. Meyer, "Network Approach Versus Brain Drain: Lessons from the Diaspora," *International Migration*, 2001, 39 (5).

Jeffrey Allan Johnson, "Dilemmas of 19th-century Liberalism among German Academic Chemists: Shaping a National Science Policy from Hofmann to Fischer, 1865–1919," *Annals of Science*, 2015, 72 (2).

J. Gibson, D. McKenzie, "The Economic Consequences of 'Brain Drain' of the Best and Brightest: Microeconomic Evidence from Five Countries," *The E-

*conomic Journal*, 2012, 122 (560).

Jöns Heike, " 'Brain Circulation' and Transnational Knowledge Networks: Studying Long-term Effects of Academic Mobility to Germany, 1954 – 2000," *Global Networks*, 2010, 9 (3).

John N. Parker, Christopher Lortie, Stefano Allesina, "Characterizing a Scientific Elite: The Social Characteristics of the Most Highly Cited Scientists in Environmental," *Scientometrics*, 2010, 85 (5).

John-Salt, "The Future of International Labor Migration," *International Migration Review*, 1992, 26 (4).

Karin Mayr, Giovanni Peri, "Brain Drain and Brain Return: Theory and Application to Eastern-Western Europe," *The B. E. Journal of Economic Analysis & Policy*, 2011, 9 (1).

Katherine-K. Newman, Paul-R. Burden, J. H. Applegate, "Helping Teachers Examine their Long—Range Development," *The Teacher Educator*, 1980 (4).

Ketevan Mamiseishvili, "Foreign-born Women Faculty Work Roles and Productivity at Research Universities in the United States," *Higher Education*, 2010, 60 (2).

Khalid Koser-, John-Salt, "The Geography of Highly Skilled International Migration," *International Journal of Population Geography*, 1997, 3 (4).

Kiong-Hock-Lee, J. P. Tan, "International Flow of Third Level Lesser Developed Country Students to Developed Countries: Determinants and Implications," *Higher Education*, 1984, 13 (6).

Koen Jonkers, Laura Cruz-Castro, "Research Upon Return: The Effect of International Mobility on Scientific Ties, Production and Impact," *Research Policy*, 2013.

Koen Jonkers, Robert Tijssen, "Chinese Researchers Returning Home: Impacts of International Mobility on Research Collaboration and Scientific Productivity," *Scientometrics*, 2008, 77 (2).

Lars-Nerdrum, B. Sarpebakken, "Mobility of Foreign Researchers in Norway," *Science and Public Policy*, 2006, 33 (3).

Laudeline-Auriol, "Careers of Doctorate Holders: Employment and Mobility

Patterns," *OECD Science, Technology and Industry Working Papers*, 2010 (4).

Laura Cruz-Castro, Luis Sanz-Menéndez, "Mobility Versus Job Stability: Assessing Tenure and Productivity Outcomes," *Research Policy*, 2010, 39 (1).

L. K. Johnsrud, R. H. Heck, V. J. Rosser, "Morale Matters: Midlevel Administrators and Their Intent to Leave," *The Journal of High Education*, 2000, 71 (1).

Long J. Scott, "Productivity and Academic Position in the Scientific," *American Sociological Review*, 1978, 43 (6).

L. Verginer, M. Riccaboni, "Talent Goes to Global Cities: The World Network of Scientists' Mobility," *Research Policy*, 2021, 50 (1).

Lyman-W. Porter, R. M. Steers, P. V. Boulian, "Organizational Commitment, Job Satisfactions and Turnover among Psychiatric Technicians," *Journal of Applied Psychology*, 1974, 59 (5).

Lynne-Zucker, M. Darby, M. Torero, "Labor Mobility from Academe to Commerce," *Journal of Labor Economics*, 2002, 20 (3).

Marijk Van Der Wende, "International Academic Mobility: Towards a Concentration of the Minds in Europe," *European Review*, 2015, 23 (S1).

Martin Loeb, Wesley Magat, "A Decentralized Method for Utility Regulation," *Journal of Law and Economics*, 1979, 22 (2).

Mary-E. McMahon, "Higher Education in a World Market: An Historical Look at the Global Context of International Study," *Higher Education*, 1992, 24 (4).

M. Granovetter, "Economic Action and Social Structure: The Problem of Embeddedness," *American Journal of Sociology*, 1985, 91.

Michaela Trippl, "Scientific Mobility and Knowledge Transfer at the Interregional and Intraregional Level," *Regional Studies*, 2013, 47 (10).

Michael Mulkay, "The Mediating Role of the Scientific Elite," *Social Studies of Science*, 1975 (2).

Michael-Roach, Henry-Sauermann, "A Taste for Science? PhD Scientists' Academic Orientation and Self-selection into Research Careers in Industry,"

*Research Policy*, 2010, 39 (3).

Michael R. Ransom, "Seniority and Monopsony in the Academic Labor Market," *The American Economic Review*, 1993, 83 (1).

Michael W. Matier, "Retaining Faculty: A Tale of Two Campuses," *Research in Higher Education*, 1990, 31 (1).

M. Sabatier, M. Carrere, V. Mangematin, "Profiles of Academic Activities and Careers: Does Gender Matter? An Analysis Based on French Life Scientist CVs," *The Journal of Technology Transfer*, 2006, 31 (3).

Nathan Glazer, "Regulating Business and the Universities: One Problem or Two?" *Public Interest*, 1979.

N. Coe, T. Bunnell, "'Spatializing' Knowledge Communities: Towards a Conceptualization of Transnational Innovation Networks," *Global Networks*, 2003, 3 (4).

Orlanda-Tavares, S. Cardoso, T. Carvalho, S. B. Sousa, R. Santiago, "Academic Inbreeding in the Portuguese Academia," *Higher Education*, 2014, 69 (6).

Paula-Stephan, G. Scellato, C. Franzoni, "International Competition for PhDs and Postdoctoral Scholars: What Does (and Does Not) Matter," *Innovation Policy and the Economy*, 2015, 15 (1).

Paul D. Allison, J. Scott Long, "Departmental Effects on Scientific Productivity," *American Sociological Review*, 1990, 55 (4).

Philip G. Altbach, "Globalisation and the University: Myths and Realities in an Unequal World," *Tertiary Education and Management*, 2004, 10 (1).

Philip-G. Altbach, "Perspectives on Internationalizing Higher Education," *International Higher Education*, 2002 (27).

P. Morgan, "Sponsored and Contest Mobility Revisited: An Examination of Britain and the USA Today," *Oxford Review of Education*, 1990, 16 (1).

Rachel A. Rosenfeld, J. A. Jones, "Institutional Mobility among Academics: The Case of Psychologists," *Sociology of Education*, 1986, 59.

R. B. Freeman, "Does Globalization of the Scientific/Engineering Workforce Threaten U. S. Economic Leadership?" *Innovation Policy and Econimy*,

2006, 6 (1).

Richard Posner, "Theories of Economic Regulation," *The Bell Journal of Economics and Management Science*, 1974, 5 (2).

Robert H. Topel, Michael P. Ward, "Job Mobility and the Careers of Young Men," *The Quarterly Journal of Economics*, 1992, 107 (2).

Roger-G. Baldwin, C. J. Lunceford, K. E. Vanderlinden, "Faculty in the Middle Years: Illuminating an Overlooked Phase of Academic Life," *The Review of Higher Education*, 2005, 29 (1).

Rosalie-L. -Tung, "Brain Circulation, Diaspora, and International Competitiveness," *European Management Journal*, 2008, 26 (5).

Rosalind S. Hunter, Andrew J. Oswald, Bruce G. Charlton, "The Elite Brain Drain," *Economic Journal*, 2009, 119 (538).

Sam Peltzman, "Toward a More General Theory of Regulation," *Journal of Law and Economics*, 1976, 19 (2).

Sari-Pekkala-Kerr, W. R. Kerr, C. Ozden-et al. , "Global Talent Flows," *Journal of Economic Perspectives*, 2016, 30 (4).

Sergio Celis, Kim Jeongeun, "The Making of Homophilic Networks in International Research Collaborations: A Global Perspective from Chilean and Korean Engineering," *Research Policy*, 2018.

Showkat Ali, Giles Carden, Benjamin Culling-et al. , "Elite Scientists and Global Academic Competition," *University of Warwick*, 2009.

Showkat Ali, Giles Carden, Benjamin Culling-et al. , "Elite Scientists and the Global Brain Drain," *Warwick Economic Research Papers*, 2007.

Shulamit-Kahn, Megan-MacGarvie, "Do Return Requirements Increase International Knowledge Diffusion? Evidence from the Fulbright Program," *Research Policy*, 2016, 45 (6).

Simon Appleton, W. John Morgan, Amanda Sives, "Should Teachers Stay at Home? The Impact of International Teacher Mobility," *Journal of International Development*, 2006.

S. J. Dietz, I. Chompolov, B. Bozeman, et al. , "Using the Curriculum Vita to Study the Career Paths of Scientists and Engineers: An Exploratory Assessment," *Scientometrics*, 2000, 49 (3).

Stephen C. Ferruolo, " 'Quid Dant Artes Nisi Luctum?': Learning, Ambition, and Careers in the Medieval University," *History of Education Quarterly*, 1988, 28 (1).

Teichler Ulrich, "Mobility and Internationality of Academics in the Humanities and Social Sciences," *European Review*, 2016, 24 (2).

Terri Kim, "Shifting Patterns of Transnational Academic Mobility: A Comparative and Historical Approach," *Comparative Education*, 2009, 45 (3).

Terry-A. Beehr, John-E. Newman, "Job Stress, Employee Health, and Organizational Effectiveness: A Facet Analysis," *Model, and Literature Review*, 1978, 31.

Theodore-Eisenberg, Martin-T. Wells, "Inbreeding in Law School Hiring: Assessing the Performance of Faculty Hired from within," *The Journal of Legal Studies*, 2000, 29 (S1).

T. Mazzarol, G. N. Soutar, " 'Push-Pull' Factors Influencing International Student Destination Choice," *International Journal of Education Management*, 2002, 16 (2).

Ulrich Teichler, Alessandro Cavalli, "The Diverse Patterns and the Diverse Causes of Migration and Mobility in Science," *European Review*, 2015, 23 (1).

U. Teichler, "Academic Mobility and Migration," *European Review*, 2015 (1).

Val Burris, "The Academic Caste System: Prestige Hierarchies in PhD Exchange Networks," *American Sociological Review*, 2004, 69 (2).

Vicki-J. Rosser, "Faculty Members' Intentions to Leave: A National Study on Their Worklife and Satisfaction," *Research in Higher Education*, 2004, 45 (3).

Wang Xianwen, MaoWenli, Wang Chuanli, Peng Lian, Hou Haiyan, "Chinese Elite Brain Drain to USA: An Investigation of 100 United States National Universities," *Sciento Metrics*, 2013, 97 (1).

Wayne-Simpson, "Starting Even Job Mobility and the Wage Gap Between Young Single Males and Females," *Applied Economics*, 1990, 22 (6). William

C. Weiler, "Why Do Faculty Members Leave a University?" *Research in Higher Education*, 1985, 23 (3).

W. J. Moore, et al. , "Do Academic Salaries Decline with Seniority?" *Journal of Labor Economics*, 1998, 16 (2).

**图书在版编目（CIP）数据**

中国大学高层次人才流动的变迁机制研究／徐娟著
. -- 北京：社会科学文献出版社，2024.9
ISBN 978 - 7 - 5228 - 3519 - 8

Ⅰ.①中…　Ⅱ.①徐…　Ⅲ.①高等学校 - 教师 - 人才
流动 - 研究 - 中国　Ⅳ.①G645.12

中国国家版本馆 CIP 数据核字（2024）第 080095 号

## 中国大学高层次人才流动的变迁机制研究

著　　者／徐　娟

出 版 人／冀祥德
责任编辑／吕霞云
文稿编辑／胡金鑫
责任印制／王京美

出　　版／社会科学文献出版社·马克思主义分社（010）59367126
　　　　　地址：北京市北三环中路甲 29 号院华龙大厦　邮编：100029
　　　　　网址：www.ssap.com.cn
发　　行／社会科学文献出版社（010）59367028
印　　装／三河市尚艺印装有限公司

规　　格／开　本：787mm × 1092mm　1/16
　　　　　印　张：16.5　字　数：270 千字
版　　次／2024 年 9 月第 1 版　2024 年 9 月第 1 次印刷
书　　号／ISBN 978 - 7 - 5228 - 3519 - 8
定　　价／98.00 元

读者服务电话：4008918866